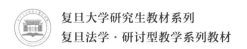

复旦大学研究生教材系列

复旦法学·研讨型教学系列教材

比较法原理文献导读

赵立行　王志强　赖骏楠　编著

复旦大學出版社

前 言
PREFACE

复旦大学将课程教材建设列为重点推进的项目,倡导用教材成果凝聚教学经验并推进教学效果,法学院适时推出了研讨型教材的建设项目,《比较法原理文献导读》即该建设项目之一。

在当下的法学院教育中,比较法虽然并非显学,比较法课程在全部课程中比重也不算大,但比较法的重要性似乎不言而喻。因此,复旦法学院在本科、法硕和学硕各阶段均开设有相关比较法课程,或者讲授比较法原理,或者讲授部门法比较,或者进行专题比较。本导读正是基于各位编者在具体课程教授中的心得而编成,体现了编者对比较法学科的理解、对比较法原理的认识以及对比较法方法的归纳,以期能够集中体现比较法的学术研究成果,加深学生们对比较法学科及其方法、意义的理解。

比较法学科自 1900 年宣告成立以来已历百余年,其间无数学者对比较法的概念、方法、范畴、目标和意义进行了无尽的争论,比较法学科也几经盛衰。但在这漫长的争论和发展起伏中,比较法作为一个学科的地位越来越巩固,积累了丰富的研究成果,发展出了独特的方法,对世界各地纷繁复杂、形态各异的法律进行了有效的分类,并在打通古今、沟通各地法律方面发挥了独特的作用。

尽管比较法研究可以在多个层面展开,而且在具体法律制度、法律规则、法律思想比较方面也出现了大量的成果,但比较法的独特意义在于其将世界各地的法律一起纳入考察的视野,发展出认识世界法律的宏观视野和方法论。法系论是比较法学科的贡献,已经成为法学研究中无可回避的学术话语;规范比较、结构比较、功能比较、文化比较、历史比较等，已经成为比较法体系化的方法论；法律移植、共同法建构、不同法律理解等，成为比较法贡献显著的议题；比较法对法律渊源、司法制度、法律职业、法律教育等方面的比较研究，已经成为区分不同法律体制甚至不同法系的基本要素；比较法甚至已经从最初对私法的关注发展到对公法的重视，政治、经济等要素均被纳入其比较的范畴。

本导读主要聚焦于比较法学科的宏观视野和独特方法，即比较法的原理，包括比较法学者对该学科基本概念的界定和争论、独特的方法论、重要的议题、法律比较的基本要素以及比较法在政治、经济等领域的拓展和应用等。导读以专题的形式展开，围绕比较法研究的基本范畴和方法论设置十三个专题，每个专题包括两个主要部分：专题导论和名家专论。专题导论意在以最言简意赅的内容，介绍有关该专题的基本概念、研究范畴和相关原理；名家专论以节选的方式将著名比较法学家的相关论述集中在一起，展示不同学者的相同思考和不同视角。每个专题后还附有问题思考和延伸阅读，问题思考以问题的形式引导学生们进一步思考并独立解答；延伸阅读则提供更丰富的材料线索供学生们进一步深入学习。导读结构的安排旨在让学生们由浅入深了解比较法的基本原理和议题，养成从接受固定结论到独立思考的习惯。

本导读是集体智慧的结晶，三位编者均长期担任比较法课程的任课教师，专题的设立、编写结构以及导读宗旨都是在充分讨论基础上成形的。其中赵立行执笔1—5专题，王志强执笔8、9、10、12专题，赖骏楠执笔6、7、11、13专题。

本导读的编写意在为比较法的本科与硕士课程提供有关比较法原理的知识，提供研讨文本，以及加强学生对比较法学科的理解和兴趣，希冀本导读成为各类比较法课程的参考教材。本书成文过程中参考引用了许多比较法学的杰出研究和翻译成果，并在尽可能的范围内与作者、译者和出版机构取得联系并获得授权，在此一并表示感谢！此外，尽管编者经多方努力，但仍有部分作者未能取得联系，相关版权持有人如有异议，敬请惠函本书编者或出版社。学力所限，不足之处敬请各位专家学者不吝赐教，也希望阅读和使用本教材的老师同学们提出宝贵意见。

赵立行于复旦
2024年2月9日

目 录
CONTENTS

专题一　比较法的定义 …………………………………………………………… 1
 【专题导论】/ 1
  一、比较法：学科还是方法？/ 1
  二、比较法的内容和定义 / 3
  三、比较法的含义 / 5
 【名家专论】/ 7
  一、茨威格特和克茨：比较法的概念 / 7
  二、大木雅夫：比较法的概念 / 9
  三、格罗斯菲尔德：比较法及其若干难点 / 15
  四、卡姆巴：比较法的含义 / 17

专题二　比较法的方法论 …………………………………………………………… 21
 【专题导论】/ 21
  一、规范比较和结构比较 / 22
  二、功能比较理论 / 23
  三、功能比较的突破与缺陷 / 25
 【名家专论】/ 27
  一、茨威格特和克茨：比较法的方法 / 27
  二、大木雅夫：比较法的方法 / 31

三、迈克尔斯：功能比较方法 / 35

专题三　比较法的"共同法"建构 ·· 40
【专题导论】/ 40
　　一、历史上的"共同法" / 40
　　二、比较法语境下的共同法 / 42
　　三、实现共同法的可能路径 / 44
【名家专论】/ 46
　　一、大木雅夫：比较法的共同法 / 46
　　二、米健：共同法——未来的法学 / 48
　　三、施莱辛格：欧洲共同法的历史和未来 / 53
　　四、格拉韦松：论国际法律统一 / 56

专题四　法律的文化比较理论 ·· 61
【专题导论】/ 61
　　一、文化与法律文化 / 61
　　二、法律文化的多重定义 / 63
　　三、比较法与法律文化 / 65
【名家专论】/ 66
　　一、弗里德曼：论法律文化 / 66
　　二、科特雷尔：法律文化的概念问题 / 70
　　三、艾伯勒：比较法律文化的方法 / 76
　　四、克斯勒：韦伯的理想类型研究方法 / 81

专题五　法律移植理论 ·· 84
【专题导论】/ 84
　　一、法律移植概念 / 84
　　二、法律移植的争论 / 86
　　三、托依布纳的"法律刺激论" / 88
【名家专论】/ 89

一、弗罗因德：法律难以移植论 / 89
　　二、沃森：法律移植简便易行 / 93
　　三、沈宗灵：法律移植的复杂性 / 97
　　四、托依布纳：法律刺激论 / 99

专题六　法系理论及其局限 ·· 103
【专题导论】/ 103
　　一、法系理论简述 / 103
　　二、法系理论的局限 / 105
【名家专论】/ 106
　　一、茨威格特、克茨：法系学说史与法系的样式理论 / 106
　　二、黄文艺：法系理论的局限 / 117

专题七　混合法系及其未来 ·· 125
【专题导论】/ 125
　　一、混合法系及其理论 / 125
　　二、混合法系理论的困难 / 127
【名家专论】/ 128
　　一、帕尔默：混合法域导论 / 128
　　二、哈丁：东南亚的比较法与法律移植——"习俗杂音"的意蕴 / 135

专题八　法律渊源 ·· 148
【专题导论】/ 148
　　一、不同法律体系中法律渊源的类型化差异 / 148
　　二、法律渊源类型化差异的成因 / 150
【名家专论】/ 151
　　一、沈宗灵、达维、格罗斯菲尔德：法律渊源的概念及对普适
　　　　观念的警惕 / 151
　　二、沈宗灵：欧陆制定法 / 152
　　三、达维、梅里曼：欧陆法典编纂及比较 / 154

— 3 —

四、《2004 年蒙大拿州法典注解》/ 155

五、沈宗灵：判例制度 / 157

六、达维、克罗斯和哈里斯、茨威格特和克茨：判例制度的比较 / 159

七、寺田浩明：法律渊源的中国传统 / 164

专题九　司法制度 ……………………………………………… 168

【专题导论】/ 168

一、司法的机构设置与人员组成 / 168

二、诉讼制度的理想类型：当事人主义与职权主义 / 170

【名家专论】/ 171

一、梅里曼：西方法院系统 / 171

二、达维：诉讼程序的基本制度 / 173

三、范愉：集团诉讼制度及比较 / 175

四、Langbein：德国法与刑事辩诉交易 / 182

专题十　法律职业者 …………………………………………… 187

【专题导论】/ 187

一、法律职业者的社会地位和影响 / 187

二、法律教育与职业准入 / 188

三、法律职业者的数量及专业化 / 189

【名家专论】/ 189

一、大木雅夫：西方法律职业概况 / 189

二、范愉：中西法律职业比较 / 190

三、卡内冈：西方的法官选任 / 192

四、左卫民：中国法院的院长 / 194

五、霍奇森：英法的检察官及预审法官 / 196

六、鲁施迈耶：德美律师职业比较 / 198

七、阿蒂亚和萨默斯：英美法学教授的比较 / 202

专题十一　宪法与民族国家 …………………………………………… 205
【专题导论】/ 205
一、法律与民族国家建设 / 205
二、宪法参与民族国家建设的两个维度 / 206
【名家专论】/ 208
一、哈贝马斯：公民身份与民族认同 / 208
二、托马斯·埃特曼：早期现代英国的君主立宪制与国家
建设 / 212

专题十二　法律与国家权力结构 ……………………………………… 220
【专题导论】/ 220
一、国家权力结构的不同类型 / 220
二、国家权力结构对法的影响方式 / 221
【名家专论】/ 223
一、卡内冈：法律与政治 / 223
二、达玛什卡：司法与国家权力形态的类型分析 / 223
三、王志强：中西传统法与国家权力结构 / 230

专题十三　比较法的经济分析 ………………………………………… 235
【专题导论】/ 235
一、什么是法律的经济分析？/ 235
二、比较法与经济分析 / 238
【名家专论】/ 240
一、韦伯：英国法问题 / 240
二、奥格斯：比较法的经济学进路——法律体系间的竞争 / 243

专题一 比较法的定义

【专题导论】

何为比较法(Comparative Law)？这是学习和研究比较法首先要了解的问题，也是比较法学科必须要回答的问题。但遗憾的是，从1900年比较法学科宣布成立那天起，学界就没有公认的定义。

德国法学家格罗斯菲尔德(Bernhard Grossfeld)说："几乎不存在任何受到广泛接受的理论框架，诸如比较法的概念、目的、对象、方法都存在诸多问题。"[1]深受德国比较法学派影响的日本学者大木雅夫说："由于比较法没有独立的法的领域，所以在最初的起点上就被视为一种形式因人而异的、即所谓可以人为构成的研究部门。……每个人都从比较法应有的目的或功能中，根据其与自己最重视的事物的联系对其加以定义，结果是产生了多种多样的、而不是统一的比较法概念。"[2]这说明在比较法研究方面，学者们往往各行其是。比较法定义方面的混乱，其实也反映出比较法定义方面的困难。

一、比较法：学科还是方法？

学者们普遍认为，"比较法"这个词语虽然看似容易理解，细究却充满歧义。它虽然被冠以"法"的名称，但并不具备法的一般含义。它既不像民法、刑法、宪

---

[1] ［德］伯恩哈德·格罗斯菲尔德：《比较法的力量和弱点》，孙世彦等译，北京：清华大学出版社，2002年，第13页。
[2] ［日］大木雅夫：《比较法》，范愉译，北京：法律出版社，1999年，第60页。

法等法律部门那样有明确调整的社会关系,也没有制定或废止等法律效力特性,所以比较法从法律意义上并不意味着任何有效的法律规则,而且压根就不是法。如果比较法的重点不在于法而在于"比较",则更容易产生歧义。因为我们习惯于将"比较"视为一种方法,但作为一种方法的"比较"偏向于实践,而缺乏特殊的理论意义。当"比较"和"法"结合在一起的时候,更加令人困惑,因为人们更倾向于把其中的"法"看作"方法"(method)而不是"法"(law)。那么,比较法到底是一种"法"还是一种"方法"呢?

针对这个问题,比较法学界产生了分歧。有人坚持主张比较法是一门独立学科,也有人认为它只是一种单纯的法的比较方法。问题是,承认它是独立学科的学者,也不能否认它有方法的含义;反过来,承认它是一种方法的学者,也不能否认其中有法律成分。

认为比较法只是一种方法的学者自有其理由。首先,他们认为,如果将法律理解为一系列规则组成的集合体,那么根本就不存在比较法这样的法律规则;对不同的法律进行比较也不可能产生具有规范效力的新法则,所以不存在比较法这样的实体法。其次,比较法没有自己独立的研究领域,不过是用比较的方法研究其他既有法学部门的内容,如法律史、法律制度、法哲学、立法等,相对于这些学科,比较法只能处于辅助的地位。

主张比较法是一门独立学科的学者也相应提出了自己的观点。他们认为,比较法有其他法律部门所没有的独特目标,即通过对不同法律体系的比较,最终确立文明人类的共同理想法律制度与规范。这一观点把比较法定位为寻求世界法或人类共同法的学科。有些学者认为,比较法作为一门独立的学科,其目的并非限于构建文明人类的共同法,而是建立一门对各种法律体系进行比较的学科。其所以是一门独立的学科,就在于没有一个法律部门是以此为目标的。

折中观点认为比较法可以是一种方法也可以是一门学科。对于多数人来说比较法确实是一种方法,用来辅助完成自己特定的研究目标;但是对于那些专门从事法律比较的学者来说,它就是一门独立的学科。

为了能够更好地理解比较法是一门独立学科还是纯粹方法的争论,我们应该细致地厘清"比较法"和"法的比较"之间的区别。

首先,如果说比较法是法律的一门学科,那么法的比较仅仅是一种方法。前者强调通过比较而产生的新的法律效果,尽管不能产生有效力的新规则,但可以形成分类的效果、新的法律协调效果或共同法效果；后者则强调比较本身，尽管这种法的比较也会有效果，但其并不追求比较法所设定的比较效果。

其次，比较法将自己界定为运用比较方法的法学，而法的比较则可以界定为在法学研究中运用比较方法。虽然看起来两者很难区别，但是比较法将比较作为自己唯一的方法，而法的比较则仅是法学研究方法之一种，也就是说，没有一个法律部门是专门以比较为唯一方法的，而比较法就是这样一个特殊的学科。

再次，比较法对应的是一群以比较为职业的法学家群体，而从事法的比较的可以是任何法学家，也就是说，任何法学家都可以运用比较的方法，但不是每一个运用比较方法的法学家都是比较法学者。

最后，比较法的比较具有常态性，而法的比较具有偶然性。脱离了比较就不可能有比较法，而脱离了法的比较，并不妨碍其他法律部门的研究。

二、比较法的内容和定义

就算我们都认可了比较法是一门学科，随之而来的问题是，比较法学科具体要做什么？对此，不同的学者也有不同的理解，归纳起来大致有三种观点：

英国法学家阿兰·沃森(Alan Watson)认为，比较法就是研究不同法律体系之间的关系。这种关系无外乎三种，第一种是历史关系，即强调不同法律体系之间的渊源关系。第二种是"内在关系"，强调不同的法律体系之间精神的、心理的相似性基础。第三种关系是所有法律体系都经历过相同或相似的发展阶段并因此而具有相似性。因此，比较法所研究的内容，无外乎法律史的追溯和法律理论异同的考察。

格罗斯菲尔德则认为比较法是一种文化，也就是说法律的比较其实是法律文化的比较，从而挖掘出潜藏在法律规则背后的文化要素。他认为，"经常地，那种'不言而喻'的东西，虽然一直未曾被人们明言却也从未受到过质疑，它们的影响比我们称之为法律的东西的影响要大得多。也就是说，社会中存在着人们意识到的或者未曾意识到的许多禁忌。法律仅仅是社会生活规则显露出来的一个微小部分而已"。[①] 因此，对他国法律的了解要从文化的根源上去挖掘。

德国的莱因斯坦(M. Rheinstein)则强调比较法是对不同法律事实的比较。

---

① ［德］伯恩哈德·格罗斯菲尔德：《比较法的力量和弱点》，孙世彦等译，北京：清华大学出版社，2002年，第14—15页。

他认为,比较法作为法学的一个部门之所以能够存在,是基于不同国家有各不相同的法律事实,因此比较法就是对这些不同事实的比较。这种观点也得到德国比较法学家茨威格特(Konrad Zweigert)和克茨(Hein Kötz)以及意大利比较法学家萨科(Rodolfo Sacco)的认同。

正是基于对比较法研究内容的不同理解,不同的比较法学家提供了不同的比较法定义。其中有两个定义比较典型,一个是茨威格特和克茨的定义,一个是大木雅夫的定义。

茨威格特和克茨的定义是:"比较法是指一方面以法律为其对象、另一方面以比较为其内容的一种思维活动。"①这个定义的第一个关键词是"对象",尽管这个定义笼统地以法律为研究对象,但其至少强调,比较法不是一种泛指的方法,而是研究法律的一个学科。第二个关键词是"内容",该定义说以比较为其内容,表明比较法的特点并不在于具体研究法律的某个领域或某些国家的法律,而在于用比较这个研究工具进行研究。第三个关键词是"思维活动",表明比较法并没像其他部门那样有清晰预定的目的,其目的往往是在比较之后才能呈现,所以这里强调思维活动意味着比较法目的的多样性和不确定性。这个定义事实上强调从宏观的角度去理解比较法。

大木雅夫则尝试这样来定义:比较法是这样一种法学部门或方法,在最一般意义上,它在各种法律秩序的精神与样式的联系上,解释各法律秩序的形态学上的特征以及它们相互间在类型上的亲缘性;作为其特殊性,比较法主要研究各种法律秩序中可比较的各种法律制度和解决问题的方法,以认识和完善法制为课题。②

相对于茨威格特,大木雅夫的定义试图同时关照比较法的宏观目的和微观目的,同时将比较法和比较协调起来。所以他的定义有两段,第一段是从宏观目的的角度来解释比较法。他首先不是将比较法和方法对立,而是认为两者可以在比较法的定义下统一起来,所以比较法可以是一个法学部门,也可以是一种方法。从宏观的角度来看,比较法的主要目的有两个,一个是世界法律秩序的形态学上的特征,一个是亲缘性特征。前者偏重法律结构的类似性,后者强调历史的亲缘性。第二段是强调比较法的微观目的。相对于第一段的一般性目的,他称

---

① [德]茨威格特、[德]克茨:《比较法总论》,潘汉典等译,北京:中国法制出版社,2016年,第3页。
② [日]大木雅夫:《比较法》,范愉译,北京:法律出版社,1999年,第67页。

其为特殊目的，就是以解决具体问题为导向，以完善法制为课题的微观规则层面的研究。

三、比较法的含义

比较法学家从肯定的角度提出比较法学有四层含义：

第一，比较法学是对不同国家、不同地区的法律所进行的比较。

第二，概念中所指的比较，包括历史的和现实的比较。

第三，比较法学是一门有关法律比较的方法论学科。

第四，比较法学是法学中的一门独立的学科。

比较法之所以是一门独立的学科，是因为以下三点：第一，它有自己的独特的研究对象，主要是不同国家、地区的法律；第二，它有自己独特的研究方法，主要是比较的方法；第三，它有自己独立的体系，主要包括比较法学的研究对象、比较法学的历史发展和现状、比较法学的研究方法、比较法学的研究价值、世界主要法系的内容及其表现。

我们也可以从"比较法不是什么"来了解什么是比较法。

第一，同一法律的不同部门法的比较不是比较法。因为比较法主要比较的是属于不同法律体系，或拥有不同管辖权的法律体系，而不是同一法律体系中的不同制度或规则。

第二，同一法域不同历史时期的法律制度在严格意义上也非比较法，比如对中国不同朝代的法律制度所进行的比较。

第三，有些情况比较特殊，可以纳入严格比较法的范畴。如一国内带有特殊性的不同地区的法律比较研究，如联邦制国家不同州的法律制度的比较，中国香港、澳门、台湾地区和大陆法律制度的比较。由于这些地区分属不同的管辖权，所以可以成为比较法的对象。

比较法的比较又可以根据视角分为宏观比较和微观比较。宏观比较是为了划分法圈或法系，对支配各个法律秩序的整体结构或它们各自的特殊形态做出阐释；微观比较是指对不同法律秩序中的法律规范和法律制度进行比较。

所谓宏观比较视角，就是我们可以有意忽略掉一些非常具体的要素，而突出一些法律的概览性要素，去掉一些细枝末节的内容，而只保留一些构成法律体系的结构性内容。由此，我们能够找到将世界纷繁复杂的法律体系迅速归类和认识的工具。这样的宏观结构对认识世界法律体系的异同具有非常重要的作用。比较法中的法系概念就是这种宏观结构性比较的产物。

微观比较同宏观比较恰好相反,它比较的是各个法律制度或者法律问题,从而比较那些在不同的法律秩序中用以解决一定的具体问题或一定的利益冲突的规则。

法律之中也有规定性要素(或称不变要素)和可替代性要素(或称可变要素)之分。因此,比较法学家要找出法律本身共同的规定性要素,同时了解不同法律体系的可替代性要素及其原因。所谓的规定性要素,是指某种法律秩序具有与某种文明及其思想紧密相连的各种不变的要素,如意识形态、法律渊源等。

结构性分类的标准越宏观,越容易分类,但是这种分类比较粗线条,只有有限的意义,并不能真实地传达不同法律制度的异同,所以需要在宏观性和结构性认识的前提下进一步细化,也就是更具体地找到构成一个法律结构的主干性内容。

比较法的重心是法律的基本结构。关于这一点,学术界也有不同的争论。一种认为比较的对象应该是实体法;另外一种则主张比较的恰当重心应是法律的基本结构。现在大部分学者和比较法的教材都倾向于后者,主要包括该法律体系的历史、文化及其分布,法律结构或机构,法律职业和法律职业者,诉讼程序,法律的分类与渊源。

有的学者还提出比较法具有三个层次。第一个层次是叙述的比较法。所谓叙述的比较法,其实就是外国法研究。尽管外国法并不就是比较法,但因为外国法是比较法研究的基础,且研究外国法必然带有本国法的观点,所以有学者将其定为比较法的浅层次的或基础性的研究。

第二个层次是评价的比较法。所谓评价的比较法就是比较不同法律制度的异同。在本国法研究中,为了说明本国法的特点,常常与外国法相应的制度进行比较。尽管有些学者认为这谈不上是真正的比较法,但可以把此类内容的研究称作评价的比较法。

第三个层次是严格的比较法,也就是不同法律体系之间关系的研究。在比较法学界,有一些学者认为,比较法是研究不同法律体系之间关系的学科。至于不同法律之间到底是什么关系,存在争论。20世纪初,比较法学家致力于发现人类共同法、文明社会共同法。有些比较法学家则认为,比较法研究的对象是世界各个不同法律体系之间的关系,不存在这种关系的地方,也就不存在比较法。

【名家专论】

一、茨威格特和克茨：比较法的概念

比较法(Rechtsvergleichung)的本质是什么？它的功能和目的是什么？为了回答这些问题,我们首先必须粗略地了解比较法这个用语的含义。比较法是指一方面以法律为其对象、另一面以比较为其内容的一种思维活动。"比较",可以在同一个国家的法律秩序(Rechtsordnung)之内的不同的规则之间进行,例如在德国民法典的不同的条款之间进行比较。假如这就是比较法的含义,那么就很难看出,比较法应当超出通常的法学研究范围到何种程度才成为某种特殊的东西。因为每一个国家的法律家的日常工作就是确定本国法律秩序中种种规范的相互关系并且加以协调,并且为了具体的判决或者为了法律理论上的认识进行准备,必须对它们加以比较。由于这一"比较"是每一个国家运用法律的本性,因此,比较法的意思当然不是指它,而是指更深层的含义。这个更深层的含义是超国家的(das übernationale)。因此,比较法首先是世界上各种不同的法律秩序的相互比较。

……

当比较法所比较的是不同国家的法律秩序(nationaler Rechtsordnungen)的时候,这可以在大局上进行,也就是说,通过对不同的法律秩序的精神和样式(Geist und Stil)以及它们通常使用的思想方法和操作法(Verfahrensweisen)相互比较。在这里,人们有时称之为宏观比较(Makrovergleichung)。人们使用此词所指的是：这里比较研究的对象不是具体的各个问题及其解决方法,而是处理法律素材的一般方法,调解和裁决争议的程序,或者法律家从事法律工作时所使用的方法。例如,比较阐述不同的立法技术、法典编纂方式和法律解释的方法,判例的效力范围、学说对于法律发展的意义,以及各种不同的判决方式,在这里还可以比较研究在不同的法律秩序中解决纠纷所采取的方式,并且提出一些问题：它们在各自的生活现实中产生什么效果。关于这一点,首先要注意各个国家法院的司法程序。在这里,人们可能问道：不同的国家的诉讼中关于认定

事实和适用法律这项任务,在律师与法官之间是怎样分配的?在民事或者刑事的诉讼程序中分配给非专业法官什么角色?法院对于轻微案件的处理是否有特别的方法或者有什么特别的方法?人们不应当把自己的研究局限于国家的法院和法官,而应当注意考虑所有解决纷争的实际方法。研究在法律生活中活动的一定的人的任务与功能,这是一个很有前途的比较法研究工作方法。为此,首先要观察法官和律师,或者更准确地说,要观察那些履行法官或者法律顾问职能的人们——不管他们可能被人如何称呼。还有那些从事立法准备工作的各部门或者议会的法律家、公证人、出席法庭的鉴定人、保险公司的损害赔偿案件专职人员,或者——最后,但不是最不重要的——那些大学里的法学教师,对这些人在法律生活中的任务与地位进行比较研究亦可能是有益的。

微观比较(Mikrovergleichung),同宏观比较恰好相反,它比较的是各个法律制度(Rechtsinstituten)或者法律问题,从而比较那些在不同的法律秩序中用以解决一定的具体问题或一定的利益冲突的规则,在什么前提条件下,商品生产者对于因商品的瑕疵状态使消费者蒙受的损失应负责任?在交通事故中,损失的清算应当按照什么规则?在离婚案件中对于子女监护权的分配,什么观点是决定性的?如果父母在遗嘱中置非婚生子女于不顾时,后者有哪些权利,像这样的例子可以列举不尽。

宏观比较和微观比较之间的界限当然是不易分清的。人们常常必须同时进行两种比较,为什么在某一外国的法律秩序中某一个问题是这样解决的而不是另一个样子。要理解这一点,人们就必须一同考虑那些具有决定意义的规则由立法者或者法院判决怎样创制和发展的过程,以及它们在实践中是怎样贯彻执行的。

例如,我们如果要说明美国关于商品生产者的严格责任,就不能够只限于列举根据实体法受害人对生产者享有请求赔偿权的前提条件,还必须说明:在对这种请求权进行裁决时将进行"陪审团参加审判"的民事诉讼程序。在这种程序中,法官、律师和陪审团的功能有哪些,而由于这一切对于实体法将发生什么反应?例如,在这里,可以提到,在这种赔偿损失诉讼中,原告人的律师通常规定应获得判决确定的损失赔偿金额的30%~50%的报酬,而且陪审团在确定损失数额时会考虑这些情况。又如我们如果要说明对于因为医疗失误受损害的病人的索赔权进行裁决所根据的法律,我们还必须研究在法院的实务中是怎样证明医疗责任的,特别是要了解鉴定人是由法院指定的,抑或是——如同在普通法各国出现的情况——由当事人自己选择并且在法院上进行斗争的,只有这样才能完整而确切地说明情况。由此可见,如果要使各种各样的微观比较能够富有意义,还必须重视所阐述与实际运用的被比较规则在外国法律秩序中有关的一般制度的环境。

为了理解比较法的概念和本质,划清比较法同相近的法学领域的界限,就是说,说明比较法不是什么,这是有意义的。由于比较法必然地以外国法作为探讨对象,因此,比较法必须同那些特别注意或者附带注意外国法律秩序的其他法学部门加以更细致的区别。关于这一点,已经经常地强调指出,外国法研究本身并不意味着比较法。例如,在1937年国际联盟所编制的关于世界妇女地位的出版物纯粹是各国报告种种不同的各国法规,缺乏真正的比较,因此我们最多只能够称之为叙述的比较法("deskriptiver Rechtsvergleichung")。只有在探讨作为具体研究对象的问题的过程中进行特殊的比较考察时,才能够称之为真正的比较法。经验表明,比较法最好是这样进行:作者首先在各国报告中说明外国法的主要资料,然后用这些资料作为研究的真正核心继续进行深入的比较,最后作为此种比较的结果,进行批判性的法律政策的考察或者得出关于本国法律的解释的结论。

(节选自[德]茨威格特、[德]克茨:《比较法总论》,潘汉典等译,北京:中国法制出版社,2016年,第3—10页。)

二、大木雅夫:比较法的概念

1900年当第一次国际比较法大会在巴黎召开时,波洛克(Sir Frederick Pollock, 1845—1973)说:"我们今天所理解的比较法是一门最现代的科学。今天活在世上的人目睹了它的诞生",宣告了这一新学科的诞生。对此,科尼尔(Georges Cornil)在1938年以"比较法是羊皮纸上的学问"加以反驳。要回答比较法是一门新的学科还是古老的学科这一问题,首先必须决定在两种对立的历史观中采取哪一种,即,是专注于仅此一次的、独一无二的个别历史事件,还是认为"阳光底下无新事"。因此,既有人认为"比较法"一语"虽然便利,却十分含糊"(convenient but loose),亦有人说它是个"奇妙的"用语;既有人把比较法作为独立的学科部门,也有人把它看作对各种法进行比较的方法。如果说比较法是后者,那么恐怕其历史从古代即已开始了。而如果是前者,那么回顾其近一个世纪的历史则比较适宜。

然而,比较法学家们未必自觉地认识到了这一点。尤其是格特里奇(Harold Cooke Gutteridge,1876—1956)和达维德(René David,1906—1990)断言比较法只能是对各种法进行比较的方法,认为虽然探寻应用比较法的事例可以追溯到古代和中世纪,但实际上比较法的历史始于近代初期的莱布尼茨和孟德斯鸠。反之,茨威格特和克茨则认为,比较法的历史本质上是一部学说史,而且,"真正意义上的比较法的历史是很年轻的",但其前史可以溯及到古希腊和古罗马。尽管这些观点本身似乎都缺少连贯性,但其回答是如此极端对立,使人不能不考虑提出这样的问题本身是否有不确切之处。

无论如何,即使是把比较法的历史看作是学说史,也并不意味着应该完全忽略那些实际适用比较方法的事实,所以我们必须对二者进行并行不悖的考证。借口关于比较法这一学科分野的新老之争问题的不确切性,从根本上把比较法解释为对各种法的比较方法,并在此意义上垄断比较法这一专门用语;或者与此相对峙,试图建立一个完全独立的比较法学,根本上都是错误的。也就是说,提出比较法是独立学科还是单纯的比较方法、即所谓"非此即彼"的问题本身,正是谬误的原因所在。即使能够决定在二者之间选择其一,实际上在书写比较法的历史时,每个人仍是任意从某个起点开始叙述的。

处在这种情况下,我考虑应该以比较法被自觉地作为一种有组织、有体系的独立学科部门的发展历程为中心来叙述它的历史,但同时也有必要兼顾比较方法——对那些无论是零星的比较,或是单纯对外国法的参照,只要是使用比较方法的事例,都加以附带的、概括的观照。大体上,比较方法与比较法学是密不可分的,在这个意义上,可以说比较法是"羊皮纸上的最现代的科学"。

……

(一)比较法的概念

1."比较法"的多义性与本质论的重要性

尽管"比较法"是一个现在通用的术语,但却是一个极其含糊而不准确的用语。这一用语从19世纪末开始为人所知,最初曾经使用的是"比较立法"(législation comparée)。因为当时欧洲大陆各国明显地受到《拿破仑法典》的影响、开始采用类似的法律制度，在此背景下，通用这一术语是合乎情理的。然而，及至法学家们认识到制定法并不能涵盖法的一切之时，就不能不用更广义的"法"取代了"立法"一词。这一用语是在1900年巴黎国际比较法大会（Congrés international de droit comparé）召开之后，而且是在20世纪后半叶才逐渐在世界范围广泛普及的。而且，最初"droit comparé"一语正如其字面含义那样，似乎是指对法进行比较的结果。因为在1900年，对各国法的比较主要着眼于提炼出它们的共同点。

此后，这一用语被各国直译为diritto comparato、derecho comparado、comparative law和сравнительное право，相对于德语的译法"Rechtsvergleichung"，这些译法引起了很大的混乱。一方面，这些译法容易导致将比较法类比为民法或刑法这样的部门法；另一方面，因其违背了对法的比较这种活动本来的含义，而导致了概念上的混乱。尽管比较法是一个使人容易联想到民法或刑法这样的部门法的用语，但它实质上并不是研究作为已然存在的历史和社会现象、并且在方法上已被整序化的实在法规范体系的实在法学的一个部门。由于比较法没有独立的法的领域，所以在最初的起点上就被视为一种形式因人而异的、即所谓可以人为构成的研究部门。当然，每个人都从比较法应有的目的或功能中，根据其与自己最重视的事物的联系对其加以定义，结果是产生了多种多样的、而不是一种统一的比较法概念。

此外，现代比较法学诞生之初，即19世纪末，正值"科学（学术）的时代"，在当时的环境中，比较法最初完全是以科学或学术性研究为出发点的。因此，不幸的是，它表现出一种定义先于现象的倾向，围绕本质的讨论常常是以过分抽象的方式展开。其结果是，在比较法学家之间，甚至时至今日，在关于比较法的本质这一最根本的问题上，仍然存在着多种针锋相对的见解。即，有人主张比较法是一门独立学科，有人则认为它只是一种单纯的法的比较方法。在这两种意见之间，还存在认为比较法部分是方法、部分是独立学科的折中看法；或以为这种讨论本身是学究式的、毫无实际意义的，不如搁置不论为好的见解。

有影响力的比较法学家格特里奇和达维德把比较法视为比较方法，认为在这个意义上，与其使用"comparative law"，不如使用"Rechtsvergleichung"更为适宜贴切。关于这一点，似乎很有商榷的必要。首先，他们本身并未对有关法的比较的方法论问题作专门的(或深入的)研究,相反却写出了关于比较法的体系性著作;特别是达维德甚至将比较法发展到"当代主要法律体系"的高峰,导致了对其说自我否定的结果。尤其是主要法系论,也就是我们所说的法系论或法系论(原译文如此!),应该说它与比较法律史学或法律地理学(géographie juridique)都有着多处重合。况且,通常说到比较法,都是把外国法作为不可或缺的对象加以比较,从而发掘新的科学的内容。在这个范围内,有关比较方法的特殊知识或专门训练当然是必要的。然而,在进行法的研究时,正如每个人都有权应用历史的方法或社会科学的方法一样,任何人都可以、而且被期待使用比较的方法;因此,方法问题不足以成为一种理由,用以证明应排斥对例如作为法圈论的比较法学进行专门研究的"比较法学家"的存在。值得注意的是,最近,连方法论的代表达维德本人亦表明了这种见解。

其次,茨威格特认为关于比较法是一种方法抑或是一门科学之争毫无实际意义,这不失为一种明智的见解。因为,大凡全心全意致力于探讨科学的本质论时,常常伴随着结果一无所获的危险性。然而,关于这一较新的学科领域,如仅仅满足于每个人的常识性理解——特别是在像日本这样的、方法论和本质论都极端贫乏的土壤上——显然是不健全的。

2. 微观比较与宏观比较

在试图追究比较法的本质的场合,有必要对微观比较(Mikrovergleichung;microcomparaison)和宏观比较(Makrovergleichung;macrocomparaison)加以区别。这种区别本来是达维德所提倡的,但由于他已不再关注方法论而全心致力于法系论研究,实际上已放弃了自己提出的这种区别。然而,这种区别不应简单地放弃,因为在论述比较法的本质时,特别是试图将其确立为独立的比较法学时,这种区别具有决定性的意义。

如果是这样,那么比较法中的微观比较与宏观比较各有什么意义呢?前者是对属于不同法律秩序(本书作者所使用的"法律秩序"概念,大体上与我国通常使用的"法律体系"相当,但作者对这两个概念有所区别。在潘汉典等译茨威格特和克茨所著《比较法总论》中,也译为"法律秩序",故本译文均采用"法律秩序"一语。——译者注)的法律规范和法律制度进行比较;后者则是为了划分法圈或法系、而对支配各个法律秩序的整体结构或它们各自的特殊形态作出阐明。因此,在这个问题上,康斯坦丁内斯库指出:"微观比较是对属于多种法律秩序的法的基本粒子（particules juridiques élémentaires；rechtliche Elementarteilchen）所作的制度性、功能性比较。与此相对应而并行的是宏观比较，即为了对各个法系的各法律秩序进行分类而作的对各法律秩序及其规定性要素的比较……这种区别正是我的思想方法的基础所在。"

为什么必须区别这种意义上的微观比较与宏观比较呢？在此，我们或许有必要回归耶林在论述罗马法的精神时所提出的要求，即，与其使用显微镜、不如使用望远镜进行观察。耶林并非要否定前者的作用，而是批判当时单纯进行显微镜式的观察，主张在像罗马法的精神这样的问题上，如果准备进一步揭示一个法律秩序整体的形态学的特征，宏观的观点是必不可少的。比喻地说，这就像动物学家在研究大象或蛇等动物时，只用显微镜观察它们各自的细胞是无法把握象与蛇在形态上的区别一样。这也正是康德所教导的，体系正是使复杂多样的知识科学化的道理。此外，正像科学家彭加勒所指出的，正如石头的堆积并不等于房子一样，事实的堆积并不是科学。今天我们所必需的，不是事实的堆积，而是把握其有机统一体的科学。

就比较法的现状而言，微观比较仍占压倒多数，也就是确认构成各个法律秩序的法的基本粒子，即法律规范、原则、概念和制度，认识它们之间的相互联系和异同，将所得到的结果应用于各种目的的研究。然而，从这种微观比较中所能得到的，只是无数微观比较的结果而已。为了确立比较法的科学性，就必须把这些微观结果的集聚组合成为一种有机的统一体，而《国际比较法百科全书》的编纂，就是其中的一种方式。但是，进行这样的工作需要事先了解各个法律秩序整体的独特结构和形态上的特殊性，将其分类为法圈，也就是说，宏观比较是必需的。这是因为，考虑到微观比较容易导致主要列举同一法圈内的成果，所以尝试事先划分法圈的宏观比较，对比较法而言通常是不可或缺的。

3. 法律秩序中的规定性要素与可替代性要素

为了揭示比较法的本质，对康斯坦丁内斯库所主张的那种各个法律秩序中的规定性要素（determinierende Elemente；éléments déterminants）与可替代性要素（fungible Elemente；éléments fongibles）加以区别，也是适当的。这种区别大致相当于达维德的不变要素（éléments constants；unveränderliche Rechtselemente）与可变要素（éléments variables；veränderliche Rechtselemente）的区别，而且茨威格特的所谓样式构成要素（stilprägende Elemente）也与前者基本相当，大体都

体现了同样的思想。从"比较立法"到"比较法"的变化,发源于这样的认识,即:比较的对象并不限于"立法者大笔一挥"就能改变的制定法。法律秩序具有连续性,具有与某种文明及其思想方式紧密相联的各种不变的要素。否则,就不可能培养出能够在十年或二十年后仍能运用可能已发生重大变动的法律的法律家,甚至法学教育本身就根本无从建立。因此,罗斯科·庞德(Roscoe Pound,1870—1964)认为,在某些特定的社会伦理世界观和法律观念乃至法的研究方法中,无不存在着这种不变性要素。

……

4. 定义之尝试

像其他一切科学一样,给比较法下定义也是最为困难的,并且伴随着危险性。然而,这并不意味着应该因此而放弃定义。从过去到现在,以比较法的名义所进行的无数微观的比较中已经积累了无数微观的结果,为了从中收集可加以概括的东西,甚至已完成了一件伟业:在全世界著名法学家的协作努力下,历经二十余载编纂而成的《国际比较法百科全书》(*International Encyclopedia of Comparative Law*,1971—)全17卷。然而,正如判例集的编纂本身并非审判一样,编纂百科全书很难说就是科学本身。因此,正如法学家必须讲究法学的科学性那样,追求使比较法学成为真正的科学的自觉性不断提高,从而推动比较法学家开始重新寻求能够对无数微观的比较结果进行整序化的科学基准。

这种科学基准是通过宏观比较,对各法律秩序中的可替代性要素与规定性要素加以区别,以后者为基础明确揭示各法律秩序的整体的精神、结构、样式乃至形态特征之后方能获得的。这样,各法律秩序就可能恰当地分类为若干个法系,并且就可能在更加广阔的视野上获得对法的新认识,从而使新的问题得到适当的定位和合理的解决。由此可见,把作为宏观比较的——即区别于微观比较的——"比较法学"构成一门独立学科是完全可能的。在这个意义上,比较法学与达维德的"当代世界主要法律体系论"以及茨威格特的"法系论"(Lehre der Rechtskreisen)几乎一致,并以微观比较、即个别法律制度的比较研究为必不可少的前提。

然而,这种狭义的比较法学,自达维德以来仅有30余年的历史,康斯坦丁内斯库虽然也曾围绕法系分类的标准作了奠定理论基础的尝试,但最终未来得及完成其主要法系论。而且,现在以比较法名义最经常进行的,依然是微观的比较。从现实出发,我们必须不仅把应然的狭义的比较法学、而且应该把宏观比较与微观比较二者都理解为比较法方可。因此可以说,比较法是这样一种法学部门或方法:在最一般的意义上,它在各种法律秩序的精神与样式的联系上(in Bezug setzen),揭示各法律秩序的形态学上的特征以及它们相互间在类型上的亲缘性;作为其特殊性,比较法主要研究各种法律秩序中可比较的各种法律制度和解决问题的方法,以认识和完善法制为课题。

(节选自[日]大木雅夫:《比较法》,范愉译,北京:法律出版社,1998年,第18—20、59—67页。)

三、格罗斯菲尔德:比较法及其若干难点

比较法是什么?在词语组成上,这里的"法"已经相当令人困惑难解了,但让我们暂且将其放在一边而把"比较法"作为一个整体来考虑。这里存在着大量的争论。几乎不存在任何受到广泛接受的理论框架,诸如比较法的概念、目的、对象、方法都存在诸多问题。如果我们要等着别人来对这些问题加以澄清,那我们将永远无法有所作为。

如果把比较法看作是各种法律文化的对比——而这也是对待比较法惟一有意义的方式,那么,又很难将其从其他一些获得有关外国事务的经验的方法中区分出来。试想,某人到美国去是为了研究有关诊所式法律教育(clinical legal education)问题。在美国,这种教育非常重要,因为所有的法律训练都是在法学院中进行的。那么,这种研究是比较法吗?有哪些最近流行的观念是属于比较法的?我们如何去认定?诸如"解放""反权威主义教育""儿童福利""消费者权益保护""环境保护""批判法律研究""瑞典模式"之类的说法究竟是什么?这些观念对法律的影响远比比较法学者能做的工作对法律的影响要大得多。因为比较法经常是落在这类观念的后面,或者搭这些观念的便车。这种情况说明了比较法作为一种专业的各种局限,也表明了这一学科的边界:它是使我们的法律文化去除民族性格的一个重要因素,但并不是最重要的因素。

再一个问题便是,具体从事比较法实践的人实际所比较的究竟是什么?我们专业的研究对象究竟是什么?当我们谈到德国或者中国的"法律"时,我们心里究竟想的是什么?我们要把一些法律之外的规则也包括在内吗?实际上我们必须如此,否则,我们心目中对外国法律制度的图景将会很不幸地受到歪曲。经

常地,那种"不言而喻"的东西,虽然一直未曾被人们明言却也从未受到过质疑,它们的影响比我们称之为法律的东西的影响要大得多。也就是说,社会中存在着人们意识到的或者未曾意识到的许多禁忌。法律仅仅只是社会生活规则显露出来的一个微小部分而已。

那么,对那种并不习惯于按我们所理解的意义上的"法律"的体系——在这样的体系中,法院的裁决并非解决争端的标准方法——我们应如何做出反应?我们不具有任何跨文化的"法律"观念:我们所拥有的相当正式的法律观念是由文化决定的。其他民族把任何权威性的宣示都作为"法律"看待,也就是视作应当遵循的规则,尽管究竟什么才算得上是权威性,可能尚存疑问。法律的深层结构常常并不是我们所认为的那样,而且在我们去寻找的地方往往找不到。问题的症结在于,我们是通过从我们自己的文化之中产生的各种先定之见来认知其他各种文化的。或许我们别无他法。但是,这也带来了许多我们无法在此加以处理的方法论问题。在此,我们只要提到"功能比较法学""法律的经济分析"和"社会学方法"就足以明了这一问题。

……

对许多法律问题的思考都得依赖于比较法,这是因为没有一个国家能够提供足够的研究材料;比较法能使我们预见尚未发生的情况。这适用于限制竞争和保护投资者的国际法,以及在国外获得证据,对待有关享有特殊利益或保密信息的外国法问题。如果不是运用比较法的基本研究方式分析将被研究的材料,并确实使这些问题变得更为容易,我们就只能在真空中努力思考。

……

现在该来谈谈比较法的"弱点",即比较法本身所固有的若干难点了。在比较法能够对我们自己的法律做出贡献的方面究竟存在什么样的局限呢?这实在不是比较法这一特殊主题的问题,因为比较法的影响及于几乎所有的私法领域,及于家庭法(夫妻平等权利、婚姻破裂原则、家庭法院)和继承法(非婚生子女的权利)。没有任何一个法律领域先天地就对比较法具有抵抗力。

然而比较法又必然是肤浅的。假如我们不能领会作为一个功能性整体的本国法律制度,又如何能够真正了解某一个外国法律制度呢?因此,还是让我们坦率地承认比较法的这种肤浅性吧,不要再夸耀什么"比较学者的敏锐眼光"了。比较法本身既不系统也不完整,而是一些零散什物的拼凑。这就出现了什么适合于比较的问题。我们能够加以比较的究竟是哪一种法律体系中的何种法律制度？在文化或者文明上，这些法律体系应该有什么样的同族亲缘？要在不同的法律体系中找到精确的对应物，并确定一种制度是否具有可移植性或者说做某种改进，确实并不是那么容易。当然，只要比较法仍是主要涉及西欧的各种文化，这个问题就不是太尖锐。但当我们进而考察美国的情况时，事情可就并不那么简单了，正如我们即将看到的那样；当我们再去考察非洲和亚洲的情况时，这个问题就变得相当困难了。

比较法的确是一种强有力的武器，但同时也是一种极其危险的武器。正如科夏克(Koschaker)所说的："劣质比较法比根本就不存在任何比较法更糟糕。"人们不仅必须对比较法的局限性始终保持清醒的认识，而且也必须始终把比较法与对国内法律的研究密切结合起来。比较法永远不能成为研究外国法律的那些专家们的独占领地，它理应掌握在那些对本国国内法律文化负责的人们手中。对这一观点的精彩表述出自南美洲的西班牙语诗人胡安·雷蒙·西蒙内斯(Juan Ramon Jimenez)。他的精彩语句被镌刻在圣胡安的波多黎各大学校园内的一处喷泉旁边："Pie en la patria casual or elegida; corazon, cabeza en el aire del mundo"。即，"立足于祖国土地，思想和心灵翱翔于世界的天空！"

（节选自[德]伯恩哈德·格罗斯菲尔德：《比较法的力量与弱点》，孙世彦等译，北京：清华大学出版社，2002年，第12—16、43、65—67页。）

四、卡姆巴：比较法的含义

什么是比较法？人们一开始就面临使用"比较法"这一词汇所带来的困难。它暗指比较法是国家法的某个不同分支，类似家庭法、刑法、合同法等等，但其并非如此。长期以来，困扰比较法研究的争论和误解大都因此模糊性而起。如迈尔斯·麦克杜格尔(Myres McDougal)所评说的，其后果是"出现了一大堆成果，但都重复累赘毫无营养"。

比较方法是思考和认知的必要成分。因此它在不同程度上应用于人类行为的所有领域。正如黑尔(Hall)贴切地指出的："身为现代人就是一个比较者。"在整个历史进程中，比较技巧助力了所有自然和社会科学的多数突破和进展。比较法意指系统性地将比较技巧应用于法律之领域。比较法意味着通过系统性比较两个或更多的法律体系，或两个或更多的法律体系的部分、分支或方面来学习和研究法律。

前面已经阐述过,比较法并不构成国家法律的某个特定分支,即包含着规定人类行为和关系的标准规范的法律体系。比较法不包含规则或原则。正如卡恩·弗罗因德(Kahn-Freund)所说:"麻烦的是,他(即比较法教授)宣称该学科有某种公认的特殊特点,而这些特点并不存在。"系统地使用比较法也不会产生可称为比较法的法律规范。这种比较也不会产生一种可以被称为比较法的共同的或统一的知识类型,然而,后面将会看到,通过比较法律体系及其成分而获得的知识和信息,也许可以帮助立法者或法官创制实在法的规则或原则。

出于便利和历史的偶然,人们选择和持续使用了"比较法"这个有点误导性的词汇。有人推荐了更精确地指示该学科的其他名字,如法律的比较,法律的比较研究,比较法律研究等。

尽管接受任何这类表述都有助于消除误解和争论的某种根源,但迄今为止没有一种表述成功地取代"比较法"这一术语。正如格特里奇注意到的:"(比较法)这一术语已经牢牢地立稳脚跟,因此即使带有误导性,人们也必须接受它……"然而,近年来"法律的比较研究"和"比较法律研究"这样的表述得到越来越广泛的应用。这些词汇和"比较法"在本文章中会交替使用。

上述比较法定义如今似乎得到多数法律工作者和学者的普遍赞同。但是一些扭曲的观念作为过往争论的遗留物仍然存在,有必要对其进行讨论。过去,尤其是格特里奇的经典著作《比较法》在1946年初次出版之前,许多作者试图依据他们认为适当的一个或多个对象而界定或重新命名比较法。甚至那些倡导比较法是一种法律知识类型或体系的人——他们认为比较法是总体的社会科学尤其是法律科学的独立分支——都参照比较法的功能,一以贯之地支持他们的主张。在1900年巴黎召开的第一次国际比较法会议时,这种观点是主流观点。萨莱伊(Saleilles)作为该会议的主要成员,坚持认为比较法是一门"科学",其目标是发现所有"文明的"法律体系共同的概念和原则,即构成他所谓的"相对理想法"的共同概念和原则。会议议程中另一个杰出的比较法学者和报告人朗贝尔(Lambert),在区分了作为法律技术的比较法和作为法律科学的比较法之后,竭力主张:作为法律科学,比较法有纯粹科学的目标,即发现法律制度起源、发展和消失背后的原因,亦即比较法律史。大会所展示的将比较法认定为"科学方法"的观点,反映了作为法律学术分支的比较法在其形成阶段所受到的决定性影响。霍尔指出,会议的备忘录包含着富有启发的证据,证明了这一新学科的理论基础以及这些比较法学家的知识背景明显受到孔德的社会学和生物学的发展,尤其是进化论的影响。

在认同比较法是一门科学这种观点的人中,有一些杰出的比较法学者,如大陆的列维·乌尔曼(Levy-Ullman)、科勒(Kohler)、阿尔曼戎(Arminjon)、诺尔德(Nolde)和沃尔夫(Wolff)、拉贝尔(Rabel)及布鲁陶(Brutau)以及美国的英特玛(Yntema)、莱因斯坦(Rheinstein)和霍尔。莱因斯坦大概是当时最热衷于倡导这种观点的人。他认为,"当比较法的耕耘者努力观察、描绘、区分和调查法律之间的关系和法律现象之间的关系时,他就属于真正的科学领域"。他继续说:

> 在那种意义上,比较法总体上是一种观测性的、寻求精密的法律科学……它努力收集、观察、分析和区分它们,同狭义上的其他科学一样,它探求典型的配置、一致性和序列,或者用其他话说,寻求"法则"……类似牛顿的万有引力定律和格莱欣经济法则……在现代自然科学中可以理解这一词汇……

莱因斯坦在这里将比较法视为"一种科学方法"。他表示,在他进行的比较法学术教学中,将比较法纳入法律社会学的范畴。

格特里奇中肯地证明了按照功能来定义比较法是毫无价值的。正如上面所界定的,比较法包含任何系统地运用比较的方法进行的法律研究,其中包括旨在发现"普适的"概念和原则的研究,也包括旨在发现、阐述和证实有关法律现象的"自然法则"的研究。但是,比较法律研究未必需要全身心地致力于这些目标。正如后面所要表明的,这些功能只是比较法的某些目标而已。在这种意义上将比较法界定为"科学",会将其限定在此种或类似的目标上,而将其他许多完全合理且广泛接受的功能,如促进立法和法律改革、协调或统一法律,排除在外。

应该强调的是,比较法是系统地将比较方法应用于法律,比如在有关英国合同法的课程中顺便提到德国法就不是比较法。这篇文章的目标之一就是确定"在法律中系统运用比较技术"需要什么。

(节选自 W. J. Kamba, "Comparative Law: A Theoretical Framework", *International and Comparative Law Quarterly*, Vol. 23, No. 3(1974), pp. 486-489. 赵立行译。)

【问题思考】

1. 你如何看待比较法是方法还是学科的争论？
2. 宏观比较和微观比较的关系是什么？

【延伸阅读】

1. ［英］埃辛·奥赫绪、［意］戴维·奈尔肯：《比较法新论》，马剑银等译，北京：清华大学出版社，2012年。

2. ［美］格伦登、戈登、奥萨魁：《比较法律传统》，米健等译，北京：中国政法大学出版社，1993年。

3. ［法］勒内·罗迪埃：《比较法导论》，徐百康译，上海：上海译文出版社，1989年。

4. ［意］罗道尔夫·萨科：《比较法导论》，费安玲等译，北京：商务印书馆，2014年。

5. Vivian Grosswald Curran, *Comparative Law: An Introduction*, Durham: Carolina Academic Press, 2002.

6. James Gordley, "Is Comparative Law a Distinct Discipline?", *American Journal of Comparative Law*, Vol. 46, No. 4(1998), pp. 607-616.

7. Bernhard Grossfeld, *Core Questions of Comparative Law*, Durham: Carolina Academic Press, 2005.

8. Walther Hug, "The History of Comparative Law", *Harvard Law Review*, Vol. 45, No. 6(1932), pp. 1027-1070.

9. Uwe Kischel, *Comparative Law*, Andrew Hammel(trans.), Oxford: Oxford University Press, 2019.

10. Roscoe Pound, "What May We Expect from Comparative Law?", *American Bar Association Journal*, Vol. 22, No. 1(1936), pp. 56-60.

专题二 比较法的方法论

【专题导论】

比较法作为一门独立的学科,有必要向人们说明比较法的基本方法。如果比较法只是声明用"比较"的方法,则太过笼统,而且缺乏独特性。所以就像界定什么是比较法一样,比较法学家还要向人们解释比较法学科中的比较方法是什么。

因此,从比较法产生之日起,比较法学家就非常热衷于对本学科方法论的探讨,但过分聚焦于对本学科方法论的探讨,也被某些学者认为是该学科不成熟的表现。德国著名法学家拉德布鲁赫(Gustav Radbruch)在《法学导论》中说过:"就像因自我观察而受折磨的人多数人是病人一样,有理由去为本身的方法论费心忙碌的科学,也常常成为病态的科学,健康的人和健康的科学并不如此操心去知晓自身。"[①]拉德布鲁赫的这种批评,无论茨威格特还是大木雅夫都曾经关注过。

茨威格特对此有自己的看法:"比较法学者已经获得确证的经验之一正是:他所用的方法不能够预先极详细地确定下来,充其量只能够作为假设表述,然后运用这个假设所获得的比较法研究的成果检验它是否有用和是否符合实际。从前的理论构思所犯的根本性错误之一是:它设想比较法的基础、目的和方法能够从现存的法哲学或体系出发先验地加以确定。"[②]因此,自比较法诞生之日起,

---

① [德]拉德布鲁赫:《法学导论》,米健等译,北京:中国大百科全书出版社,1997年,第169页。
② [德]茨威格特、[德]克茨:《比较法总论》,潘汉典等译,北京:中国法制出版社,2016年,第55—56页。

比较法学界就一直注重对本学科方法论的探讨。

一、规范比较和结构比较

早期比较法学家一般比较重视规范比较方法和结构比较方法。

所谓规范比较,又称立法比较,是对不同国家同一法律部门中各种法律制度、规则的比较。这种比较方式,要求首先挑出不同国家相同或名称相同的法律文件,再把要进行比较的法律制度或规范一一加以对照,最后分析其异同。如不同国家宪法内容的比较、不同国家合同法的内容比较,或者某种更具体的法律概念或法律制度的比较。这种比较方法偏向微观比较,可以使我们比较细致地了解两个不同国家法律规范的异同及其原因。

所谓结构比较,与规范比较正好相反,它的主要任务不是比较法律规则本身,而是对不同法律秩序的表现形式、体系结构等进行比较,以认识不同法律的外部结构。这种比较方式重点并非关注法律的具体内容,所以结构比较又被称为形式比较。偏重宏观比较,是进行法系分类的重要基础,法系的划分大都是结构比较的结果。

比较法学在它产生的早期关注规范的比较,这与当时比较法学的研究目的密不可分。早期的比较法关注法典和具体的法律规则,其目的在于通过比较法的研究为各国立法提供有价值的资料。规范比较可以从形形色色的各国法律制度和规则中找到可资借鉴的内容,在加强对他国法律制度理解的同时,取长补短完善本国的立法。因此,规范比较是20世纪促进各国法律相互理解,打破世界法律隔绝状态,加速法律现代化的重要方法。

规范比较能够成功须具备以下条件。首先,要求不同的国家必须具有相同的法律结构,即被比较的国家法律部门的划分及其法律概念、规则等具有同一性或相似性,这样它们之间才具有可比性。反之,不同法律结构的国家比如法典法系和判例法系之间就没有可比较性。其次,要求被比较的法律制度、规则在不同的国家中具有相同的社会功能。如果被比较国家法律的社会功能相同而法律结构不同,或是法律结构相同而社会功能不同,则不具有可比性,也就不能进行规范比较。

所以,规范比较具有比较大的局限性。它仅注重文本上的法律而忽视法律产生的社会条件及法律在社会中的实际功能。规范比较往往仅从本国的法律概念、法律结构、法律制度和法律方式出发,与其他国家的法律及其制度相比较,容易产生狭隘的民族中心主义。这样的比较方法在比较法学发展的初期比较适用,因为那时不同国家的法律制度之间缺乏了解。它却也给比较法的进一步发展制造了瓶颈,因为它只能比较严格意义上可以比较的法律内容,对那些不符合严格规范比较条件的法律则无可奈何。规范比较的这一缺点在比较法发展的初期尚不明显,因为比较法最初可能只限于欧洲各个国家,主要是大陆法国家的法律制度,而当比较的范围进一步扩大时,规范比较的缺点就显露出来,甚至连普通法法系都会被排除在比较法的范畴之外。这样长此以往,如果不能有所突破,比较法就变成一个非常有局限性的学科。

比较法学科以世界各国的法律体系为研究对象,而由于历史、文化和社会发展阶段的不同,世界各地的法律千姿百态。对这样复杂的法律整体进行认识,首先要进行分类,否则就无从认识,也难以使比较法学者形成合力。结构比较就是在这种需求下产生的。结构比较可以迅速将世界各地不同的法律体系进行大致区分,从而将复杂的世界法律简化,有利于比较法学者方便地了解世界各国法律的概貌。

结构比较虽然可以为比较法学者快速了解世界各地的法律提供方便,但是它也有很大的局限性。首先,结构比较注重各国不同法律体系形式上的异同,并据此将各国法律体系归入不同的类别范畴,这种区分在一定程度上掩盖了同一法系的各国法律体系之间的巨大差异,同时也夸大了不同法系的各国法律体系的差异。其次,结构比较看似能够粗略地了解一个国家法律体系的特征,但是不深入实体法的研究,也很难说真正了解了一个国家的法律制度。

正是在这种情况下,功能比较方法应运而生,得到了许多比较法学者甚至整个法学界的认同。

二、功能比较理论

比较法学者长期坚持探讨和研究自己的方法,最终修成正果,也得到其他学科的另眼相看,其中最具代表性的成果之一就是确立了"功能比较方法"。该方法成为比较法学者丰富比较法内容的重要概念之一,大大拓展了比较法的比较对象,使比较法研究进入了一个新阶段。同时,该方法也充分体现了比较法区别于其他比较的独特性。

茨威格特说:"全部比较法的方法论的基本原则是功能性原则,由此产生所有其他方法学的规则——选择应该比较的法律,探讨的范围,和比较体系的构成,等等。人们不能够对不可能比较的事物作出有意义的比较,而在法律上只有那些完成相同任务、相同功能的事物才是可以比较的。"①

那么什么是功能比较呢?功能比较,又称职能比较或问题比较,是比较相同的社会需要及其产生的相同的社会冲突问题,在不同国家的法律中是怎样调整的,即从不同国家法律中发现解决相同问题的不同手段。也就是说它不是从法律规则和法律制度本身入手,而是从社会问题入手。

我们可以这样理解功能比较,功能比较的前提是要在不同的法律体系中找到需要解决的相同问题。其前提不是比较不同的法律体系或相同的法律体系,而是比较相同的或类似的需要解决的问题。从这个问题出发,去比较它们各自的法律应对办法,这种法律比较的思维模式就是功能比较的模式。

功能比较无非出现三种结果:一种结果是不同法律制度应对相同问题的方法千差万别,没有规律可循;另一种结果是相同和不同的方法参半;还有一种结果是方法大致相同。依据比较法学者的经验,或者比较法学者所假定的前提是,从功能角度而言,各国解决相同问题的办法在很多情况下是相同的。即使出现不同,也可能是受到文化、道德或政治制度等方面的影响,而不是因为针对这个问题的功能性办法本身差异很大。

意大利学者卡佩莱蒂(Mauro Cappelletti)提出的比较法研究的六个步骤,就是从功能比较的角度进行深化和提炼的:

第一步是在所要比较的国家中找出人们共同遇到的社会问题和社会需要,也即找到共同的起点;

第二步是分别研究这些国家为解决该问题所采取的法律解决办法及有关的法律规范、程序和制度;

第三步是对各国采取或相同或不同的解决方案的理由进行研究;

第四步是在第三步的基础上,进一步研究这些异同反映出来的发展趋势;

第五步是以其是否符合社会需要这一客观标准,对各种不同的法律解决方案进行评价;

---

① [德]茨威格特、[德]克茨:《比较法总论》,潘汉典等译,北京:中国法制出版社,2016年,第58页。

第六步是根据确定的社会需要、既定的解决方案的实际影响和所反映的发展趋势,合理地预测所研究的问题的未来发展。①

因此,功能比较方法的基础,在于不再强调法律本身,而是聚焦于法律所发挥的功能。茨威格特就明确表达了这样的观念,他认为法律科学的对象并不是概念的法律结构,而是这些法律结构应当解决的生活问题。比较法的问题不是关于不同国家的法律制度的概念结构,而是法律制度的功能。比较法的方法是对不同社会秩序解决问题的办法,从它们各自所属的社会现实和它们各自所实现的社会目的角度进行比较。因此,即使在规范比较或结构比较中被认为完全不同的法律体系,可能在功能比较中也是类似的,因为从社会角度而言,每个国家里的法律问题都具有相似性。

三、功能比较的突破与缺陷

功能比较之所以能够获得广泛认可,是由于它弥补了规范比较或结构比较的缺陷,并大大拓展了可比较的范围。在规范比较中,一旦要比较两个不同的法律体系,就需要将双方的立法或规则并置在一起,逐条对照,并由此而判断两种法律制度的异同。相反,在功能比较中,只要认为被比较的国家存在相同的或类似的问题,就可以对它们关于该问题的不同解决办法进行比较。比如说,任何国家都有违反合同的行为,那么不同国家是如何解决这一问题的,就可以用功能比较的方法进行比较,而不管有关该法律的名称、分类等等是否相同。功能比较方法的出现大大扩展了可比性的范围。

功能比较还摆脱了在规范比较中本国法律概念的限制。尽管比较法要求学者们在比较中持中立的态度,平等对待所比较的两个国家的法律制度,但是不可否认,学者们始终会受到他们本国的法律概念、规则和理论的影响。因为不同地区或国家往往有与自己的历史传统相适应的独特的法律概念,如果法律比较只是建立在对规范的比较上,即建立在对相同法律概念的对照上,那可比较的法律范围就会有很大的局限性。况且,即使不同地区或国家的法律概念相同,其内涵也不一定完全一致,这样就给法律比较设定了许多障碍,而功能比较可以突破这种局限性。

---

① 参见[意]毛罗·卡佩莱蒂:《比较法教学与研究:方法与目的》,王宏林译,载沈宗灵、王晨光编:《比较法学的新动向——国际比较法学会议论文集》,北京:北京大学出版社,1993年,第15—19页。

功能比较并不在意法律概念的不同,也不在意法律制度的不同,它关注的是解决某一相同问题的、功能相同的规则,这些规则可以以体系化的形式存在,也可以分散在不同的法律法规中,也可能只是某个体系化法律的一部分。这样比较法学者在进行功能比较时,完全可以灵活对待一个国家的法律体系,可以把执行某一法律功能的规则从某个法律体系中分拆出来,也可以把零散分布在不同法律中的规则聚合在一起。这样,在法律结构和法律概念有较大差别的国家之间,比较研究也可以毫无障碍地进行。

正如大木雅夫所评价的:"这种功能主义的比较法,使比较法获得了长足的进步。正是它在大陆法与普通法之间架起了桥梁,并在矗立于资本主义法与社会主义法之间的壁垒上打开了一个突破口。寻求在社会和法律的需求上提出的共同问题,从这一点出发即使把看来完全异质的伊斯兰法和印度法纳入比较法的框架,从逻辑上说也并非不可能。"①

功能比较具有很大的潜能,能对复杂社会关系中的各种解决问题的方法进行比较,但它不是万能的。给予功能比较很高评价的大木雅夫就认为,如果把功能主义的比较法视为万能,会产生一定的危险。沈宗灵认为:"对真正是教条主义的概念比较或结构比较来说,功能比较是一个有益的突破,但将功能看作唯一正确的比较方法,也可能是不妥的。"②

功能比较尽管大大增加了不同法律体系的可比较性,但是它仍然留下一些无法比较的领域。首先,当我们在不同的法律体系中找不到相同的问题的时候,功能比较就无能为力。其次,法律并不仅仅是因其功能而存在的,它还反映着理性、文化、传统等因素,而这些都反映在一种整合逻辑中。纯粹从功能的角度进行比较会忽视这些内容的存在,从而造成这样的局面:尽管我们可以从功能的角度进行比较,但我们却不能真正了解对方的法律制度,顶多是了解和所比较的问题有关的制度。

因此,结构分析方法会令人忽略法律的功能,而功能比较方法会使人忘记法律制度的存在。功能比较只关注解决相同的社会问题,而不顾及每个法律体系法律制度的特征,这样,功能主义角度就会使人忽视法律制度的差异,甚至无视法律制度所关联的政治、经济、文化的不同。因此,法律制度不是可有可无的,也

---

① [日]大木雅夫:《比较法》,范愉译,北京:法律出版社,1999年,第89页。
② 沈宗灵:《比较法学的方法论》,《法制与社会发展》1996年第3期,第8—13页。

不是从功能比较的角度可以忽略和任意肢解的。调整社会生活的是法律制度，而不是所谓的功能比较的问题。功能本来就是法律制度不可分割的组成部分，所以不能把功能从法律制度中独立出来。

同时，法律制度和规范是一定社会环境的产物，在任何比较研究中都应考察所有情况，包括经济、文化、司法等要素。因而，人们会发现，大致相同的问题在不同的社会中可能有不同的解决办法；反过来，在不同社会中，看起来不同的问题却可以得到相同的解决方法。这种现象就体现了社会环境对法律创造所产生的影响。

【名家专论】

一、茨威格特和克茨：比较法的方法

比较法的一切研究，正如在所有思想活动中一样，都是以提出问题或者规定一种工作假设——简言之，即一种思想——开始的。常常是由于对本国制度的解决办法感到不满，于是驱使人们探究别国的法律制度是否产生过较好的解决办法。与此相反，也可能是对外国法律制度进行纯粹的原本无目的的研究，使自己对于本国的解决办法批判的感觉敏锐了，并且由此产生一种思想或者工作假设。因此我们大概可以理解耶舍克所说的，他自己的信条和刑事政策（更一般的法律政策）的观点是作为工作假设使用的，并且在方法论上起着联结点的(Beziehungspunkes)即比较的第三项的(tertium comparationis)功能。另一方面，朗格罗问道：在次序上是搜集资料还是假设优先？这样提问不是很正确的，因为这两者之间可能确实存在着一种相互依存的关系，从而难以就优先顺序问题提问。所以，朗格罗所说的工作假设优先以及演绎的思考起着决定性的作用，也是不符合实际的。事实上，最初的顿悟(anfangseinfall)并不是"演绎的"。根据马克斯·韦伯的中肯的定理，"顿悟通常只是建立在艰苦工作的基础之上"。在这种意义上的"艰苦工作"，对比较法学者说，就是对本国法进行批判性的彻底的研究和对外国法的经常的学习。

全部比较法的方法论的基本原则是功能性(Funktionalität)原则，由此产生所有其他方法学的规则——选择应该比较的法律，探讨的范围，和比较体系的构

成,等等。人们不能够对不可能比较的事物作出有意义的比较,而在法律上只有那些完成相同任务、相同功能的事物才是可以比较的。这个命题看似自明之理,但是由于它包含着丰富的涵义,以比较法的经验为其基础,因此对于初学者是不可能立即认识的。特别是,这个命题是以比较法的根本经验为基础的,即每个社会的法律在实质上都面临同样的问题,但是各种不同的法律制度以极不相同的方法解决这些问题,虽然最终的结果是相同的。因此,任何比较法研究作为出发点的问题必须从纯粹功能的角度提出,应探讨的问题在表述时必须不受本国法律制度体系上的各种概念所拘束。因而,例如,不要这样提问:"外国法关于买卖契约设有什么形式规定?"最好这样提问:"外国法如何保护当事人免于草率立约或者不受未经认真考虑的行为的约束?"不要这样提问:"外国法怎样调整德国法所谓 Vor-und Nacherbschaft(先位继承和后位继承)?"人们应当试图查明外国法考虑以什么方法满足立遗嘱人在死后长期控制其遗产的要求。又如:根据德国民法典第 818 第 3 款规定,只有在德国才看到"利得丧失"的形态。但是,当应返还的给付已经不在债务人手中,在错误订立的契约回溯既往进行清理时发生的利益冲突,必须加以解决,这件事在全世界到处都是一样的。因此人们绝不可以让本国法的体系观念遮住视线。一切比较法的关键总是具体的事实问题。

  初学者往往仓促下结论说,关于某一问题在外国法律制度中"找不到任何东西",而功能主义原理可以防止这件事。即使是富有经验的比较法学者偶然也可能发生这样的事情:他们无意识地带着本国法律制度的眼镜注视事实问题,并且因此按照他们自己的法律制度的经验估计在外国法中一项有关的规则就在该体系的一定的地方,他们只在这里寻找。因此,如果人们进行比较法研究工作时在外国法当中"找不到任何东西",这首先只是意味着,人们必须对自己的"原始问题"进行反思,并且必须清除本国体系的一切教条主义的成见。特别是我们德国的法学家处在我们自己的教条主义的种种概念束缚的危险之中:在我们受到高度训练的体系概念思维之下,我们很容易地把我们的体系学和我们的思维方法看作直接由自然法预先规定的,只是当人们已经在尽可能广泛地寻找外国的法律制度——作为最后手段请教有关国家的法律家——而且这种研究仍然毫无结果的时候,人们才可能论断说,在该国实在找不到这个问题的解决办法。这种事情是极少遇到的。但是,即使如此,也没有任何理由断绝比较法研究。为什么在某一个外国法律体系中不存在对一定问题进行法律解决的需要,这个问题往往可以导致对本国法或者外国法有益的结论。有时,某一问题的解决办法在本国的法律上实际上是多余的,并且其存在只是出于在理论上完成一部学术上精心制作的法典的需要,例如德国民法典第118条("非出于真意的意思表示,预期其非出于真意不致为他人所误解而为之者,无效。")关于所谓"戏谑行为"的规定(Scherzgeschäft)就是如此。有时,一定的需要是由习俗和社会习惯满足的;这种解决办法从来没有变成明确的法律形式。由于外国社会结构的理由,认为没有必要作出一定的法律规则的情况也是一样的。这就应该探究不同的正义观念从何而来。这种探究可能产生有趣的结论,然而也可能完全找不到对一定的法律规则缺乏需要的任何理由。法律制度的形成与否,历史上的偶然事件也是起作用的。

功能主义原理的"否定"方面因此是:人们在从事比较法工作中必须彻底地摆脱他本国的法学教条主义的先入为主之见。其"肯定"方面则告诉我们,为了寻找同本国问题的解决相应的法律,我们必须进入外国法的哪些领域。

原则上,在深入研究外国法的时候,应当避免加以任何限制。这一点,特别适用于何者应当作为"法律渊源"考虑的问题。在比较法研究意义上的"法律渊源"是指形成或者影响所考虑的制度的法律生活的一切事物。因此,比较者必须如同外国法律制度的法律家们一样,利用同样的渊源,并且必须像他们一样对那些"法律渊源"给予同样的重视和认定具有同样的价值。人们必须在这个范围和界限之内,研究制定法和习惯法、判例和法学、各种类型契约和一般契约条件、商业习惯和习俗。这是对比较方法确定的要求。但是这还是不够的。拉贝尔有准备地先说"我们认为按照学术上的理想要求的比较方法所承担的任务是很艰巨的",然后他告诉我们,根据他的判断应当提出的各项要求的范围如下:

关于法律问题的思考资料必须是:过去和现在的全世界的法律;以及同法律相关的地理、气候、人种;各民族的历史命运——战争、革命、建国、奴役;宗教和伦理观念;各个人的抱负和创造力、商品生产与消费的要求;各阶层、党派和阶级的利益;各种思潮,不仅封建主义、自由主义、社会主义产生各自不同的法律,各种思潮、已选定的法律道路的合乎逻辑的考虑、特别是对于一种国家和法律的理想的追求,都是起作用的。所有这一切在社会、经济和法律的形成上都是互为前提的。所有发达民族的法律在阳光下迎风闪烁,千姿百态。这个颤动着的实体构成一个任何人依靠直觉无法了解的整体。

假如这是意味着在人们可以"斗胆"开始从事比较法研究之前,他必须掌握所有这些在系统研究中的知识,那么,我们必须持现实主义的态度说,"这个要求过高了!"但是,如果与此相反,其意思是,比较法学者必须努力不懈地加深自己对外国情况特别是关于几个大法系的母法的各种制度的一般修养,并且掌握其现状,这就正确了。

学者们常常有力地指出许多坑穴、陷阱和迷途可能阻碍人们前进或者引人误入歧途。我们不可能把它们编目一一列举,不可能完全排除它们,人们越来越转向由多国组成的集体从事比较法研究,并且已取得巨大的成果,但是也无济于事。特别对于新手,我们只能奉劝他听取艾申多尔夫(Eichendorff)之言:"你要提防,头脑清醒,又要精神振奋!"("Hüte dich, sei wach und munter!")并且安慰他说,即使最足智多谋的比较法学者也往往一再犯错误,而且在我们这一行当中,已经形成良好的习惯,对于这样一类的事情在情有可原的范围内——犹如这样"营业"的"酒吧亏损"——不是进行讽刺,而是友善地予以订正。拉贝尔曾经说,"带着弓箭埋伏的土人们"等待着那些在外国土地上探索的比较法学者。这句名言是够机智的,但是这吓唬不了我们。

……

上述各例表明,比较法学者在其研究中频繁出现的又一种现象,即人们可能想要谈及的——虽然有一点夸张——比较法的一条基本规律:各种不同的法律秩序,尽管在其历史发展、体系和理论的构成及其实际适用的方式上完全不相同,但是对同样的生活问题——往往直到细节上,采取同样的或者十分类似的解决办法。诚然,人类共同生活中有许多领域,受到特别强烈的道德和伦理评价的影响,而这种评价则来源于宗教观点、历史传统、文化发展或者民族性等方面的各自特性。因此,在各民族之间可能存在很大的差异,以致人们不能确认那些调整这种生活领域的法律规范的一致性。例如,遗嘱自由应否为了被继承人的亲属或者妻子的利益加以限制?是否允许离婚?如果允许,根据什么前提条件?对通奸所生子女是否可以确认为婚生的?婚外子女抚养费请求之诉,如其父已缔结合法婚姻时,是否应予允许?如允许应根据何种前提条件?所有这些问题,在不同的法律秩序中,常常有不同的答案。在这个地方,其答案有时带着这样一种道义上的热情提出来:法院有时由于一项冲突规范的规定在这些问题上必须适用某一外国法的时候,它就开始考虑本国的公共秩序就此点来说是否禁止适用外国法。实际上人们在进行法律比较中往往遇到"不能评价"("Wertungsaporien")的情况;观察者不再能说哪一个解决办法真正是较好的,而哪一个是较坏的。但是如果我们撇开那些充满着特别强烈的价值观点和道德命令的问题——主要是在家庭法和继承法方面的问题——而探讨在其他方面比较"非政治的"私法,我们在这里就会常常看到,在世界上所有发达的法律秩序中,在法律往来上同样的需要总是以同样的或者十分类似的方法予以解决。就这方面而言,简直可以说是一条"类似的推定"("praesumtio similitudinis"),即一条关于实际解决办法类似性的推定。这个推定作为方法使用在下述两点上是特别有用的:在比较法研究开始时,这个推定可以作为启发式的原则使用——它能够给研究者指点正确的道路,指示他注意相对应的和类似的事物,以实际解决问题可能的同一性为目标,应当考察外国法和外国法现实的哪些领域;而且更进一步,在研究工作终结时,这个推定成为检验其结果是否正确的手段。如果比较法学者从他所调研的全部资料——在他进行研究的比较法律秩序中,找到同样的或类似的实际解决办法,他就可以感到满足了。反之,如果他查到在实际解决问题上大不相同或者完全相对立的结果,他就应当注意这件事情,并且必须再一次检查他原先提出的问题是否正确地和完全彻底地根据各个法律形式的功能,还有他的研究范围是否够广阔。

当然,必须再一次强调指出,前述推定并不是适用于一切法律领域的。对于某些领域——它的法律受到一定社会的特殊的政治与道德价值观的强烈影响——这个推定是不适用的,但是在所有其他法律领域——如果那些法律相对地说在价值观念上是中立的和技术性的,那么关于实际解决办法的类似性这条推定,在我们看来仍然是一条可以使用的工作假设。

(节选自[德]茨威格特、[德]克茨:《比较法总论》,潘汉典等译,北京:中国法制出版社,2016年,第57—62、67—69页。)

二、大木雅夫:比较法的方法

正如法学中有为数颇多的方法论一样,比较法也不可能只有一种单一和最根本的方法。比较法有多种方法。甚至可以说,有多少人以比较法名义从事"比较法"研究,就有多少种比较法。因为,比较方法在很大程度上被比较法的目的和对象所限定。然而,其中毕竟存在着为迄今为止众多比较法学家所考察的共同问题,而且并非没有一般公认的方法论上的共同点或基本原则。

……

一般说来,比较方法本身可以适用于任何法律秩序,所以不宜事先限定其范围。身处 1900 年的普遍主义者们,受发现法的一般原则或法的本质的强烈愿望所驱使,曾试图把尽可能多的法律秩序作为比较法的对象。但是当时朗贝尔在反对萨莱伊的文明人类共同法、提倡立法共同法之际,就将范围限定在类似点多、联系紧密的罗马和日耳曼两个民族的法之上。不仅如此,由于更适于哲学家研究的"共同法"的理想基本上已经归于幻灭,现代的比较法学家们或多或少地都把他们所研究的法律秩序限定在一个小范围内。

实际上,现代世界上存在着百十个法律秩序。然而,比较法研究通常是单独、充其量不过数人共同进行的,所以对作为研究对象的法律秩序进行选择是必不可少的前提。即使是组织全世界的研究者、投入了大量时间和费用才得以完成的《国际比较法百科全书》(International Encyclopedia of Comparative Law)的编纂中,或多或少也是这样做的。总之,必须事先选择所要比较的法律秩序,加以限定。然而问题在于,应该以什么样的标准来进行选择。

关于选择标准,恐怕最有说服力的当属茨威格特和克茨的学说。他们认为,必须将研究对象限定在"母法秩序"(Mutterrechtsordnung)上,而没有必要深入探讨"子法秩序"(Tochterrechtsordnung)。子法秩序保持着母法秩序的样式,但是它们"在解决问题上的独创性与成熟性的结合这一点上,总是比母法秩序落后一步"。在我国,或许是出于这种考虑,通常选择德国、法国、英美、苏联等国的法律秩序作为研究对象。

然而必须注意的是,这一点并不是无可非议。在对多种法律秩序的样式和形态特征加以比较、将其划分为法系的宏观比较中,以母法秩序为中心的确较为合适。但是,在探讨各国法律制度的共同基础、一般潮流、相对优越的解决办法等微观的比较时,则并不一定局限于传统上属于同一法系的各种法律秩序。根据是,并非只有母法秩序才能垄断法的独创性与成熟性,子法秩序也有主张这种独创性与成熟性的权利。例如,《法国民法典》与《比利时民法典》即为母子关系,但法国的侵权行为法已经通过判例发生了很大变化,而《比利时民法典》则保持了《法国民法典》的原貌。此外,《土耳其民法典》虽然继受了《瑞士民法典》，但在对待非嫡生子的态度上，较之传统上一直实行一夫一妻制的瑞士，明显地宽大。

因此，在母子法律秩序之间，对同一条文所作的不同解释，大约绝非罕见。不仅如此，鉴于正因为有解释上的差异，比较才能更有成效，所以应认为解释上的差异不仅可能、而且是有益的。在这个意义上，把属于其他法系的法律秩序作为比较对象，并没有什么格外悖理之处。例如，在资本主义法与社会主义法的比较中，即使为了否认可比性所提出的、诸如社会主义法是全新的最高类型的法和意识形态的差异，以及社会和经济基础的差异等抽象的理由，毋庸置疑是应予考虑的，但法的可代替要素等的比较并非不可能。此外，面对人类社会中普遍存在的法律问题（例如婚姻与离婚、犯罪与刑罚等），或在高度工业化、都市化社会产生的法律问题（例如交通事故的损害赔偿或对大规模损害的法律救济等），如果片面强调资本主义法与社会主义法的异质性，认为二者之间不可比较，只能视之为知识上的怠慢。今天，无论是东方或西方，这种主张都已成为明日黄花，不仅如此，现在甚至有人主张，把属于不同法系的、相距甚远的法律秩序纳入比较法的视野，从科学认识的观点看正是可获得最丰硕成果之处。

如果这样看来，茨威格特和克茨把比较的对象限定在母法秩序上的提案或许存在一些问题。然而应该注意，他们只是将其单纯作为一个作业假设而提出，而并未将这一提案绝对化。例如，他们认为，罗马法系的母法秩序是法国法，但考虑到民法原理学中的丰富思想及其在此基础上进行的卓越的法典编纂，就不可能无视意大利法。同样，在普通法系内，英国法是母法秩序，然而，对英国法大幅度简化发展而成的美国法毕竟也是一种不容忽视的重要的法律秩序。不仅如此，"关于划定比较法研究界限的标准，要普遍适用是很难的，因为这个标准完全取决于具体研究的对象"。这正是最重要的一点。无论是微观比较还是宏观比较，应该说，在选择比较的对象时，如果将范围限定在有关研究目的预期可达到的必要而有益的结果之处，大约就足够了。

比较方法，只能在各比较项之间有比较可能性（可比性）的场合才能适用。所谓比较可能性，可以理解为各比较项之间的结构的类似性和功能的等值性。以后者为基础的就是功能主义的比较法，也就是给现代比较法带来决定性发展的理论。对法的功能的重视始于耶林，经过美国的威格摩尔和帕温德的推动，在德国由拉贝尔和莱因斯坦等人导入比较法，最后由茨威格特和克茨确立了功能主义的比较法。

……

这样,在各国法之间——属于同一法圈的国家亦如此,属于不同法圈的情况则更是不言而喻——常常未必存在可以相提并论的制度或概念。屡见不鲜的情况是,一些乍看起来似乎同等的制度却发挥着不同的功能,而形态迥异的制度又发挥着相似功能。然而,如果从"构成"追溯到"前提条件",常常可以发现在各社会中存在着对法律调整的共同需求。据莱因斯坦的调查,美国私法判例中的80%,与不论是美国、加拿大、法国、阿根廷或日本等任何地方的结果相似,而只有余下的20%可以看到国别的差异。总之,"我们的文明是同一个单位,问题相同,则解决办法亦相同"。

因此,适当的比较,不应是通过所谓体系性的思考(Systemdenken),而必须通过问题性思考(Problemdenken)进行。具体地说,就是应该这样提出问题:"在本国法律秩序中有通过这种法律制度处理的某种法律需求,而外国法是通过什么方式满足这一需求的",而调查的范围,除了制定法和习惯法外,还必须遍及判例、学说、定型契约、普通契约条款、交易惯例等等该法律秩序中构成法律生活的一切形式。而且正因为比较法要求如此广阔的视野,所以,与其提出个别性的问题,不如把相互关联的各种问题包容在一起,作为综合性问题提出更为恰当。

这种功能主义的比较法,使比较法获得了长足的进步。正是它在大陆法与普通法之间架起了桥梁,并在矗立于资本主义法与社会主义法之间的壁垒上打开了一个突破口。寻求在社会和法律的需求上提出的共同问题,从这一点出发即使把看来完全异质的伊斯兰法和印度法纳入比较法的框架,从逻辑上说也并非不可能。实际上,正因为如此,《国际比较法百科全书》才可能把全世界作为其研究对象。

尽管这样,如果把功能主义的比较法视为万能,也会产生一定的危险。比较法之所以能在立法或法律解释中发挥创造性作用,是因为各国法之间存在着共同性或类似性,而功能的比较法之所以成为一种卓越的方法,是因为以"类似的推定"(praesumptio similitudinis)作为其重要的基础。然而,如果过分强调这一点,恐怕难免会将过去在限定比较对象上所作的努力抵消殆尽,从而有再次返回到人类共同法之理想的危险。因此,康斯坦丁内斯库也指出,茨威格特的学说过多地受到了普遍主义者萨莱伊的影响。

另一方面,可以看到,被功能主义比较法的阴影所隐盖的结构主义的比较法或单纯的法律概念的比较至少也有其特定的意义。例如,苏维埃刑法学虽然曾经把责任与刑罚的概念视为资产阶级的东西,代之以社会危害性与社会防卫措施的概念,但在30年代又重新恢复了这些概念。此外,苏联显而易见也采用了作为资产阶级法学之产物的基本权利的概念。但是这并非个人从国家那里所保留下来的自由权,而被解释为为了共同创造社会主义体制的权利。在进行这种比较时,类似的推定就未必合适,而不妨直接从概念出发,并"根据差异的形态"来进行考察。

同样,主要着眼于阐明各法律秩序之样式的法系论,也应理所当然地将其重点从功能的比较法向结构的比较法转移。总之,功能的比较法虽然确是一种卓越的思想方法,但不可将其绝对化。因为,从根本上,比较法所采用的方法是受研究目的所支配的,所以,最好能根据需要广泛并独创性地应用历史学、社会学和统计学的方法以及其他各种方法。

(节选自[日]大木雅夫:《比较法》,范愉译,北京:法律出版社,1998年,第82—86、88—90页。)

三、迈克尔斯:功能比较方法

功能方法已经既是比较法奉行的圭臬,又是比较法的眼中钉了。对于其支持者而言,这是最为硕果累累、或唯一硕果累累的方法;对于其反对者而言,它体现了主流比较法所有的谬误。功能方法的争论,事实上不仅是一项方法论争议。它是对作为整体的比较法领域几乎全部争论的焦点——学术事业与学术旨趣的中心与边缘对立、主流与前卫抗衡、融合与多元对峙、工具主义与诠释学竞争、技术官僚政治与文化对阵等,不一而足。

功能方法既是比较法理论、也是比较法实践的幻象。作为理论,它几乎不存在,至少其精致版本不存在。支持者和反对者的标准参考文献,都是一部导论性教科书中的简短一章,在这个几乎已存在半个世纪之久的文本中,它的作者茨威格特,在功能方法的最初概念中,既对方法论争议表达了鄙视,也对从作为比较法学者终极指南的、方法论严谨性上获得启示表达了偏爱。即便像茨威格特这样的开创性文本,也不可能提供一种理论的全部要素,也不足以驳斥针对该理论的全部批评。而且,甚至比较法理论的似是而非的综述也揭示,功能主义只是、而且一直只是微观比较的几种方法之一。除了功能主义以外，当前至少还有三种主要的方法：比较法律史、法律移植研究以及法律文化的比较研究。

在实践中，功能方法构成了某些著名的、成功且方法论清晰的研究的基础，但是这些研究之所以著名，在相当程度上是因其罕见。在大多数情况下，对支持者和反对者而言，"功能方法"都只是充当了传统比较法的简略表达方式而已。最近两部关于相似主题的著作揭示了这一点。斯蒂芬·沃根瑙尔（Stefan Vogenauer）将自己对制定法解释的综合性比较研究明确放置于功能传统中，尽管他的分析主要关注法律论证的形式而非功能。与之相对，米切尔·拉赛尔（Mitchel Lasser）将其司法样式比较背后的方法描述为对心理状态的（文化）分析。但是，他随后解释说，不同样式的法律体系就其所服务的功能而言是对等的：透明度、司法责任感与控制。

简言之，"功能方法"是三重用词不当。第一，不存在一种（特定的）功能方法，而是有许多功能方法。第二，并非全部所谓的功能方法，都是"功能的"。第三，某些声称遵循功能方法的课题，甚至未曾遵循任何可识别的"方法"。功能主义比较法实际上是否有意义？功能主义比较法学者在一些重要元素上保持一致。第一，功能主义比较法与事实有关，它主要关注的不是规则，而是规则的影响力；不是学说结构与论据，而是事件。因此，其客体往往是回应真实生活情状的司法判决，通过考察相似情状的各种司法回应，而对各法律体系加以比较。第二，功能主义比较法将其事实方法与理论相结合，其客体必须在其与社会的功能关系中加以理解。法律与社会因此被认为是可分离但相互联系的。因此，也是第三，功能本身充当了比较标准。制度，无论是法律制度还是非法律的、甚至学说上有区别的制度，只要其功能对等，只要他们在不同法律体系中实现了相似功能，就都是可比较的。并非功能方法的全部版本所共享的第四个元素是，功能可以充任评价标准。功能主义比较法从而变成一种"好法的比较"——几种法律中较好的法，就是比其他几种更好地实现其功能的法律。

……

1971年，康拉德·茨威格特假设了一种方法论的垄断："所有比较法的基本方法论原则都是功能性原则。"在他之前12年，金斯利·戴维斯（Kingsley Davis）对社会学和社会人类学做了同样的论断，他称之为结构-功能分析，"事实上，就是社会学分析的代名词"。同样，劳拉·卡尔曼（Laura Kalman）评论说，我们全都是(法律)现实主义者的论断,如今"已经如此频繁,以至于声称它是老生常谈都已经变成老生常谈了"。

垄断这种说法令人想起缺乏概念清晰度,或缺乏理论精致化,或两者兼而有之。如果功能主义是某一学科唯一的方法,那么很可能是由于这门学科要么没有认识到其全部潜能,要么功能方法的观念本身已经夸大为一个毫无意义的宽泛概念。实际上,无论戴维斯还是卡尔曼都认为,功能主义的具体版本,并未在具体学科中立于不败之地。戴维斯建议抛弃功能主义的观念,因为它模糊了潜在的方法论差异。与此相似的是,"我们如今都是现实主义者"的引言被当成一种策略,用以掩盖法律现实主义的特殊贡献,而非用于承继一般的现实主义方法,这是通过包容现实主义以便击溃它的一种方法。诚如茨威格特所声明的,如果我们都是比较法的功能主义者,那么功能主义可能并无多大意义(而且,正如人们往往会忽略的,批评者否定功能主义,也同样无甚意义)。

更为精确的功能主义概念在每个学科中的重构,揭示了另一较不明显却更为重要的问题:功能主义在不同的学科意味着不同的东西。从表面上看,人们期待发现相似之处。毕竟,19、20世纪从实质主义到功能主义方法的转向、从对客体本身的观察到对彼此关系以及个体与整体关系的观察的转向,是如此广泛,以至于人们可以说,在所有学术科目以及其他学科,比如在建筑与设计(功能决定结构)中,都发生了从实质主义到"功能主义的转向"。在20世纪,除功能主义之外,可能事实上已经没有更为时髦的概念了。不同学科中功能主义不约而同地兴起与没落,揭示了思想上并行的、甚或共同的发展与进化。由于学科之间杂交(cross-fertilization),相似变得更为模棱两可:恩斯特·卡西尔(Ernst Cassirer)颠倒了从数学和科学到哲学的观念;从孔德、斯宾塞经由涂尔干到帕森斯和卢曼的社会学家都借用了生物学的概念;耶林和庞德等法律人则受到功能的社会学观念的启发。

但是,正如比较法学者从法律移植的争论中深知的那样,这种杂交并不能免受明知或未知的误解与改动的影响。共同发展的故事,虽然诱人,但是往往忽略了概念与学科之间的差异,因此也忽略了不同类型的功能主义之间的差异。这对于像比较法这样的学科来说尤其成问题,因为比较法自以为介于社会科学与法学研究之间,而且同时从两方面获得方法论上的启发。如果这些学科的概念与方法是不同的,那么其结果只能是方法论大杂烩。

事实上,人们至少可以在不同学科之间分辨出至少七种功能主义的不同概念:(1)目的论,基于内在目的论的新亚里士多德主义功能主义;(2)适应论,来自达尔文主义传统的进化论功能主义;(3)经典(涂尔干式的)功能主义,从制度对社会的效用来解释社会制度;(4)工具主义,适用法律的社会工程的规范理论;(5)改良功能主义,以经实证检验的假设取代古典功能主义的某些假设;(6)认识论功能主义,关注功能关系、而非事物本体论的认识论;(7)对等功能主义,建立在这些概念之上,但是强调功能关系的非目的论、非因果论的方面。(8)运用以上所有的方法,而大体上未注意到其互不相容的方面。

(节选自 Ralf Michaels, "The Functional Method of Comparative Law", in Mathias Reimann and Reinhard Zimmermann, *The Oxford Handbook of Comparative Law*, 2nd edition, Oxford: Oxford University Press, 2018. 译文参见[美]拉尔夫·迈克尔斯:《比较法的功能方法》,吕亚萍译,载[德]马蒂亚斯·赖曼、[德]莱茵哈德·齐默尔曼:《牛津比较法手册》,高鸿钧等译,北京:北京大学出版社2019年版,第342—347页。)

【问题思考】

1. 法律是功能性的还是体系性的?
2. 规范比较、结构比较、功能比较的区别与联系。

【延伸阅读】

1. [荷]科基尼-亚特里道:《比较法的某些方法论方面的问题》,刘慈忠译,《环球法律评论》1987年第5期,第12—17页。

2. [比]马克·范·胡克:《比较法的认识论与方法论》,魏磊杰、朱志昊译,北京:法律出版社,2012年。

3. 饶艾:《规范比较、结构比较与功能比较——比较法方法论研究》,《法商研究(中南政法学院学报)》1997年第1期,第88—92页。

4. 郑智航:《比较法中功能主义进路的历史演进——一种学术史的考察》,《比较法研究》2016年第3期,第1—14页。

5. 朱景文：《从规范的比较到功能的比较——比较法发展的一个趋势》,《法学家》1993年第2期,第33—38页。

6. Maurice Adams, Jaakko Husa and Marieke Oderkerk, *Comparative Law Methodology*, Cheltenham: Edward Elgar Publishing, 2017.

7. Efstathios K. Banakas, "Some Thoughts on the Method of Comparative Law: The Concept of Law Revisited", *Archives for Philosophy of Law and Social Philosophy*, Vol. 67, No. 3(1981), pp. 289-309.

8. Julie De Coninck, "The Functional Method of Comparative Law: 'Quo Vadis'", *The Rabel Journal of Comparative and International Private Law*, Bd. 74, H. 2(2010), pp. 318-350.

9. Andrew Harding and Esin Örücü, *Comparative Law in the 21st Century*, London: Kluwer Academic Publishers, 2002.

10. John C. Reitz, "How to Do Comparative Law", *American Journal of Comparative Law*, Vol. 46, No. 4(1998), pp. 617-636.

专题三 比较法的"共同法"建构

【专题导论】

比较法的理想目标之一是构建文明人类的共同法,这是比较法学科确立时就明确提出的目标,也是后来的比较法学界始终坚持的。那么什么是共同法呢?比较法的共同法和历史上的共同法有什么不同呢?为了回答这些问题,我们需要简单追溯一下共同法的历史。

一、历史上的"共同法"

在比较法学者提出"共同法"概念之前,欧洲历史上先后出现过不同类型的"共同法"。通过总结历史上存在的共同法的特征,我们可以理解比较法学者所提出的共同法到底具有何种旧传统和新特征。

在欧洲,最先出现而且对后世影响巨大的共同法首先是自然法。自然法是当然的共同法,而且是共同法当中最理想的类型。因为,古希腊人在创建自然法时是从哲学的角度去探讨的,如同寻找世界的本源是什么一样,他们也要找到法律的自然本源。

自然法的本质是探讨权力、正义、秩序和法律的源头问题。自然法不是解决哪种法更好的问题,而是要寻找一切法的原型和模板。无论是古希腊的早期自然哲学家以及苏格拉底、柏拉图、亚里士多德等三大哲学家还是后期的伦理哲学家,都认为与实在法相对,存在着一种自然法,作为判断实在法是否正义的标准。从古希腊开始的自然法思想尽管在不同时期有不同的内涵,但都认同只有符合自然理性秩序的正义法律和权威才具有合理性。所以任何政治构建的基础必然是符合理性的、正义的。

其后出现的是在罗马庞大帝国框架下的一种"共同法",我们称之为万民法。盖尤斯说:"所有受法律和习惯调整的民族,他们一方面遵守自己的法律;另一方面遵守为全人类所共有的法律。事实上,每个民族专有的法律是该民族自己的法律并被称为市民法,换言之,是该城邦自己的法律,而自然理性为全人类确立的并为所有的民族同等地遵守的法律被称为万民法,换言之,是由所有的民族使用的法律。如此,罗马人民部分地由其自己的法律调整,部分地由全人类的法律调整"。[1]

这段话真切地勾勒出了罗马时期万民法的共同法特征。首先,它是与其他城邦共有的法律,它不是罗马市民法推广的结果,而是本来就在不同的民族中共同存在;其次,这种万民法的源头是"自然理性",也就是说它其实和自然法是同源的。

第三种共同法就是由注释法学派和评论法学派在概念层面创造的共同法。这两个前后相继的学派认为他们所研究的罗马法是"真正的法",他们用这种真正的法改造和解释实际适用的实在法。他们并没有创造可以实际使用的新的法律规则,而是传播了共同为欧洲所接受的法律的概念、法律的结构和罗马法的原理,形成了罗马普通法或欧洲普通法。这个时期的共同法是在欧洲走向民族化国家的过程中获得的,在此意义上可称之为欧洲共同法,这是一种有限国家间或特定区域内的共同法。

欧洲历史上出现过的共同法大致具有以下几个特征:

第一个特征是这些法都带有某种程度的超验性。也就是说,这些共同法的构建都不是基于已经存在的实体法,也不是基于具体的社会现实,而是基于对某种超验理性规则的追求。

第二个特征是共同法都具有超国家性。它不是围绕某个具体的民族或国家而构建的,而是超越已有的民族和国家之上。

第三个特征是共同法基本上都停留在理论层面,很难化作具体的规则和条例。

---

[1] [古罗马]盖尤斯:《法学阶梯》,黄风译,北京:中国政法大学出版社,1996年,第2页。

第四个特征是恒定性。这些共同法尽管表现形式不一,但都被视为代表着永恒不变的法律,至少相对于实证法具有相当的稳定性。

正是在这些传统共同法历史遗迹上产生了比较法语境下的共同法,它既承继了历史上的共同法理想,又体现了对新时代的思考。正如大木雅夫所说:"以罗马法和自然法为基础的共同法的观念已经归于消亡,取而代之,出现了以比较为基础的共同法。这种观念确认建立在经验基础上的、为各个文明国家的人民所共有的法的一般原则,力图打破在各国法制之间存在的反理性的壁垒。"①

二、比较法语境下的共同法

一方面,比较法语境下的"人类共同法"不可能完全脱离历史上出现的共同法的框架和基本特征;另一方面,它又要体现比较法学科的特性和所面临的时代问题,以区别于过去的共同法。就与过去的"共同法"的联系而言,比较法语境下的"共同法"自然无法摆脱共同法的"超国家性"特点,它同样不是基于特定国家的层面。

但是,与历史上的共同法不同的是,比较法语境下的共同法试图改变的是过去共同法的超验性、纯理论性和永恒性,尝试将比较法建立在经验的层面上。因此,它不是外在地构建一种新的法律,而是概括和总结已经存在的各国实在法;它并不希望所概括出的法律只是一种抽象的理论体系,而是希望能够发挥实在法的作用,实际地调节社会中出现的法律问题;它认为并不存在永恒不变的共同法,只存在内容可变的共同法。

所以,比较法的共同法并不是自然法,因为它并不是客观存在和恒久不变的;它也不是万民法,因为它并不是在一个国家主权范围内来考虑调节社会法律关系的;它也不是欧洲普通法,因为它并不仅仅是法律的概念和基本原理,也并非和各国的实在法没有关系;它不是给各国的实在法提供上位的依据,反而是从各国实在法中过滤出来的。所以,比较法语境下的共同法是无法脱离实在法的,可以说没有各国的实在法,就没有比较法的共同法。

比较法语境下的共同法适应主权国家组成的国际环境的需要。主权国家所组成的国际社会之所以追求这种基于实在法的共同法,一方面是因为,各主权国

---

① [日]大木雅夫:《比较法》,范愉译,北京:法律出版社,1999年,第54页。

家基于各自的文化传统与民族利益,热衷于追求本国独立,致力于维护本国主权,其中法律的自主和独立正是主权独立的标志之一。所以,没有一种政治力量能够代表一种超越主权国家的法律体系,即使有这样的法律体系,也没有力量能将其强加给主权国家。因此在主权国家所组成的国际社会中,各国只能在承认各自法律制度存在差异前提下,在竞争与冲突中寻求平衡与调和,这决定了比较法语境下的共同法也只能在各国实在法的基础上才能存在。另一方面,强调本国法律独立自主的主权国家之所以需要共同法,是因为主权国家需要在经济等领域互通有无,在政治等领域相互协作,在文化等领域相互交流,而这一切都要以法律的协调为前提。

所以比较法学家认为,在主权国家的国际环境下,人类共同法的建构,并非要在各民族国家之上强加某种具有价值普遍性的共同法,共同法是通过对世界各国现有法律的不同与相同之处进行比较,排除其中的偶然性因素,总结其中的规律性法则而获得的。其目的是通过比较,找到更好的解决问题的办法,从而影响各国自觉改善本国立法或积极借鉴他国法律。由于各国的法律是在不断变动之中的,所以根据法律体系归纳出来的法律自然也是不断变动的。从理论上讲,这种共同法的实现是必要的,也是可能的,正如罗迪埃所说:"尽管各个集体有各自的历史发展情况,构成物质环境的各种条件有不可消除的地方特性,以致各种法律制度有着明显的差异,但是它们之间存在着一个共同的基础,我们能在宏观上看到法律有国际性统一的前景。"[1]

基于此,我们可以尝试总结一下比较法语境下的共同法所具备的特征:

首先,共同法当然具有超国家性,否则面对不同的国家就谈不上共同法。这种超国家性可以从两个角度来理解:一个角度是说,它虽然来自各国的法律规则和制度,但又不是某个国家或某类国家的法律规则和制度,而是在各国的不同法律规则和制度的基础上归纳出来的;另一个角度是说,共同法的目标是普遍适用于各国,而不是有选择性地适用于部分国家。

其次,共同法是在尊重各国主权的前提下进行的,其目的不是削弱各国的主权,而是在尊重各国主权的前提下,让各个国家主动采用共同法。各国采用共同法不是让渡主权,也不是被迫而为,而是因为共同法更加优秀、更加合适、更加有

---

[1] [法]勒内·罗迪埃:《比较法导论》,徐百康译,上海:上海译文出版社,1989年,第56页。

利于和其他国家顺畅沟通。共同法并不是给主权国家强加一种外部的法,而是要改善主权国家的国内法。

第三,共同法强调法律的统一和兼容。理想状态当然是所有国家都采用共同法,那样就会形成全世界各国法律的统一;但这种理想是无法实现的,最多也只能是就各国共同面临的问题寻找理想的解决办法,而无法涵盖各个国家所面临的完全不同的问题,也无法改变与各国历史传统、风俗习惯、政治制度和哲学基础结合紧密的那些法律。所以共同法并不是要抹杀这些不同,而是通过比较法的研究,充分解释这些不同的原因,使大家相互理解为什么有这些不同,从而相互宽容。

第四,共同法虽然很像国际法,但它不是国际法,因为共同法是在各国国内法的基础上归纳总结出来的,其最终成果还是各国的国内法。无论是目前的国内法还是共同法的国内法,都仍是一个主权国家属地管辖或属人管辖的范畴,并不会上升为国际法。但是,也应该承认,假如共同法得到普遍推广,很多国家选择接受共同法,那么国与国之间在很多法律方面的分歧就会减少,法律冲突及其适用的问题也会相应减少,那自然会影响到国际法的领域或内容。

三、实现共同法的可能路径

尽管共同法是比较法学科始终坚守的目标,但自1900年比较法学科成立至今,并没有真正编纂出所谓的共同法文本,共同法仍然只能是比较法的一个遥远的目标。其是否能最终实现,不仅取决于比较法学者自身的努力,还取决于是否有合适的国际环境,各国是否有对这种共同法的共同需求。由于比较法的共同法目前还是空白,我们只能从比较法所设定的目标和性质上对其完成共同法的条件和步骤进行推理。

首先,比较法的共同法必须以承认目前存在的各国实在法为前提。这是比较法的性质决定的,也是比较法区别于其他共同法的特点。所谓的比较法,就是站在平等的立场上对各国的法律一视同仁。尽管各国的法律在发展程度上有快有慢,法律本身有优有劣,但比较法学者必须坚持不偏不倚的态度。完成共同法的前期准备是全面了解各国实在法的内容、现状和性质。这里包含着几个重要的限定。第一个限定是,比较法的共同法不能只是某几个国家的法律的整合,更不可能是以某个国家的法律为样本进行推广,而是基于已经存在的各国的法律规则和制度。第二个限定是,比较法的共同法不是来源于提前虚构的或自我演绎的预定框架,在没有真正比较之前,不可能有任何已经存在的模式或内容。第三个限定是,比较法的共同法不是抽象的原则或原理,而是具体的规则和制度。

比较各国实在法的主要规则和制度,在实践中存在很大的困难,因为比较法研究者是独立而分散的个体,没有形成类似国际组织般的合力,而全面比较各国实在法的主要规则和制度是需要分工协作的大规模工程。同时,这么多国家、这么多不同语言的法律的比较,本来就容易遇到研究能力不足的障碍。因此,比较法目前还只是从宏观角度认识世界各国的法律体系,只是对不同法系代表性国家的法律研究得比较细致,每个研究者都是根据自己的兴趣去研究。所以,如果不是各国有迫切的共同需求,这样大规模的协同研究几乎无法实现。

其次,如果要完成共同法,必须从前期的研究中归纳出最优规则或最理想的规则和制度,没有这些最优规则或最理想规则的形成,就没有编纂共同法的基础。这种最优规则或最理想规则没有预定的标准,它是在比较中产生的。这和法律的价值、法律的目的、法律的逻辑、法律的效果有关。比如通过比较发现世界上有各种各样的离婚制度,包括法定离婚、协议离婚、休妻制度,离婚制度又包括感情破裂、分居时间、当事人过错等各种不同的成就条件,同时还涉及财产分割、儿童抚养、弱势一方的救助等各种问题。面对这样复杂的局面,如何选定或综合出比较理想的制度,必须考虑价值、目的、逻辑和效果。这样的任务也不是轻易能够完成的。在完成所有这些基础工作后,还需要最后对共同法进行呈现,我们想象中这种共同法应该是一系列主要法律门类的体系化的成果,类似一种模范法的形式。由于比较法的共同法对应的是各国的实在法,所以比较法的共同法的发现不可能是一劳永逸的,必须根据各国法律的变动情况和社会变动情况实时修改。

再次,即使经过全球比较法学者的共同努力,最终形成了共同法的文本,要通过什么途径让不同的国家接受呢?这也是一个值得探讨的问题。在目前主权国家的架构下,不可能强制一个国家接受这种共同法,也没有一种超国家的、具有强制力的国际组织作为依托。比较法学界能想出的两个方案是:第一,出台共同法的文本,让各个国家自由参照,其前提是共同法比任何国家自己的国内法都更加优秀,或者各国出于与其他国家法律统一的需要,主动采用共同法;第二,各国通过谈判和协商的方式加入条约,从而使自己有义务采用这种共同法。各国适用共同法似乎形同于法律移植,但是适用共同法和法律移植还是有很大的区别。法律移植是一个国家的主动行为,往往根据需要移植一个或多个国家的法律部门或具体的法律规则,这种移植本身带有零散性和非体系性,有时反而会造成法律的冲突。共同法的适用则是适用已经体系化的共同法,它不是选择移植某个国家的法律,而是采用各国法律智慧的结晶。

最后,完成共同法以及推广共同法,必须避免西方中心主义。由于在经济、政治和对外交往各方面都领先一步,西方对世界的了解比其他国家要早,调整自己的法律以适应世界的能力也强;同时,在经济上的率先一步使他们比其他国家更早地发现新问题,并率先发展出法律上的应对办法。另外,近代化并不是多点开花的,很多国家是在西方所开创的世界体系中走向近代化的。这些国家纷纷借鉴西方的法律使自己的法律走向近代化和现代化,这使得西方的法律影响进一步扩大。尽管现在国际形势发生了很大变化,法律的结构、法律的概念甚至法律的价值仍然受到西方法律逻辑的侵染。因此,虽然比较法的共同法原则上应关照到各国的法律,但是对法律进行评判的时候不可避免地更多以西方的法律为标准,应当警惕这种西方中心主义的影响。此外这种西方中心主义色彩也会给共同法的普遍采用带来一定的阻碍。

【名家专论】

一、大木雅夫:比较法的共同法

以罗马法和自然法为基础的共同法(ius commune)的观念已经归于消亡,取而代之,出现了以比较为基础的共同法。这种观念确认建立在经验基础上的、为各个文明国家的人民所共有的法的一般原则,力图打破在各国法制之间存在的反理性的壁垒。这样,1900年8月,正值巴黎举办万国博览会之际,第一次国际比较法大会(Congrès international de droit comparé)终于召开了。其中起到领导作用的是巴黎大学的萨莱伊(Sébstien Félix Raymond Saleilles,1855—1912)和里昂大学的朗贝尔(Edourad Lambert,1866—1947)。当时,世界刚刚迈进现代史,这是在文艺史上被称为"世纪末"的时期,总的看来,未来还笼罩在玫瑰色的光辉之中。因此,萨莱伊提出"文明人类的共同法"(droit commun de l'humanité civilisée），而朗贝尔则提出"立法共同法"（droit commun législatif）作为比较法的口号，确实并非偶然。

萨莱伊的课题是适应社会的发展去发现应然之法。在这种情况下，必须克服一味认识法的发展过程、顺应大势而静观的历史主义的立场。即使如此，也并不意味着会向普遍的、永恒不变的自然法复归。对他而言，问题并不在于探求地球上各民族的法产生之前，或在其外部超然存在的自然法、因袭培根、格劳秀斯、普芬道夫、卢梭的方法，或揭示孟德斯鸠所说的作为普遍前提条件的"法的精神"。1900年的比较法学家们早已成为地道的实证主义者了。但是，萨莱伊首先批判了古典自然法学派和历史法学派之后，试图从施塔姆勒（Rudolf Stammler，1856—1938）的正法理论，即"内容可变的自然法"（Naturrecht mit wechselndem Inhalt）理论中去寻找其理论根据。在萨莱伊看来，"比较法无非只是过去构成历史的东西在现在的延长"。不过，他所说的历史与历史法学派所说的历史完全不同，这种历史"不是以摧毁人类的意志、铭刻着使人类感到屈辱的宿命论的无意识进化之方式来实现的，而是以可能指明科学方向的、自觉的、并且是以意志指针之方式来实现的"。而且，萨莱伊还认为，因为自然法中的各种客观要素是"随着社会发展的推移在历史中表现出来的"东西，所以比较法正是揭示这种"自然法的客观实现"的最佳科学方法。

萨莱伊以文明人类共同法之名所探求的正是这种自然法，而并非永恒不变的自然法。当然，也不是国际统一法。是一种"从静止的抽象领域降落下来的、以通过利害冲突和各种社会事实的自然淘汰而产生的活的法为实体的自然法"，也就是植根于活的法的土壤中、并可能继续进步的理想法。这种理想法的存在，必须以处于同一发展阶段的各文明国家的人民具有类似的社会和经济需求之事实为前提。在这一前提下，萨莱伊以法律的阙漏填补（一般是法律解释）为例，即，在法律本身没有规定任何法律概念、为了使其明确化听任展开自由的学术讨论的情况下，来说明共同法的观念。在这种场合，如果事先准备好其他各国的立法或学说在满足类似需求时的公式（formules）、并且保证能够开展新的法律解释的时候，这种公式就取得了科学的价值。如果对这种在体现为公式的自然法的范畴内形成的各种判例进行对照，就可以由此得到"文明人类共同法"。它相对于各国法而具有独立性，在应用于具体问题的情况下，可以以其灵活可变的方式辅助国内法的解释和发展。

这种共同法必须是在考虑到与各国国内法的结构联系、维持其整体的协调的同时，以渐进方式而获得的。因此，通过比较法发现共同法，就意味着试图达到"即使适用的法律形态多种多样，其结果却殊途同归"（l'unité des résultats dans la diversité des formès juridiques d'application）之目标。比较法只是在探求这种相对的自然法，除此之外不应把绝对的理想法强加给各国。这样，比较法应该定位在作为国内法的辅助科学的地位上。

　　对于萨莱伊的共同法理论，朗贝尔认为它在追求对整个文明人类普遍适用的法这一点上，范围过于宽泛，因此将范围限定于罗马民族和日耳曼民族，并将名称改为"立法共同法"。本来，第一次世界大战后的状况所显示的和平意向对比较法十分有利，朗贝尔也曾感到有建立包括中国和日本在内的"国际共同法"（droit commun international）的可能性，列维·乌尔曼（Enri Lévy-Ullmann，1870—1974）甚至说他梦想到了"20 世纪的世界法"（droit mondial du XXème siècle）。当时，法律统一运动也取得了进展。然而，当不容分说地把曾经被排除于法律之外的英国普通法纳入比较法学家的视野之时，集权主义国家已初现征兆，在第二次世界大战的危机到来之前，对"共同法"的热情已开始冷却。此时，曾任比较立法协会会长的尼布维埃（Niboyet）从历史主义、民族主义的立场出发，对共同法论展开了批判。他指出："世界性的立法共同法，就像世界人（homme universel）一样是一种乌托邦式的幻想。在我们看来，这完全像是处在梦想的国度一样；人类只有幸福、世界上的人们都彼此相爱，不禁使人想起俨然是圣经上的、在某种意义上又不是圣经上的场面。然而我们生来就是在现实中生活的。如果各国法之间存在着对立，就必须实事求是地把握它们"。第二次世界大战之后，难以否认的社会主义法和亚、非各国法纷纷登上历史舞台，并开始提出强烈的自我主张，这时信赖与乐观的气氛已经消失殆尽。至少，1920 年或 1925 年的普遍主义不再可能复活。时至今日，共同法已逐渐成为只遗留在梦的国度中的思考，连茨威格特也怀疑那不过是一个梦想。

　　（节选自［日］大木雅夫：《比较法》，范愉译，北京：法律出版社，1998 年，第 54—57 页。）

二、米健：共同法——未来的法学

　　比较法学的存在与发展是与世界性的生活与交往紧密相关联的。一个多世纪前的德国法学家耶林曾说："比较法学是未来法学的方法。"一百多年来世界法律发展史确实已经佐证了耶林的论断。但是，事物的发展远非到此为止。今天的比较法学不仅是一种法学的方法，而且已经成为一门具有自己独立考察对象和作用的学科，比较法学已经成为未来的法学。因为通过比较法学我们可以达到一个许多先哲们预期已久的彼岸。这就是：文明人类的共同法。所以，共同法才是比较法学的对象与目的。

既然比较法学的使命是寻求和发现人类社会的共同法（ius commune），那么，究竟什么是共同法呢？

共同法实际并非一个新的思想和概念，它古已有之。广义上讲，共同法这个概念有以下三个方面的含义：第一，罗马普通法，或称欧洲普通法，有时又被称作罗马教会法（das römisch-und kanonische Recht），即经过注释法学派和评论法学派注释阐发的罗马法与罗马教会法及日耳曼地方法结合形成的法律。第二，英国普通法（common law），即以中世纪英国习惯法为基础逐步发展形成的法律。在英国法律体系内部，它作为一种规则体系，经常相对于衡平法而言。第三，普遍法（Universalsrecht），亦即狭义上的共同法，指各个国家都能够接受，普遍适用于各个国家的世界性法律。不过，这个意义上的共同法概念只是到了近代启蒙思想运动之后才开始出现，而且主要是20世纪中期以后才慢慢受到关注。更具体地说，1900年巴黎国际比较法大会上，由朗贝尔（Lambert）起草的开幕式主题报告中所提出的共同法概念，即"文明人类的共同法"（droit commun de l'humanité civilisée）使近现代意义的"共同法"（ius commune）或"普遍法"（Universalrecht）概念得以正式明确地提出。他和大会组织者萨利伊（Saleilles）在这次大会上提出期望通过比较法学来克服没有创造性的注释法学方法，同时寻求把地方性的法律和普遍性的自然法学结合起来，从而为可能实现的文明人类的共同法做出准备。

显然，今天在此所讲的是狭义上的共同法即普遍法。我们要了解这种近现代意义上的共同法，就必须要了解此前人类历史上就发生和发展的共同法。从某种意义上讲，当今世界之所以存在几个超越民族国家、超越地理地域、超越特定文化传统的法律传统或体系，尤其是大陆法系和英美法系，其根本原因就是由于这种传统或体系的本源中存在人类共同法的基因。进一步说，作为大陆法系源头的罗马法之所以能够被后世许多民族国家，其中包括具有完全不同文化传统的东方国家所接受,德国法、法国法、瑞士法、英美法之所以能够被中国和其他亚洲、欧洲许多国家和地区学习接受,就是因为这些法律具有人类本质所决定的共同规则。如今,类似的人类社会共同规则正通过不同国家的交往和交流逐步为人们发现。关于现代意义上的共同法即普遍法,18、19 世纪的一些杰出学者都曾不同程度地涉及。法国的孟德斯鸠、英国的培根、德国的莱布尼茨,都曾从世界法的高度鼓吹过比较法学。

在德国,对于普遍法论及最多的是 19 世纪时德国法学家费尔巴哈(Anselm Feuerbach)。他早在 19 世纪初期就已经明确提出了"普遍法学"(Universaljurisprudenz)的概念。他去世后才发表的论著《普遍法学的观念与必要性》(Idee und Notwendigkeit einer Universaljurisprudenz)提出了以广泛的比较法研究为基础的普遍法学构思。在费尔巴哈之后,耶林也阐释了其共同法的思想。他认为:"如果科学不决心把普遍性的思想与民族的思想作为同质之物一视同仁、并行不悖,就无法把握科学自身所处的世界。"它不仅会使法学沦为"国土法学"的田地,还会使法学的学术境界下降到政治的境界。

从历史上看,共同法的发展进步有其一定的历史进程。共同法的第一个发展时期是古典罗马法。在古代罗马法中,有两个重要组成部分,即市民法(ius civile)和万民法(ius gentium)。但是真正促使罗马法流传后世的,不是用于调整罗马公民之间关系的市民法,而是用于调整罗马市民与拉丁同盟成员,罗马帝国公民之间关系的万民法。如果没有万民法,就没有罗马古典时期的罗马法,就没有后来的《优士丁尼国法大全》(Corpus Juris Civilis),于是就更不可能有后来的罗马法复兴,那么自然也就不会有中世纪以后的罗马法普通法和大陆法系了。而所谓的罗马万民法,正是在罗马帝国概念下的共同法。罗马帝国的建立,客观上使得这个时期的共同法达到了鼎盛。共同法的第二个发展时期是罗马法复兴之后,中世纪后期欧洲形成了罗马普通法或欧洲普通法。这个时期的共同法是在欧洲民族国家之间获得的,在此意义上可称之为欧洲共同法,这是一种有限国家间或特定区域内的共同法(ius commune internationes)。同时,这种共同法仍然没有超越主权国家的立法。不过,这个时期的共同法虽然没有扩张到整个世界和超越主权国家,但却构成了世界共同法或普遍法的一个重要发展阶段,近现代意义上的共同法从此逐步进入世界法律发展史的考察范畴。法国和德国对罗马普通法的继受,以及后来在此基础上形成的欧洲大陆法系和英美法系这世界两大法系,使这个时期的共同法发展达到了鼎盛。共同法的第三个发展时期是 1900 年巴黎国际比较法大会直到欧盟建立后的差不多整个 20 世纪。这个时期的共同法有了思想理论的支持和引领,已经是一个自觉的、有目的的发展阶段。这个时期共同法发展的重要标志是国际联盟、欧共体直至欧盟以及诸如联合国和 WTO 等国际性组织的建立。其中,欧盟尤其具有象征性意义。因为欧盟实际上完成了一种主权国家的联合体系,"是一种具有为各成员国制定共同法律的国家联盟","欧盟从一开始就是一个由各民族国家联合起来的邦联组织,但它为超国家立法和为各国采取共同行动打开了大门"。与此同时,两大法系的趋同也更凸显了人类社会法律存在的共同性。这个时期的共同法发展具有两个明显特征,首先,形成主权国家的联合并开始接受超主权国家的立法;其次,超越了有限国家和特定区域的范围,扩大到整个世界。当然,两次世界大战严重阻滞了共同法发展,甚至使其两度陷于停滞。但每一次世界大战之后,经过人类对战争的深刻反省和反思,共同法则又会得到巨大的发展动力。共同法的第四个发展时期是以 2000 年国际法律协会在美国新奥尔良杜兰大学举行纪念巴黎国际比较法大会 100 周年为起点,或许,它也要占有人类社会的一个世纪时间。如果说 20 世纪是从比较法走向共同法的世纪,那么 21 世纪将是共同法迅速和全面发展的世纪。在这个时期里,超越主权国家的共同立法或者能够被主权国家接受的普遍法律将会越来越多,越来越普遍。在当代世界,随着世界各国和各民族之间的交往越来越深入普遍,通过比较法学而冲破"国土法学",逐步走向世界性法学已是势所必然。可以预见,这个时期的共同法发展将有重大的突破。21 世纪将是共同法世纪。

……

我们今天所处的历史时代和社会境遇,亦即因人类生活本质所带来的日益密切、深入和广泛的国家、人群、民族、经济、文化和政治之间的交往,日益明显的对于人类赖以生存的自然环境的共同依赖,日益接近和趋同的对于人类本质和人类命运的认识,使得人们可以更加真切地感受到它对人们的吸引力和号召力,更加实际地感受世界主义的合理和必要;同时也使得人们可以更加深刻地认识和论证世界主义的思想内涵。今天的历史和社会状况,今天所谓的经济全球化和法律全球化,确实印证了康德关于"世界贸易的联合力量"的论断。21 世纪将是一个更能体现和实现人类的本质、更能促使我们探讨和发现人际(inter-

Menschen)法律关系的世纪。这是一个多元文化共存,彼此相互影响,逐步走向共同的世纪。其实,中国传统文化追求的一种境界恰恰是这种"和而不同"的境界。总之,我们今天谈论世界主义,应该不那么乌托邦了。不过,颇有意思的是,有的西方学者对于世界主义的历史背景虽然已有认识,但对其思想背景却有与众不同的解释。例如有美国学者从圣经的教义来说明人类走向大同是"神意",认为"从最古老的文明开始,经过许多世纪,所有人类已经逐渐进入一种世界范围的、日常的经济和政治互动状态,这肯定是神意。……活跃在许多不同信仰体系中的圣灵现在向我们提出了挑战,要把我们共同的人性从一个物质的现实转变为一个精神的现实。"

必须指出,今天的经济全球化和法律全球化与我们这里所谈论的世界主义全然不同。两者之间最为根本的区别在于,世界主义是基于普遍的人的存在来宣扬和追求一种普遍的共性,它是从许多点中抽象和提炼出共同为出发点,是从一般到个别的思维过程;而全球化则是从一个点扩张到每个点,是想以一个点的特性来说明所有其他点的共性,是一种从个别到一般的思维过程。这显然是与世界主义的出发点和初衷相违背的。在某种程度上,法律全球化其实具有文化帝国主义的嫌疑。所以,我们宁愿以宣扬和强调世界主义来替代现在所谓的全球化,宁愿以一种普遍法观念代替法律全球化观念。因为这样更能说明人类的类本质,更有利于寻求永久的和平,更有助于我们正确和真实地认识人类社会发展的规律和必然,更能促进我们认识和理解人类社会的法律发展与进步,从而更有助于我们正确阐释和发现通向人类大同的共同道路。

当然,我们宣扬世界主义和追寻普遍法并不意味着我们要抹杀"民族精神"(Volksgeist)和民族国家的法律。换句话说,我们不能将民族精神与世界主义对立起来。相反,我们要做的正是在肯定每一种民族精神的前提下,去寻找和发现本来就存在,但由于历史和社会条件被长久忽略或遮掩了的"民族间精神"(inter-Volksgeist 或 sprit of inter-nationes),也就是整个人类的理想和精神。我们不否定差异,但我们要做的恰恰是从诸多的差异中寻找和发现普遍的共同。没有差异就没有共同,没有个别就没有一般,没有民族精神就没有人类精神,这是事物存在与发展的辩证规律。如同哈贝马斯在论述共同欧洲时所说的,"一种共同的欧洲的历史(它是以诸多的民族中心为出发点的)才能在一种共同的政治文化中逐步重新显现出来。"

（节选自米健：《比较法·共同法·世界主义》，《比较法研究》2011年第1期，第1—10页。）

三、施莱辛格：欧洲共同法的历史和未来

任何关于比较法过去历史的讨论，无论如何简要，都必须仔细地考察从伊纳留斯在博洛尼亚开始教书到近代大多数大陆法系国家开始编纂私法为止的这段时期。在这七个世纪里，出现了我们所说的欧洲大陆的共同法。如你所知，这并不意味着法律在当时欧洲大陆划分的数百个公国和自治市中变得完全统一。然而，借用萨克教授提出的富有洞察力的说法，它确实意味着，法律的一些"共振峰"或构成要素（至少在那个时期的某些时候）被大多数或可能是全部的适用大陆法的区域所共享。这些共同的要素极其重要。其中包括承认《国法大全》为权威文本，并高度依赖著名法学家的著作。

在共同法时代，对跨越政治边界的法律和法律材料进行比较成为律师和法官的标准技术。为了更具体地说明这一点，让我假设一下，在17世纪的布鲁塞尔，作为一名执业律师或法官，我必须与一个没有任何地方法规或条例答复的法律难题作斗争。在寻找有说服力的论据时，我将求助于哪些资料？除非《国法大全》的文本提供了明确的指导，否则我当然要看公认的圣贤们的著作。其中一些学者，如阿佐和巴托鲁斯，在意大利生活和教学；其他法律作者的国籍或所属大学可能是法国、德国、西班牙、葡萄牙或荷兰。位于布鲁塞尔的法院会以每一位学者的声誉和对相关问题的阐述力度来衡量他的权威，但肯定不会以布鲁塞尔与这位学者的出生地或其大学所在地之间的公里数或政治边界来衡量。作为法律学术的温床，整个欧洲大陆已成为一个单一的领域。

（在另一时刻）假设我仍然是17世纪布鲁塞尔的法律专家，我可能不会把自己局限在学术著作的研究上。正如我们已故的朋友和同事吉诺·戈拉（Gino Gorla）以及其他跟随他的人所指出的那样，已报告的司法意见也构成法律材料和权威的一部分，当时任何想要确定共同法的原则和规则的人都要参考这些材料和权威。但在这里，就像在学术著作中一样，布鲁塞尔的法律专家参考的司法裁决可能是由意大利或德国的法院做出的，或者实际上是欧洲大陆的任何地方。

无需进一步阐述，我们可以肯定地得出这样的结论：在共同法时代，对来自政治上独立的、也许在地理上遥远的多个地区的法律材料和权威进行比较是一种被接受的法律研究方法。从这个意义上说，那个时代的律师和法官把比较法作为他们日常工作的一部分。然而，值得注意的是，当他们研究并经常依赖来自欧洲大陆其他地区的材料和权威时，他们并不把这些材料和权威视为属于外国法律制度。相反，研究那些外国的材料是他们日常努力的一部分，这些研究使他们确定和具体化共同法，亦即他们自己的法律（their own law）。因此，比较的过程自然倾向于整合而不是对比。

这一切在18世纪下半叶开始的编纂时代发生了变化。欧洲大陆上几乎所有国家采用的新法典都是国家法典，因此在很大程度上统一了每个民族国家内部的法律。每部法典都是用自己的国家语言编写的。以前学习法律的共同语言——拉丁语——被抛弃了；而且，由于每一部法典的文本及其应用都很大程度上反映了民族个性，这在几个国家的法律体系之间建立了令人生畏的新的知识壁垒。在任何一个新法典化体系中工作的律师和法律学者现在都不得不把其他类似的法典化体系——甚至包括欧洲大陆上的其他法律体系——视为真正的外国法律，而对于这些法律，绝大多数法官和执业律师，甚至大多数在国家法学院任教的法律教授，都是完全陌生的。

在这些变化的环境下，比较法成为法律研究的一个专门分支，有着与以前不同的重点。立法者们想要学习外国法律的好与坏的例子，就开始向熟悉这些法律的比较法专家寻求帮助。在法律实践中，当一个案件的外国因素需要诉诸外国法律时，同样要求比较法专家确定和解释适用的外国法律，并在必要时提供证明。在这种对"外国法"的关注占据主导地位的背景下，从事比较法研究和实践的人们被迫强调差异性而不是相似性，即采取一种与前一时期的综合方法截然不同的对比方法。

这种对比的方法一直盛行到20世纪下半叶。然而，在过去的二三十年里，钟摆又开始向另一个方向摆动了。在世界范围内人员、货物、服务和资本的跨国交流和流动急剧加剧的影响下，法律专业所有部门的工作都趋于全球化。法律学者已经开始寻找法律体系的共同核心（common core），因此试图将比较法的重点转向相似性而不是差异性。在欧盟，人们普遍认为，欧盟的出现使得在欧盟成员国间进行法律和法律制度的综合比较成为当务之急，从而为一个新的共同法建立学术基础。一项旨在实现这一目标的重要项目——由马太（Mattei）和布桑尼（Bussani）教授主导的欧洲私法共同核心研究——已经在特伦托启动。

由于欧盟的成员国中既包括大陆法系国家，也包括普通法国家，因此新的共同法必须包含并限于两种法系共同的规则。

在普通法和大陆法之间进行综合比较所固有的困难常常被低估。近年来，淡化大陆法与普通法之间的传统差异——即在大陆法系法典化之前就已经存在的差异——已成为欧美比较法学家的一种潮流。我举一个例子来说明这种淡化差异的做法。正如我之前所提到的，戈拉等人进行的历史研究表明，在法典化运动之前的三个世纪里，许多适用大陆法区域的法院判决经常被报告，并经常被用作判例来参考。一些后戈拉时代的学者由此得出结论，认为英国普通法与前法典时代的欧洲大陆共同法的形成方式相似，因此在立法方法上并没有太大的不同。恕我直言，我认为这样的结论是错误的，而且很容易使任何严肃的比较研究脱轨。在欧洲大陆上，没有哪一家法院能像威斯敏斯特法院那样拥有支配性的权威和近乎垄断的立法权。在欧洲大陆，司法权非常分散。大陆法院的判决，即使是最有声望的法院，也总是要与其他法院提出的、经常是相互冲突的观点，以及权威法律学者提出的、同样经常相互冲突的观点争夺判例的影响力。因此，如果我们看一看欧洲大陆的共同法，它的形成要素（或者用萨科教授的术语来说，是法律上的"共振峰"）与同一时期英国普通法的特征是完全不同的。

普通法特有的"共振峰"不仅塑造了该制度的原则和规则，而且塑造了普通法律师的推理方式。这些律师的法律教育由同样的律师会馆提供，这些会馆的出庭律师是法律的主要缔造者。因此，毫不奇怪的是，在普通法中培养起来的所有律师的推理在本质上都是惯例性的，他们通常以一个具体的惯例性事件，即一个先前的判例为出发点。

另一方面，大陆的律师由于缺乏一个单一的、全能的中央法院的引导，常常不得不在法律专家和分散的地方法院的、相互矛盾的意见中努力寻找可疑法律问题的答案。尽管他们是大学培养的，却发展出一种法律推理，这种推理不是基于具体的惯例，而是基于抽象的理念。

在别的地方，我已经对这一点作了更详细的阐述。就当前的目的而言，可以说这些在法律推理和权威使用上的差异，尽管近年来由于一些众所周知的趋同因素而有所减少，但即使在今天，仍然将普通法律师与大陆法律师的精神态度区分开来。当然，这给那些寻求和制定现代欧洲法共同核心的人带来了困难。

大陆法和普通法在历史上的差异造成了某些结构性分歧。这些分歧留存至今,尽管它们与当今的现实没有关系,却仍增加了寻找共同法的难度。我举两个例子:第一个例子是,大陆法中没有类似于对英美国家的法律救济产生重大影响的"普通法"与"衡平法"的二分法——它对美国的影响甚至比在英国更大。因此,用普通人所能理解的方式来解释这种二分法的实际后果是很困难的。第二个例子是,在大陆法系国家中几乎是普遍适用的拉丁公证制度,在大多数普通法国家中却基本缺乏。公证机构的存在与否不仅对法律职业的组织具有重要意义,而且对合同和财产(包括婚姻财产和被继承人的遗产)的实体法具有重大影响,这一点是毋庸置疑的。

这些差异很可能对大陆法系与普通法系的跨国综合比较造成障碍。然而,我坚信未来属于这种比较。这些障碍能够而且将会为意识到其存在的学者克服。适用于这项任务的工具显然是可获得的:我所提到的所有障碍都将被康奈尔共同核心项目(Cornell Common Core Project)首创的事实方法克服,特别是如果每个法律体系对这些问题的解决方案都是依据萨科教授最近提出的关于法律"共振峰"的见解来探索和确定的。

(节选自 Rudolf B. Schlesinger,"The Past and Future of Comparative Law",*The American Journal of Comparative Law*,Vol. 43,No. 3(1995),pp. 477-481. 赵立行译。)

四、格拉韦松:论国际法律统一

文明社会所面对的有三种主要方法,即通过继受他国法律、通过国际公约或双边协议以及通过示范法统一法律。自愿继受部分或全部外国法律是一个普遍而持续的过程,我们不必再提文艺复兴后德国对罗马法的继受,19世纪后期中国对德国法的继受,1926年土耳其对瑞士、德国和意大利法的继受。第二和第三种办法已在各种情况下被提出,其中最为人熟知的是海牙国际私法会议。传统上,该会议所寻求的统一该法律部门的方法是通过签订国际公约使会议成员国承担一项国际义务,义务的内容是以一切必要手段使公约的议定原则生效。

这一传统方法毫无疑问得到了遵循,不同公约的成效各不相同,直到1956年和1960年美国观察员在海牙提出一个新观点,现在已成为正式成员的美国代表团在海牙会议第十届会议上重申了这个观点。这个观点已经得到充分评论,无需再详细提及。简单地说,这个观点的论证逻辑是,根据海牙会议的规约,逐步统一国际私法是该会议的宗旨,那么该会议应当设法通过一切可能的手段来实现其宗旨。国际公约只取得了有限的成功,应该尝试建立示范法的方法。任何国家都可以接受这种立法模式,不必是会议的成员(亦是会议的财政捐助者),由此法律统一就能产生更广泛的影响。然而,恰恰相反,那些接受这种示范法的国家没有适用它的国际义务,而且也不会被要求不加改动地接受所有内容。他们想接受多少就接受多少,想采用多少就采用多少,他们改动得越多,就离统一私法的总体目标越远。……

统一法的历史,尤其是美国统一法的历史,既有积极的启示,也有消极的教训。例如,相对于对《统一商法典》的理性需要,人们会指出,在实施了多年后,人们从情感上拒绝1911年发布的《统一婚姻规避法案》(The Uniform Marriage Evasion Act)。在这个问题上,美国统一州法律委员会的委员们有很多可以借鉴的经验。在现代世界,两种法律统一方法都有适用空间。当有必要用国际义务确保认可的法律规则(例如外国判决的执行)的统一适用时,示范法的方法是无用的;同样,如果一个公约涉及的是各国虽然希望推行但没有国家准备受其约束的法律分支,那么它就是无用的。

作为对国际公约统一法律过程的代表性解释,阐述海牙会议通常遵循的各个步骤,也许是有意义的。(通过示范法进行统一的过程大致相似,尽管它涉及目标条款的重新起草)这些步骤总体是这样的:

1. 会议的一个成员国就某一议题提出建议,而就该议题进行法律统一是可取的;这一有论据支持的建议通常将由会议的某个委员会审议,该委员会负责对会议的未来工作提出建议。委员会将决定是否提议保留该建议议题,如果同意保留,则随后将该建议提交荷兰国家委员会,该机构通过常设局全面负责组织海牙会议。

2. 如果荷兰国家委员会接受该议题的提议,该事项将提交常设局,由其工作人员进行处理。其第一项任务是准备一份涉及大量比较研究的实质性备忘录或纪要,并列出会议所有成员国的相关法律,这项工作通常由常设机构的比较法律师专家来完成。备忘录将连同一份问卷一起发送给成员,问卷几乎包含所有与审查主题相关的问题。调查问卷的答复将在适当的时候返还,在考察各国政府的答复并将答复分发给所有成员国政府后,将成立一个特别委员会。这个委员会通常由所审议议题领域的 10 至 15 名专家组成,由会议全体成员的一个代表团任命。特别委员会可以举行一次或多次会议,其任务是根据现有的材料,并按照专家认为在法律上可取的方式,起草关于这一议题的统一法律公约。在这一阶段,政治因素只起很小的作用,专家们根据他们对某一法律部门的实践经验或学术经验自由发表意见。第一份草案由所有成员国政府再次审议,并为第二次会议发布新的指示。在第二次会议上,专家们可能会发现自己更直接地代表本国政府的意见。最后,公约草案将提交海牙会议大会审议,该会议每四年举行一次,在会议上,各成员国将派代表准确地介绍情况,以期制定一项在各自国家政治上和法律上都可接受的公约。如果一切顺利,这样一项公约将在大会上产生,并由出席会议的各国代表们签署,这是会议最后的流程。接下来的阶段适用于所有条约和公约,即由各国政府签署、最终批准和可能在未来某个日期终止公约。

从这一过程中可以清楚地看出,有必要在比较的基础上认真拟订最终提交全体会议的公约。比较研究不能止步于仅仅陈述不同国家的各种法律是什么,它必须超越这一点,对这些规则的社会和经济背景及其改革的可接受性或其他方面进行评估。换句话说,它必须考虑到在各有关国家实现统一的实际可能性,而不仅仅是法律上的可取性。每一项公约草案都可能提出这种性质的问题,虽然我们必须明确什么是可以谈判的,什么是不能谈判的,但也必须做好同样的准备,以应对任何其他国家的情况。即使这些情况看起来不合理,也必须作为事实和信仰而被给予尊重。

虽然法律统一的主要难题从表面上看似乎是不同法律制度的差异,但实际上真正的问题并不是差异,而是缺乏吸收它们的意愿。对同僚的个人信任以及持续、有意识地尝试理解他们的思维方式,是成功获得国际法律统一的不二之途。人们必须接受基于训练不同而产生的思维差异。例如,大陆法律师的思维方式是原则性和条理性的,普通法律师的思维方式是经验性和归纳性的,而欧洲某些地方律师的思维方式传统上是法律和宗教的统一。这些特殊情况造成了微妙的问题,因为法律改革的建议可能同时构成宗教异端。在处理诸如西班牙、意大利和爱尔兰(这三个地区主要信仰天主教。——编者注)等国家承认离婚的问题时,人们可能会遇到类似的情况,这些国家以宗教为由拒绝离婚观念。

此外,人们在考虑什么是宪法上可能的这一问题时,必须分别考虑不同的法系。例如,人们不能假定,由于普通法体系的法官在适用法律规则方面通常具有自由裁量权,所以大陆法体系的法官也会具有类似的自由裁量权。当一个联邦国家希望成为一项国际公约的缔约国时,在拟定统一的主题事项中,缔约权和管辖权的位置不同导致了另一种宪法问题。目前在海牙就一项关于承认离婚和分居法令的公约草案所进行的讨论给美国提出了这个难题。幸运的是,这并不是不可解决的,我们冒昧地希望1968年海牙会议第十一届会议能够解决这个问题。

但是,如果说有一些问题是重大问题,那么也有一些问题不是问题,其中最主要的是语言。语言的差异被大大夸大了,它越来越成为目的而不是手段,文本的文字获得了一种神圣性,而这是它们无权享有的。法国人对自己的语言特别敏感,有时似乎愿意为了风格而牺牲内容。解决语言问题的办法是把重点从词语转移到它们的含义上。在会议上达成一致的是其含义。从机械的意义上讲,把这种含义还原为各种语言的文本是重要的,但这不是根本性的任务。1964年海牙会议的经验之一是,任何希望确定代表们头脑中含义的人,都必须能够获得公约的法语文本和英语文本,尽管法语和英语都不能完全地单独呈现其含义,但它们结合起来可以更接近。

因为本文的目的之一是提出法律统一领域的问题,而不是试图解决这些问题,那么,请允许我指出在达成一致之始便会出现的后续问题。在国际或州际基础上达成的文本一致远非一种幻想,但它往往被夸大了价值。真正和有效的统一取决于是否可能在各国统一适用议定的统一文本。考虑到人类的决定有不可避免的分歧,仍然存在的问题是,如何确保在适用统一法律出现产生分歧的苗头时,在适当的时候以适当的方式加以纠正?以及如何保证持续的一致性?是否应该将最终管辖权交给某个国际性法院,如国际法庭?是由接受统一公约的各国定期召开会议来解决,还是由年度专家会议来解决?将所有有价值的国家决策报告整理成一份国际出版物是否有益?是否应该把责任交给某些国际机构?例如国际统一私法协会,这是就《关于国际货物销售的统一法公约》所提出的建议。无论这些或其他的流程是否被采纳,其先决条件是,一旦完成了法律统一的进程,就保持一致。只要这种愿望存在,在人类努力的范围内保持一致性是完全可能的;如果没有这种收获统一果实的意愿,统一法成功的时刻之后将是回报递减的反高潮。

(节选自 R. H. Graveson,"The International Unification of Law", *The American Journal of Comparative Law*, Vol. 16, No. 1/2(1968), pp. 8-12. 赵立行译。)

【问题思考】

1. 如何理解人类社会对"共同法"的普遍追求？
2. 为什么强调比较法的共同法是内容可变的？

【延伸阅读】

1. [比]R. C. 范·卡内冈：《欧洲法：过去与未来——两千年来的统一性与多样性》，史大晓译，北京：清华大学出版社，2005年。

2. 李桂林：《论全球共同法》，《法学》2005年第1期，第27—32页。

3. 米健：《从比较法到共同法——现今比较法学者的社会职责和历史使命》，《比较法研究》2000年第3期，第225—232页。

4. [法]米海伊·戴尔玛斯-玛蒂：《一起迈向世界的共同法：统一与多元》，[法]刘文玲等译，北京：北京大学出版社，2019年。

5. Martin Boodman, "The Myth of Harmonization of Laws", *The American Journal of Comparative Law*, Vol. 39, No. 4(1991), pp. 699-724.

6. Terece C. Halliday and Pavel Osinsky, "Globalization of Law", *Annual Review of Sociology*, Vol. 32(2006), pp. 447-470.

7. Marco Loos and Anne L. M. Keirse, *Alternative Ways to Ius Commune: The Europeanisation of Private Law*, Intersentia, 2012.

8. Rodolfo Sacco, "Legal Formants: A Dynamic Approach to Comparative Law (Installment II of II)", *The American Journal of Comparative Law*, Vol. 39, No. 2(1991), pp. 343-401.

9. Christoph U. Schmid, *Bottom-up Harmonisation of European Private Law: Ius Commune and Restatement*, Firenze: European University Institute, 1999.

专题四　法律的文化比较理论

【专题导论】

　　法律文化一词经常出现在各类著作中,人们在现实生活中也常感受到法律文化的存在,但是从学术角度对其概念和含义进行明确界定和系统阐释,却面临很多困难。我们谈论法律制度、法律规则等概念时,理解起来似乎都没有问题,但是当法律和文化结合时,就会产生很多疑惑,因为文化这个概念十分模糊,这导致法律文化的内涵也难以明确,所以学界难以达成普遍认同的定义。为了了解什么是法律文化,我们有必要对文化进行简单的阐释。

一、文化与法律文化

　　到底什么是文化？美国学者菲利普·巴格比在其《文化：历史的投影》中指出,关于文化的定义模糊而又充满歧义:"我们读到过的各种文化定义有：它是一套价值观;它是众多的规范;它是习得的、象征化的或习惯性的行为;它是一条观念之流或者一种社会有机体论;或者几十个其他什么的定义。有时,在有关文化的作品中,美国的人类学家们看来好像是在为表彰自己的冥思而唱着一首神秘的赞歌。它把一长串形形色色的,常常是互不相容的性质归于文化,这很像是某篇给圣母玛利亚的祈祷文。毫不足怪,英国的社会人类学家们应当发现这概念的含混和模糊,应当不时地从自己的著作中审慎地排除它。"[①]

[①] ［美］菲利普·巴格比:《文化：历史的投影》,夏克等译,上海：上海人民出版社,1987年,第91页。

尽管如此,作者还是在分析和总结了许多关于文化的定义后总结了文化的特征:

1. 文化行为具有后天习得性。这里的意思是说,文化行为并不是人本能的、与生俱来的东西,而是通过后天的经验逐步形成的。

2. 文化行为具有群体性。这里是说,一种东西能够构成文化,并不是某个个体的特殊行为和爱好,而是群体性的行为。

3. 文化行为具有规则性。这里是指既然形成一种文化,就不会是散沙一片,而是有着某种规则的存在,这些规则支撑和维护着这种文化,所以文化体现为某种行为规则。

4. 文化是抽象的,内容是经验的。也就是说,文化来自经验,但又不是经验本身,文化来自物质层面,但又不是物质本身。比如说,当我们说建筑文化的时候,尽管我们可以想到某些建筑,但并不是指建筑本身的物质成分,而是上升到风格、审美等抽象的高度。

我们了解了什么是文化,就可以以文化的这些特征来揣摩法律文化的特征。我们可以说,法律文化并不是人们天生的对法律的看法,而是通过对法律的认识逐渐形成的。同时,法律文化也不是指一个人的独特行为或看法,它带有群体性。当某种法律或某些法律判决严重不符合人们的法律文化时,法律文化就会对法律本身形成抵制,从而维护法律文化所尊奉的原则。对法律的看法或针对法律的行为是依据经验得来的,但是又经过抽象的加工。我们参与诉讼时,看到的是具体的程序、审判经过,但我们最终得出的结论会上升到文化层面,得出司法公正或不公正、法律可信或不可信任的结论。

关于文化与法律文化的关系问题,我们可以从这样几个方面来理解:

1. 文化是个大概念,法律文化是个小概念。法律文化在文化范围之内,两者是包含与被包含关系而非并列关系。

2. 文化具有总体特征,法律文化则呈现为特殊内容。文化的总体特征支配着法律文化的特殊内容,法律文化反映着文化的总体特征。也就是说,法律文化无法脱离总体文化而独立存在。

3. 法律文化可以在具体经验层面丰富文化的内容。因为文化是通过各种不同的内容整合起来的,如政治文化、道德伦理、宗教文化、法律文化等。

二、法律文化的多重定义

学界一般认为,"法律文化"这一概念源于西方,美国学者劳伦斯·弗里德曼(Lawrance M. Friedman)在其《法律文化与社会发展》(Legal Culture and Social Development)一文中最先使用并界定了这个概念,并在该文章中专门谈到了"法律文化和法律效力"。他指出,"甚至对西方国家而言,明显忽略的是有关所谓法律文化的信息。不同人对法律和法律体系的态度是什么?谁诉诸法庭,为什么?谁充当法律角色,是律师、法官或是警察?这些法律角色做什么?法律体系变化的程序是什么?如何处理需求,谁处理需求,如何做出决定?哪些官员有自由裁量权,哪些没有?什么问题有关规则,什么问题有关裁量权?该法律体系的各个部分是官僚式的还是灵活的?这些产物对人们的影响是什么,由谁来估测?该体系各部分的合法性来源是什么?谁应该制定法律,谁应该执行?是否有大量腐败和弊政,为什么?"①在弗里德曼看来,这些都是和法律文化有关的信息。这些文化信息就体现在我们所熟知的立法、司法和执法过程中,但是它又不是立法、司法和执法本身。

在他的著作《法律制度——从社会科学角度观察》中,尽管有些章节专门论述法律文化,但他对法律文化的定义仍然是描述式的:"法律文化一词泛指一些有关的现象。首先,它是指公众对法律制度的了解、态度和举动模式。人们的感觉和行为是否认为法院是公正的?他们什么时候愿意使用法院?他们认为法律的哪些部分是合法的?他们一般对法律有多少了解?这种态度各人不同,但是我们可以谈一个国家或集团的法律文化,如果有能把它与其他国家或集团的文化区分开的模式。"②

弗里德曼关于法律文化的定义比较模糊,这引起了法律学者们进一步的探讨。意大利学者奈尔肯(David Nelken)主编的《比较法律文化论》中,除介绍弗里德曼的概念外,还汇编了几个具有代表性的法律文化定义。罗杰·科特雷尔(Roger Cotterrell)认为弗里德曼的法律文化概念"缺乏严密性,而且在某些

---

① Lawrence M. Friedman, "Legal Culture and Social Development", *Law & Society Review*, Vol. 4, No.1(1969), pp. 29-44.
② [美]劳伦斯·M.弗里德曼:《法律制度——从社会科学角度观察》,李琼英等译,北京:中国政法大学出版社,1994年,第226—227页。

关键方面表现出终极性的理论上的不连贯"。根据他的看法,法律文化应该体现为法律意识形态:"法律文化所能涵盖的大多数内容都可以依据意识形态加以考虑。……它与弗里德曼法律文化概念的不同之处在于,法律意识形态可以被认为是一种相对具体的方式'系于'法律原则(doctrine)。法律意识形态不是法律原则,但是它可以看作是某些价值要素和认知观念所组成的,而这些价值因素和认知观念是由在法律制度中发展、阐释和适用法律原则的实践所预设、表达和塑造的。法律意识形态概念优于法律文化概念的一个长处在于,与法律文化相比,法律意识形态的本源及其创造和效果的机制能够提供一种更为具体的理念。"①

埃哈德·布兰肯伯格(Erhard Blankenburg)则以民事诉讼率为例,从微观的角度来理解法律文化。他说:"我们将'文化'一词适用于三层内在关系中:实体法和程序法之间的关系,法院和法律职业这样的制度之间的关系,最后是法律行为和对法律态度的关系层面。每个层面自身可能都形成了复杂的模式,但涉及上述所有关系的总和才能构成对'法律文化'的比较。"②

奈尔肯则对布兰肯伯格的观念进行了反思,认为"对法律文化的讨论必须超越诉讼和诉讼率的范畴,而着眼于对态度、信仰和价值等更大范围的思考。法律文化的疆界并没有因为关注微观过程而限定"。③

卡洛·彭尼希(Carlo Pennisi)则对上述所有的法律文化概念进行了辨析,他认为法律文化强调法律的社会层面,但是首先需要把社会中的法律现象和其他现象区别开来,才能确立法律文化的定义:"只有当我们能够根据每一种制度中特定的法律特性把法律现象同其他社会现象清晰地区分开来,不同法制度之间的比较才会有助于改善这些解释。"④

埃尔曼(H. W. Ehrmann)则更加强调法律文化和法律传统的关系,他认为,解决问题的活动,融合了以往失败和成功的经验,创造了思想和信仰的特定类型;通过它们,未来的行为便被纳入常规模式,因而所有文化类型都必然是历史的和

---

① [英]罗杰·科特雷尔:《法律文化的概念》,沈明译,载[意]D. 奈尔肯编:《比较法律文化论》,高鸿钧等译,北京:清华大学出版社,2003年,第20、36页。
② [荷]埃哈德·布兰肯伯格:《作为法律文化指标的民事诉讼率》,袁开宇译,载[意]D. 奈尔肯编:《比较法律文化论》,高鸿钧等译,北京:清华大学出版社,2003年,第73页。
③ [意]戴维·奈尔肯:《法律文化的困惑:评布兰肯伯格》,袁开宇译,载[意]D. 奈尔肯编:《比较法律文化论》,高鸿钧等译,北京:清华大学出版社,2003年,第131—132页。
④ [意]卡洛·彭尼希:《法律文化概念的社会学应用》,沈明译,载[意]D. 奈尔肯编:《比较法律文化论》,高鸿钧等译,北京:清华大学出版社,2003年,第162页。

渐进的,一经确立,它们便能长久地存在,直到其起源时的特殊社会条件消失。

这些解释都从不同的角度对法律文化进行了阐释,丰富了人们对法律文化的理解。但是解释的不同也反映了法律文化很难有一个确切的定义,对它所包含的内容也难以有特别明确的界定。应该说,这些不同的理解都有其各自的道理,也都有这样或那样的缺陷。但总结起来,他们都强调法律文化本身就是法律体系的重要构成部分;法律文化作为一种观念扎根于人们的意识之中,影响了人们的行为和法律制度;法律文化更加关注实际运作的"活法"而非书本之法。

三、比较法与法律文化

法律文化和比较法有什么关系?对一般性的法律文化理论本身的探讨,并不是比较法特有的,但是比较法学者特别热衷于对法律文化的探讨,这说明比较法离不开法律文化。

首先,每个国家的法律制度在形式上呈现为法律文本,其内容多是历史和文化积累的产物,反映着一个国家所崇尚的独特价值、哲学和意识形态,而正是后者造成了不同法律体系的差异。因此,当我们对不同的法律体系进行历史追溯的时候,很多情况下是对法律文化的比较。文化和时间的远近有密切的关系,离我们越远的年代,法律属于文化的成分就越多,离我们越近的年代,法律的文化成分就越模糊。因为法律所调整的社会离我们越久远,存留下的法律文本就越被当作一个文化作品。我们会发现,历史上的法律文本,不仅仅是法律学者研究的对象,也是很多学科研究的对象。而法律调整的社会离我们越近,由于法律所调整的具体的社会事实仍然有迹可循,其文化的含义就非常模糊,所以我们现在的法律文本很难成为其他学科研究的对象。从这个角度来讲,当我们比较两个不同法律体系的历史时,自然会进入文化的比较范畴。

其次,当我们比较两个法律体系的完全不同的法律制度的时候,它们之间的差异必须从文化层面才能够解释清楚。格罗斯菲尔德认为,每种文化都有其特定的法律,而每种法律都有其特定文化,法律因文化的不同而不同;他甚至认为,"每一个社会、每一种法律体系都是其历史的囚徒。即使周遭的世界已经变化,传统仍有其效果"。[①] 法律只不过是巨大的文化冰山显露在海上的一角,不了解

---

① [德]伯恩哈德·格罗斯菲尔德:《比较法的力量与弱点》,孙世彦等译,北京:清华大学出版社,2002年,第72页。

其深层的结构根本无法了解其为什么会不同。有的国家法律承认堕胎,有的不承认堕胎,有的国家承认同性恋,有的国家不承认同性恋,这不仅仅是一个法律技术的问题,更多是文化的问题。

另外,当我们比较两个表面相同但法律效果截然不同的法律制度时,也有必要进入社会层面去解释。影响法律制度运行的社会因素包括人们的态度、情感和价值观。格罗斯菲尔德说:"比较法学者必须对一个法律制度运作于其中的社会-心理氛围有至少一般的意识,因为该制度的重要性可能在很大程度上依赖于这一氛围。"[①]因为,无论如何,法律不是编纂出来就可以了,也不是通过司法判决就完成了,它需要同时考虑立法和司法产生的社会效果,而这种社会效果会因为文化的不同而不同,这就是比较法必须和法律文化结合的关键所在。

【名家专论】

一、弗里德曼:论法律文化

法律文化一词泛指一些有关的现象。首先,它是指公众对法律制度的了解、态度和举动模式。人们的感觉和行为是否认为法院是公正的?他们什么时候愿意使用法院?他们认为法律的哪些部分是合法的?他们一般对法律有多少了解?这种态度各人不同,但是我们可以谈一个国家或集团的法律文化,如果有能把它与其他国家或集团的文化区分开的模式。一种特别重要的集团法律文化是法律专业人员的法律文化,即律师、法官和其他在法律制度的神奇圈子里工作者的价值观念、思想意识和原则。专业人员的举动和态度对法律制度所提要求的模式有很大影响。到这个程度,法律制度确实看来不止仅仅是管道,我们比喻中的绳子;但是专业人员的行动也有其解释。法官会这样判决来满足对他的要求当这样做对他有利或当他同等地位者或他的价值观如此要求时。然而,我们已经提过,价值观是社会结构的长期残余,代表老的权力和影响;同等地位者的压力取决于这些同等地位者是谁,取决于法官聘任模式等,这因素政治上远不是中立的。所以专业人员的复杂举动,圈内人的法律文化,绝不是自动发展的,对总

[①] [德]伯恩哈德·格罗斯菲尔德:《比较法的力量与弱点》,孙世彦等译,北京:清华大学出版社,2002年,第105页。

的主张即社会高于法律,绝不是例外。

……

我们可以区分外部和内部的法律文化。外部法律文化是一般人的法律文化,内部法律文化是从事专门法律任务的社会成员的法律文化。每个社会都有法律文化,但只有有法律专家的社会有内部法律文化。启动法律过程的是对制度的要求,利益必须转变成要求。本是外部法律文化一部分的态度和要求必须加工使之符合内部法律文化的必要条件。空气中的"社会压力"不是对法律制度的要求,除非传达给法官、议员或律师等法律行为人。有些要求可以非正式地进行,如给议员的信和要求帮忙的喊声;有些必须改变成合适的"法律"形式,如人身保护令。在这一章,我们将讨论对法律制度的正式要求,特别是它们如何由内部法律文化形成。

在每个社会,有些要求是合法的,有些是非法的。合法性可以是社会的或法律的,即是外界意见问题,法律制度内部的态度或者外部或内部文化问题。美国、英国和大多数西方国家的一般诉讼内部和外部都是合法的。要求人身保护令或控告公共汽车公司有过失是可以接受的。法律或外部世界都不反对这种要求(不管胜诉或败诉)。对警察出卖同伴或告密社会上认为是非法的,但警察本身可能赞成。如果某种文化强烈反对诉讼,即使一场普通诉讼也可能被社会认为是非法的。

还有,有些行为可能正式是非法的,但社会上却赞成。在有些社会,甚至贪污也是如此,如贿赂和裙带关系。在另外一些社会,如在瑞典,贿赂和贪污是非法的,社会上认为非法,假定为内部法律文化所反对。

贪污在各种社会和一个社会内部差别很大。在美国,联邦法院贪污很少见,但有些低级法院,特别是在城市里情况就不一样了。有些州和联邦机构长期贪污,有些有廉洁传统。英国和大多数欧洲国家贪污似乎比美国要少。另一方面,在许多不发达国家,臭名昭著的裙带关系和更坏的事容易发生。

起作用的是贪污的社会地位。公众舆论不谴责,贪污就会出现。詹姆斯·C.司科特列举了一些非西方国家贪污的社会原因。一个是送礼的传统,另一个是坚持忠于亲属。"当人事官员的兄弟要求其亲戚安排一个办事员职务时,亲属关系的力量使得拒绝很困难。拒绝会被视为出卖家庭忠诚。"另一方面,对国家的关系很弱:"官员行为的西方标准……引进不久……很少为个人深信。"而且,许多新成立的国家的政府是少有的财富来源之一,政府部门工作是成功的主要途径之一;官员的决定对企业或事业有生杀权。这些事实使诱惑几乎无法抗拒,也是由于这个原因,美国城市里的建筑和住房检查员比例如森林看守员贪污的多,住房和建筑检查员的决定影响大得多。如果这些低工资的官员过于热心,他们可以毁掉某个房东或建筑商。检查员有一定正式裁量权,规则如此多,在"不好"居民区的房东几乎无法遵守所有规则还能挣钱,这就诱使房东行贿。

所以,对贪污的解释既包括结构因素也包括文化因素。正式法律制度的合法性低的地方,贪污就盛行。贪污一开始,很难根除,它成了被接受的行为方式。如果律师不付钱,芝加哥的办事员老是说诉讼档案"丢失"了,为了生活,律师只好照办。公众看到贿赂并习以为常。人们甚至不知道在伦敦或密尔沃基情况不是这样的。他们失去了痛恨的愿望和能力。

官方法律,内部文化和公众舆论也能对要求的实质有不同意见。三者都同意受伤的退伍军人应该申请抚恤金。但是,在许多场合,某个人或集团会缺少一种某部分公众认为是有道理的或没有道理的"权利"(如夏洛克一磅肉的要求)。这种配合不起来是由许多原因造成的。一个是文化多元化,有时候文化支持在普通案件中适用一般规则,但这同一规则在特殊案件中似乎"不公正"。这种情况是否经常发生是个公开问题。至少现代法律制度为自己规定了许多逃避之路。欧洲大陆的法典中的一般条款允许法官避免"严厉"的结果;普通法国家的法官能够区别,推翻或转而依靠一般原则。陪审团制度也允许准则和规则保持不变,同时不断进行隐蔽的小调整。

威廉·奥贝尔在一篇有趣的文章中区别两种要求,即利益和权利要求。当两人都想要同样的宝贵东西时,两人就发生利益冲突,如两名男子爱上一名女子;两名政客竞选一个职务;两个城市争办一个会议。利益冲突因稀少而产生。在上面的例子中,双方都有合法的要求,对价值观念或原则并没有冲突。确实,冲突以某种意见一致为基础而产生。两名求婚者都爱这女子,两名候选人都想要参议员的议席。另一方面,权利的要求采用是非措辞来表达。诉讼中,双方当事人都要求同一块土地的所有权。各方在辩护中都坚持他的要求是正确的,对方的要求是错误的,对方对事实或规则有错误看法。辩论以权利,不是以利益的措辞来表达,对事实、准则和"法律"进行辩论。

权利要求同利益冲突的区别有后果。对利益冲突,当事人容易达成妥协,对价值观念或事实的冲突较难。在某种意义上，契约是利益冲突的解决。一个人要以低价买一匹马，另一人愿意卖，但价格很高。双方讨价还价，认为已得到可能得到的一切时就达成协议。通常，双方都没有"从道德上卷进去"。法院不解决利益冲突。一方必须把他的要求转变成价值观念或事实的冲突才能进行诉讼。在一个有关土地的案件中，如果原告说他需要该块土地是为了办企业或盖住房或因为他喜欢那块地，那他将是在浪费时间。因为这种有关利益的声明是与诉讼无关的，他必须提到某种价值观念，规则或准则来证实他的要求是有道理的。

按照奥贝尔的看法，价值观念或事实的冲突必须由某个第三方来解决。调解人是只帮助当事人达成协议的第三者，他本人并不对问题进行裁决。法官以明确、全胜或全败的方式对案件作判决，一方胜，一方输。部分原因是因为第三方（法官）需要表明他是独立的，道德上高于当事人，并且他是不偏不倚的、坚持飘荡于这个短期且特定案件上空的规则和准则。

奥贝尔看到法律历史有进步。法律的主要任务过去是利益冲突；后来，价值观念冲突占主导地位，调解演变成判决。第三者不能权威地解决利益冲突。他不能在甲和乙之间作判断，如果各方只是想要同一块土地。仅是利益从来产生不了规则。所以第三者必须求助于事实、准则或标准。要约束双方当事人，他必须显得独立，公正并强大。

奥贝尔的分析似乎取决于外部和内部法律文化的特点。人们可以坦率地到立法机构去谈利益，但要进行诉论，一方必须把他的利益转变为要求，而以权利要求或事实争议的方式表达这要求。这可能仅是形式的步骤，但文化要求这样做。法院中的许多要求仅仅是利益的要求，在纸上转变成权利的要求。某人为什么要布莱克埃克的"真实理由"：该块土地肥沃、收入高，是舒服的住处，不是法院应该听取的理由。

利益的要求是否作为规律比价值观念的要求容易妥协？有些利益的冲突完全不能妥协，如两名求婚者，两名候选人争一个参议员席位。这些要求人要的好处是不可分割的。另一个因素是要求主观上的力量。如果一个要求人的愿望比另一个强烈，理论上，他可以出钱使对方放弃。这对各种冲突，价值观念的或利益的都适用。第三个因素是要求人客观上的力量。如果两个人在拍卖行喊价买一张油画，钱较少者不得不放弃。力量相等的价值观念的要求经常要妥协。

当然，一般西方法律中的审判过程并不设想妥协，只有赢者和输者。这事实可能使冲突加剧。麦考利和沃尔斯特指出,例如侵权行为法"刺激加害人去贬损他的受害人","给他机会通过对其责任进行辩驳来逃避法律责任。法律因而可能鼓励他利用否认和缩小技巧"。到处都有妥协,法庭周围有,但法庭内部很少有。当事人到达审判阶段时,愿意把问题弄得一清二楚。大部分情况,这是假的或是战略。然而确实有与利益或愿望不同的主观意义上的权利,内部名称不一定与外部的相同。工资过低的工人可能感到他有"权利"得到更多的钱,这可能对他来说很清楚、真实,使他好斗,虽然这不是"法律"权利。

(节选自[美]劳伦斯·M.弗里德曼:《法律制度——从社会科学角度观察》,李琼英等译,北京:中国政法大学出版社,1994年,第226—227、261—266页。)

二、科特雷尔:法律文化的概念问题

弗里德曼对于法律文化进行了广博的理论探讨,其中大多数呈现出了一种多样化特征:法律文化"指针对于法律体系的公共知识(public knowledge)、态度和行为模式"。法律文化也可以是"与作为整体的文化有机相关的习俗本身"。法律文化一般是文化的一个组成部分:"那些普通文化的组成部分——习俗、观念、行为与思维模式——它们以特定的方式改变社会力量,使其服从或者背离法律"。因此,重点在于彼此密切相关的观念与行为模式二者各自的群集(clusters)。然而,在后来的表述中,法律文化又仅仅表现为观念性的:行为因素好像已经被抛弃了。法律文化包括"社会中人们保有的对于法律、法律体系及其各个组成部分的态度、评价和意见","人们对于法律体系的观念、态度、评价和信仰"或者"在某些既定的社会中人们对于法律所持有的观念、态度、期待和意见"。

以上这些表述的不精确性使人们很难弄清楚这一概念的精确所指以及它所涵盖的种种因素之间具有怎样的关系。只要解释的重要意义尚未加之于法律文化的概念,只要这一概念仅仅被作为一个未加说明的(residual)范畴,并用于指称思维、信仰、实践和制度的一般情境——可以认为,法律正存乎其中——就不会有任何严肃的问题产生。弗里德曼在对一般文化的概念的某些讨论里似乎也暗示了这一进路。于是他提出了一种对于文化的"常理看法"(common sense view)的主张;文化仅仅指在特定环境中一系列个别的变化(the range of individual variations);民族文化是"一种集合体(aggregate),而且它难以和其他集合体进行比较"。因此,文化表现为一种残余物(residue);由许多具体的、多样的以及可能是无关的因素所形成的偶然的、任意的型式。

然而,对于弗里德曼的目标来说,这样的见解显然是不够的。像影子反映了未被看到的物体一样,希望凭借这种模式也能反映出一些问题;因此法律文化的意义就不仅仅在于它是一个集合体。正如下文将要说明的那样,对弗里德曼来说,法律文化自身被理解为法律发展中的一个原因性因素(causal factor)["至少在某些终极的意义上",它(法律文化)"创制了法律"],并因此成为法律社会学的理论阐释中的一个精髓性组成部分。由于这个原因,这一概念需要在现有基础上进行更加严密的界定。然而,这里法律文化的多样性含义使我们很容易联想起在人类学家著作中常见的"文化"一词本身所具有的多样性含义。

法律文化的多样性及其相互关系

弗里德曼曾说:"人们可以在许多抽象的层面上谈论法律文化。"每个国家/民族(nation)都有一种法律文化;法律文化能够描述"某一整体法律体系的潜在特征——其主流观念、品味与风格";每一个国家或者社会都有它自己的法律文化,而且没有任何两个是完全相似的。另一方面,弗里德曼写作了大量有关他称之为现代性的法律文化(legal culture of modernity)或者现代法律文化(modern legal culture)的著作,这种现代性的法律文化或者现代法律文化正是许多当代社会的特征性表现;此外,他还撰写了若干有关西方法律文化甚至正在兴起的世界法律文化的著作。

然而,特别是在弗里德曼较晚近的著作中,他再一次着重强调了国家间或者民族间法律文化——实际上是"一种令人眼花缭乱的文化阵列"(a dizzying array of cultures)——的多元观念。例如,在美国,法律文化就可以区分为:富人与穷人的,黑人、白人或亚裔人的,蓝领工人或白领职员(steelworkers or accountants)的,男人、女人与儿童的,等等;"要为我们所选择的任何一个特定群体界定出一种区分的模式都应该是可能的"。一个复杂的社会具有一种复杂的法律文化。美国法律文化并不是一种而是多种文化:"有法律保守主义者、法律自由主义者,以及它们的各种各样的变种和亚种。在各个具体群体的内部,法律文化包含了特定的态度,无论如何,这种态度都倾向于前后一致,彼此照应,形成种种具有相关态度的集合。"

法律文化的概念由此向两个方向延伸。一方面,它指向那些对于极其广阔的历史趋势或历史运动的宽泛的比较和认同,而这种历史趋势和运动显然超出了民族或者国家法律体系的边界。另一方面,正如在社会科学层面上对法律文化概念的理解那样,人们援引它来认识法律多元主义的各种常见论题。这种广泛的应用在一定程度上暗示了它是一个相当微妙的概念。法律文化并非显示为一个单一的概念,它标示了对于文化层次和文化畛域的一种巨大的、多层面的概括,而且文化层次和畛域在内容、范围、影响以及它们与国家法律体系的制度、实践与知识的相互关系上是不断变化的。

然而,从另一个角度来说,当问及有关法律文化与国家法律体系特定方面关系的某些具体问题时,法律文化这种高度不确定的观念就会给它在理论上的应用带来些严重的问题。如果法律文化涉及如此之多的文化层次和文化畛域(因为法律文化本身观念范围的不确定性,这些文化层次和文化畛域的范围最终是不确定的),那么就仍然存在着如何确定将此概念作为比较法律社会学中的一个理论构件加以运用的问题。

弗里德曼常常描述法律文化的某种基本的两重性,这种两重性在某些方面可能贯穿了上述不同的文化层次或文化畛域。他以一种粗略的方式——在这方面使人联想起萨维尼——区分"完成特定法律任务的社会成员"的法律文化和其他公民的法律文化。被弗里德曼视为"特别重要的"法律职业者(professionals)的法律文化是"内部的"法律文化。在与之相对应的意义上,弗里德曼使用了"外部的""通俗的"或"外行的"法律文化这几种不同的说法。可是,"内部的"与"外部的"法律文化之间的关系仍然很不清晰。为什么内部法律文化在社会学意义上一定要被认为是特别重要的呢?为什么恰恰是法律职业者的行为与态度对法律体系中所要求的模式具有重大的影响呢?看不出有什么显而易见的原因。正如下文将要论述的,考虑到法律文化的概念倾向于解释许多对于法律体系的运作有着重大社会意义的东西,这些问题是颇为关键的。

按照弗里德曼的观点,法律家(lawyers)的法律思维必然由其文化所决定,而且文化决定了法律思维变化的限度。内部法律文化反映出了外行(或外部)法律文化的主要特征。尽管如此,在他看来,不同种类的职业法律推理——如果它指的是对于法律裁决理由的正式、权威陈述的话——都具有重要的社会意义。法律推理可能倾向于封闭或者开放,创立新的原则或者抵制创新。不同类型的法律体系可以按照对其起支配作用的推理的不同类型来加以划分。诸如法条主义(legalism)、对于法律拟制的依赖、类比推理的运用,以及司法语言与风格的具体表现之类的问题,都能够与这些分类联系起来。

尽管弗里德曼明确认定上述各种问题都是内部法律文化的表达或产物,然而,通过他的论述,我们仍然难以清晰地看出它们到底具有什么样的社会后果。同样地,内部法律文化在这个意义上如何与比较法学者所认为的法律体系或法系的"风格"相区别,也是一个有待澄清的问题。然而弗里德曼暗示,法系的思想对于法律社会学来说并无用处,因为法系之间在风格上的差异并不必然与法律赖以存在的社会经济条件的差异相关联。因此,与法律文化之间的差异不同,法系之间的差异所具有的社会意义可能相对而言是微不足道的。但是,如果说这是由于法系仅仅是建立在对于某些特征的专断统合的基础上的话,那么这似乎也可以是法律文化的一个特征,至少在它的某些形态上是如此,因为,正如我们已经看到的那样,法律文化也能被视为仅仅是一系列个别的变化(a range of individual variations),文化自身就是"一种集合体"。

下文将会谈到,对于内部与外部法律文化之间的社会学关系的解释并不明晰,而这种模糊性给法律文化的解释性功用造成了一些严重的后果。产生这种模糊性的原因似乎是明了的,然而,如上文所述,弗里德曼强调法律文化层次与文化畛域的多样性和多重性,但他又暗示了观念、实践、价值和传统中的极为多样化的因素所具有的统一性,而且在这一层面上,他始终坚持使用法律文化的概念。这样一来,法律文化的概念的运用就支持了"内部"法律文化的观点,而"内部"法律文化作为一个统一体是与"外部"法律文化相对应的。

相比较而言,例如,在韦伯对于法律思想的风格及其所赖以发展的社会条件之间的关系所作的充分而又精湛的分析中,他追溯了种种特定的影响因素。然而,无论是任何文化上的统一性概念的假定,还是将标明观念、信仰和价值的演进的极其复杂的历史模式——实际上不过是浩繁史料中共在(copresent)因素之间种种短暂而又偶然的遭遇而已——概念化,对于他来说都是不必要的。毫无疑问,韦伯涉及了那些由智识、道德与社会条件构成的独特而又具有重要历史意义的集合体——例如,像资本主义精神、西方的合理性或者与某种宗教的统治地位相联系的社会倾向(orientations)这样复杂的现象——但是他似乎从来没有像这样地引进文化这个关键的变量来加以解释。为了使研究更有条理,将文化"集合体"加以概念化也许是有必要的,但是这种探究本身总是关涉一些相互区分的具体因素,例如,主体间的行为中所存在的特定宗教、经济、法律或政治倾向,人们能够识别出这些因素,并且在它们和集合体之间建立起关联。

……

法律文化与法律意识形态

弗里德曼对法律文化概念的解释中所存在的问题基本上反映了文化概念本身的普遍困难。对于以系统经验阐释为目的的比较法律社会学来说,这些困难严重限制了这一概念的功用;而且,它们还限制了那些能够廓清社会现象之间一般因果关系或功能关系的理论的发展。

另一方面,某些社会环境中共存着由众多社会现象组成的若干集合,在这些群集的构成因素之间存在的精确关系并不明晰或者并不确定的情况下,文化——法律文化或许也是同样——的概念作为指称这些社会现象(思维与信仰的模式,行为与互动的模式,典型制度)的集合的一种方式,仍旧是有用的。文化是一个便利的概念,用它可以临时性地指称一种由社会实践、传统、理解与价值构成的、法律赖以存在的一般性环境。在这个意义上说,法律文化之于法律社会学的重要性不亚于法系的观念之于比较法的重要性:它是刻画由众多独特因素组成的大型集合体特征的一种手段,尽管它所运用的术语极其宽泛,而且也许或多或少是印象性的。

在其他方面,法律文化的概念在大多数分析语境中都能够被其他概念恰当地取代。法律文化所能涵盖的大多数内容都可以依据意识形态来加以考虑。正像弗里德曼对于法律文化的表述一样,法律意识形态与其说是一个统一体,毋宁说是对实践所包含、表达以及塑造的流行的观念、信仰、价值和态度的一种概括。然而,它与弗里德曼法律文化概念的不同之处在于,法律意识形态可以被认为是以一种相对具体的方式"系于"法律原则(doctrine)。法律意识形态不是法律原则,但它可以看作是由某些价值要素和认知观念所组成的,而这些价值要素和认知观念是由在法律制度中发展、阐释和适用法律原则的实践所预设、表达和塑造的。法律意识形态概念优于法律文化概念的一个长处在于,与法律文化相比,法律意识形态的本源及其创造和效果的机制能够提供一种更为具体的理念。

法律意识形态可以被看作是有意义地产生并维系于职业法律实践,并且通过有关公民意识的、制度化、职业化发展与应用的法律原则所带来的某种影响得到传播。这并不是说意识形态源于这些原则的实践与形式；法律原则本身必然会反映出意识形态的潮流，而它又不能控制这种思潮，而且，出于想要理解原则如何发展的愿望，意识形态思潮本身也值得加以分析。但是，强调智识与制度的机制似乎也很重要；通过这些机制，法律原则就有能力在职业法律实践的领域之外对"常识性"认识——被认为是天经地义的知识和信仰的形式——加以塑造。因此，尽管法律意识形态包括一个非常广泛而且有些不确定的植根于实践的观念领域，意识形态与原则之间的特定联系在理论上也是能够具体阐明的。

在当今社会，法律原则通常是破碎、错综复杂而且短暂的；它永远处在重构、增补以及修正的过程中，在政府政策不断变化的情况下，尤其如此。它常常将基于特殊情况的(particularistic)规定与对于官方裁量权的广泛授权高度结合到了一起，相比较而言，法律意识形态可以被看作是一个博物馆，里面陈列着当代法律原则所不可能实现的全部热切目标：在某种意义上说，就是其技术特征的"对立面"。法律意识形态体现了这样一些观念，例如：法律原则(doctrine)是永恒的或不证自明的有效原则(principle)；自足的法律逻辑能够用于解决所有的法律争端；法律是一部由系统的规定构成的"无空白的"法规总集；或者，法律理念(ideas)成为圆通精致的价值的和谐体现。

在意识形态观念中发生了变化的法律原则，是以怎样的方式助益于构建或塑造社会认识以及信仰、态度和价值的结构的；以及作为原则的法律如何提供了一个渠道，以使思想与信仰的宽阔洪流能够被转变为循规蹈矩的实践——法律意识形态的概念为这些重要的研究提供了一个焦点。使用法律意识形态概念的另一个好处在于，要依据特定的意识形态或意识形态倾向思考问题，以及要认识到意识形态的种种倾向可能彼此互有抵牾而且反映出了各式各样的社会经验，这些似乎都变得容易了。马克思主义的意识形态理论倾向于落入那个——我们认为是对于法律文化来说是真实的——陷阱：一个自负的(assuming)统一体的陷阱，其中至多是一些有可能专断地加以认同的集合体。但是，在较少约束的分析中，意识形态的概念基本适合于用以认定相当具体的价值系统和认知观念。

尽管价值和观念内部以及它们彼此之间存在着冲突和矛盾，然而以一种在事实上认可价值和观念为体系的方式进行的分析，仍为法律意识形态的概念所容许；而且，这一概念还促进了对于固守这些思想和信仰体系的认同，以及对于这些体系拒绝依经验加以修正的认可,它激发了对于意识形态体系结构及其修辞和象征作用的考察,并且容纳了对于种种意识形态思潮之间普遍存在着的冲突的认同。法律意识形态的概念也许比法律文化概念更加明确地强调了社会权力与思想信仰倾向之间的联系。例如,它关注于,对于法律体系的职业化的理论生产(doctrinal production)是怎样通过塑造这些思潮而作用于社会权力的。

法律文化的概念,至少按照弗里德曼的说法,似乎最直接地关注因素的多样性,这些因素对于法律制度内部"法令律例"的产生施加影响,而且被用来解释这些制度的特征和倾向中存在的差异,以及它们对于利益和需求的不同回应。关于职业化法律实践和原则的权力对于它们所存在的更加广阔的语境产生的影响,弗里德曼倾向于保持一种暧昧或者不可知论的态度;他宽泛地着眼于作为法律决定因素的总体文化环境的各个方面。

法律,通常在国家法律体系职业化实践的意义上,通过某些机制影响或者改变并因此有助于强化价值、信仰与认识的更为宽广的结构,就对于这些机制的探索而言,比较来说,法律意识形态分析所带给我们的可能是更易于驾驭的理论任务。尤其是,制度化、专业化操作的法律原则被当作是这个理论任务所特别关注的焦点,而不是影响法律体系的潜在无限多样性的文化渊源,在这种情况下,上述理论任务似乎就更加容易了。

(节选自[英]罗杰·科特雷尔:《法律文化的概念》,沈明译,载[意]D. 奈尔肯:《比较法律文化论》,高鸿钧等译,北京:清华大学出版社,2003年,第21—30、35—38页。)

三、艾伯勒：比较法律文化的方法

步骤一：比较法的技能

比较法的目的是理解推动特定社会发展的法律规则和秩序模式。为了达到这样的认识,我们需要发展批判性的推理能力,并以科学和中立的方式应用它们。在这里,我们需要摆脱我们内在的、固有的偏见或认知锁定,这样才能客观地审查材料。这就要求我们致力于对外国的研究：考察和解释影响和形成法律的底层结构和潜在力量。对于某个法律体系的本国人来说,这是一个文化适应的问题。作为一种文化的产物,我们能够直观地感觉到在法律的外在表现之下隐藏着的力量。但在外国文化中,要把这些隐藏的力量具体化就比较困难了。在这里,我们必须求助于人类学家或考古学家的工具:研究存在于一种文化中的底层资料。通过运用这些技能,我们可以更好地了解外国文化。

因此,正如维维安·柯伦(Vivian Curran)所倡导的那样,一个比较学者必须参与文化沉浸。这种方法要求沉浸在政治、历史、经济和语言语境中,这些语境塑造了法律体系,并使法律体系在其中运作。它要求对各种文化心态进行解释……我们还必须考虑法律背后潜在的概念、信仰和原因,也就是我们所说的有助于推动和构建法律的法律思维或法律哲学框架。如果不了解法律所处的文化,就无法真正理解法律。为了理解文化,我们需要运用敏锐的观察力,语言能力,以及沉浸在社会环境中。例如,如果不考虑启蒙运动、自然法、共和党或英国辉格党理论的影响,我们能真正理解美国宪法吗?究竟为什么我们要把它称为我们的"高级法"呢?

一旦解释了法律的文化背景,我们就能列明我们所搜集的资料。在此我们需要采取两种方法探讨所研究的文化。首先,我们必须使用我们通过文化沉浸所收集的知识,在他们的文化背景下评估资料。在我们仔细考虑了文化中的法律之后,我们必须退后一步,让我们与正在审查的法律秩序保持距离,就像好酒需要醒酒一样,然后转向对资料的仔细评估。在做出这样的评价时,我们必须争取中立和健康的怀疑态度,这样我们才能客观、诚实和清晰地看待外国文化。在这一点上,重要的是尽可能地摆脱文化偏见,无论是我们自己的文化还是被审视的文化。完全的文化沉浸或完全客观的评价也许是不可能的,但我们必须尽力而为。

在我们完成这项调查之后,我们必须运用翻译技能:把一种世界观翻译成另一种世界观。这个翻译并不容易。我们需要非常小心。我们不能想当然地认为一个想法或一个词能从一种文化完美地翻译到另一种文化。我们必须认识到一个概念或词在其自身文化中的意义,解释其潜在的文化背景,然后尽我们所能将其含义翻译到另一种法律文化中。无论是我们自己的还是不同的、外国的文化,都应当如此。翻译要求我们解释思想或词语所在的文化背景。它需要理解与思想相关的多重符号系统和语言环境,然后确定如何调整,并将这种世界观转换为另一种世界观。如果我们做得好,翻译就能成为连接不同文化的桥梁。翻译也可以说明法律秩序之间的脱节。阐明不同文化之间的联系或脱节都能产生有价值的见解。

这些工具将帮助我们学习和理解，法律不仅仅是纸上的文字或圣贤的颂歌。运用这些技能可以使我们对外国法有新的见解和新的看法。通过对反映和塑造法律的社会哲学背景有更深入的理解，我们可以对法律有更全面的理解。这种更开阔的法律视野也将使我们对法律作为规则、范畴和合法措施的传统观点产生新的认识。事实上，我们只有通过考察可见的既定的法律，以及构成无形的法律模式的底层结构、潜在现象，才能真正理解法律。这样，我们就能对法律有更全面的理解；不仅仅是法律，而且是文化中的法律。这种对比较法的更全面的运用可以使人们更全面地了解不同的和可替代的思维模式。

步骤二：评价成文或公布的外部法律

比较法的本质是将一国的法律与另一国的法律进行比较。在进行比较时，需要仔细考虑多个法律资料要点（legal data points）的异同，然后使用这些考察结果来理解所观察的法律材料的内容和范围。要做到这一点，我们必须非常仔细地研究正在审查的法律资料要点，评估和理解它们的内容、意义和应用。在这里，我们的重点将是外部法律，即书面的、明确的或以其他方式具体化的法律。书面文字固然重要，但并不足够。我们还必须理解这些词在案件、法规或其他法律规范的上下文中的含义。也就是说，法律规则如何符合更大的法律体系框架？

在我们对法律资料要点进行了仔细评估之后，我们必须进行比较方法的下一个步骤：比较和对比不同法律制度中所审查的法律细节之间的异同。首先，我们可以关注相似点。多个资料要点是如何相似的？是通过词语、规则、意义、应用、影响，还是其他一些潜在的基础？还是因为法律规范的语境、功能意义或其他原因？我们需要了解审查中的法律资料要点之间的相似之处。词汇和规范的含义可以随着背景的不同而变化。相似性的基础是什么？相似的意义是什么？这种相似性在不同的法律文化中是如何体现的呢？这些只是其中的一些问题。

在步骤二的下一部分中，我们必须应用同样的技术来评估法律资料要点之间的差异。这些法律资料要点有何不同之处？区别是基于词汇、上下文、功能还是其他因素？差异的具体含义是什么？这些差异揭示了什么？这种差异在不同的法律文化中是如何体现的？只有对法律资料要点进行细致评估才能揭示法律制度之间的根本差异。

一旦我们对法律细节之间的异同进行了系统的研究，我们就可以进入下一个步骤：探索这些异同背后的原因，并评估它们在法律文化中的意义。我们需要比较和对比这些观点，这样就可以得到一个研究对象的、经过充分考察和理解的概念。因此，我们需要记录我们所考察的资料要点，概述其实质内容，然后指出它们是如何具有对比性的。一旦记录了调查结果，我们就可以开始提出问题。

例如，为什么法律规则或资料要点相似或不同？这些异同反映了什么，是规则、法律、应用或上下文？这些因素是如何应用的？什么原因塑造了资料要点的实质？关于法律文化，这些信息告诉了我们什么？我们能从中学到什么吗？难道我们只关注书上的法律吗？书上的法律和实际的法律有什么区别吗？我们如何研究行动中的法律？通过这项研究，我们能否帮助填补书本上的法律和实际行动中的法律之间的空白，从而使我们能够对法律在其法律文化中的实际运作进行更全面的研究？这些只是需要解决的一些问题，我相信还存在其他问题。当系统地应用了第二步后，可以揭示所审查的法律资料细节的具体含义。然后我们可以转向比较法方法论的下一步。

步骤三：评价内部法

谈到比较法方法论的第三部分，我们必须明白，并不是所有的法律都是外在的、公开的，或者在表面上很容易辨认出来的。比较法学家就像考古学家一样，从国外挖掘大量的资料，以寻找支撑并形成法律文化的思维模式和秩序。根据定义，比较法学家的作品是异国情调的。毕竟，它涉及研究一种法律文化，看它运行的是什么规则，这些规则如何发挥作用，它们有多有效，以及它们如何影响和形成文化。因此，我们了解了很多规则，同样重要的是，我们了解了文化。为什么规则是这样形成的？这些规则是否反映了文化的倾向？这些规则会影响文化吗？文化是由什么组成的？文化元素是如何影响法律的？

为了弄清这些问题的真相，我们必须了解法律是什么。我们很多人认为法律就是规则，这当然是法律的一部分。我们可以查阅宪法、法规、法典、规章、案例或其他资料来找到具体的规则陈述。我们可以把法律的这一部分看作是法律的外在表现形式。外在法是法律的一种容易辨认的形式。在西方传统中，大多数外部法律是成文的，书面语的力量有一种"唯独圣经"的特征，书面语传达着权威和尊重,或者说,它们已经在西方文化传统中发挥了作用。西方人习惯于认为法律是书面的,因为纸上的文字传达了人们所寻求的大部分意义。我们只需要读文字,然后翻译它们的意思。这也是我们在第二步中评估的对象。

但是,并不是所有的外部法律都是书面的、明确的或以其他方式具体化的。法律的另一个更深层的部分隐藏在表面之下,不那么明显。这些是在社会中运作的潜在力量,帮助构造和影响法律,并使其具体化。我们可以称之为法律的无形维度。这并不是说这个维度是完全未知的或无法识别的,而是说这个法律维度是我们倾向于臆断、认为理所当然或仅仅模糊地感知的。我们可以将这些不可见的模式看作是潜在的加密类型(需要被揭示的模式)、法律的共振峰(非语言化规则)或隐含的模式。或者,我们可以把这个维度看作是子结构的,通常是不明确的分类。我们可以将法律的这一层面称为内在力量,它们在外部法律的表面下起作用,但却为法律注入了有意义的内容。内在力量的例子可能是习俗、历史、宗教、伦理、地理、语言、哲学、解释或翻译。法律有一个比公开表现本身更深层的层面。我们必须密切注意一切形式的法律。

我们都有一种倾向,即抓住法律中容易辨认的方面,并赋予它们意义。然而,这种方法是错误的。法律的内在维度对法律文化具有强大的意义。我们要全面审视法律,全面考虑它的各个方面,以便更好地理解法律在社会中的实际作用。当然,法律就像一种语言;实际上,确实存在法律语言。但就像外语一样,为了真正理解它,我们必须了解它所处的文化背景,以及它是如何形成的。只有这样,我们才能准确地将一种法律体系的真实含义翻译到另一种法律体系。

法律的文化背景可能相当复杂。法律位于文化的表面,被文化赋予意义,反过来又赋予文化意义。因此,我们必须以一种更完整的方式来看待它:(1)外部法,(2)内部法,(3)法律所赖以存在的文化。我们不仅学习法律,还要学习法律文化。学习法律和学习文化一样重要。只有这样,我们才能获得更完整的法律观,才能获得更真实的理解。

步骤四:判断比较观察的结果

比较法方法论的最后一步是汇编我们的调查结果。在此,我们必须把重点放在审查中的法律资料细节上。这些资料的意义是什么?我们学到了什么?我们对外国法律制度的调查是否揭示了它的运作和意义?我们现在能更好地理解它吗？外国制度教会了我们什么？这些可能是最重要的问题。

比较观察的结果很可能成为我们了解外国文化世界的窗口。但是，重要的是，对外国文化的了解也可能有助于我们了解自己的法律文化。实际上，我们是在面对着一面镜子。我们的文化规则是如何运作的？我们的规则与外国制度相比如何？外国文化中有没有什么东西可以使我们自己的制度受益或改善？或者，经过重新评估，我们是否可以得出我们的系统运行得很有成效的结论？

（节选自 Edward J. Eberle, "The Method and Role of Comparative Law", *Washington University Global Studies Law Review*, Vol. 8, No. 3(2009), pp. 457-464。赵立行译。）

四、克斯勒：韦伯的理想类型研究方法

建构一个"明晰的概念"的愿望是驱使韦伯提出理想类型方法的主要动机。这一方法的发展有着某些科学的和理论的——以及常见科学的和政治的——论争和发展的背景。……不论是"理想类型"的概念，还是"理想类型"的方法，都并非是韦伯的"发明创造"。……

在世纪之交德国知识界的相关论战中，是狄尔泰、温德尔班德和李凯尔特等人，通过与他人的论战，使"理解"的概念成为了自然科学与人文科学分支开来的出发点。"理解"，是设计来使一个人能够由之探索特殊的、个体的和纯粹的知识、亦即人文和文化科学领域的知识的特别方法，这种方法的运作法则与自然科学的运作法则有所不同。……

韦伯对"理解"和理想类型两者的解释，是希望改正这样一些历史学者的想法，这些历史学者认为历史环境的复杂多样性和不断变更性不允许使用固定不变的和精确的概念。由于完全同意事实实在总是处于一种无序"混沌状态"的观点，韦伯强有力地推动促进了让概念"清晰鲜明"起来的要求的发展。

……

韦伯最为关心的是解释历史事实的"文化含义"，以便能够在"混乱无序"中建构某种概念性的秩序，而不是去在事实和资料表格的帮助下重构过去。……理想类型的主要任务是假设地把具体的、混沌多样的个别现象归并为一种"理念的"、亦即一种观念化的事件过程。

……

总结前面的讨论,我们可归纳出以下五个要点:

1. 理想类型是一个"创生的概念",即,它是从一组被认作是属于某种"文化意向"的原初要素品质的集合中生发出来的。

2. 理想类型自身不是一个假设,但是它可以为假设的形成指示方向。因此,它是从检验历史真实得来的非"虚构":一个非常严格的对经验环境的"恰当相应"和一种特别的询求线索。无论如何,它激发着新的理想类型建构的不断持续发展。

3. 理想类型作为一种"启发手段"指导着经验研究,同时它组构成解释个人自己的或他人的社会行动的可能观点。由此,通过参考一种观念("理想的")形态的方式,一种可对杂乱无意义的、复杂多样的经验材料加以区分的战略计划由此有可能建立起来。一种理想类型结构的有用程度,由它的有助于理解的"成功"度来判定。

4. 理想类型用于对经验-历史的真实的"系统化",在此系统化过程中,经验-历史真实与类型化结构之间的距离被解释性地加以"衡量"。理想类型是一种结构——但是这种结构有别于真实实在,并通过运用"想象"和研究者的图解知识的方式,不断地为真实实在所比照检验。理想类型的不断重构和新的发展,会使接近得到一个纯图式的和表意符号式的方法、以及一种纯因果式解释的和纯个体化解释的方法成为可能。它也可以成为一种方法与另一种方法互相联系的媒介。

5. 借助理想类型程序解释和说明历史现象,其结果支持着的是一种永无止境的"再诠释的过程"。社会科学忠实于这样的法则,"此法则以永恒的成长为当然,此法则认为永恒前行的文化之溪流亦永恒相随相生以新的问题。由此法则而来,社会科学任务的本质所在不仅是所有理想类型的暂时无常性质,而且同时是'新的'理想类型的不可避免"。这里我们必须指出,这种程序的运作有一个基本假设,即:历史真实的理想类型秩序之建构成功,取决于给定社会本文环境中的行动者之类型及概念组成形式、与考察研究这些事情的科学家之类型与概念组成形式之间的协调符合的程度。

(节选自[德]迪尔克·克斯勒:《马克斯·韦伯的生平、著述及影响》,郭锋译,北京:法律出版社,2000年,第217—222页。)

【问题思考】

1. 如何理解不同的"法律文化"定义？
2. 比较法与法律文化的关系。

【延伸阅读】

1. [美]保罗·卡恩：《法律的文化研究》，康向宇译，北京：中国政法大学出版社，2018年。

2. 高鸿钧：《全球视野的比较法与法律文化》，北京：清华大学出版社，2015年。

3. [英]罗杰·科特雷尔：《法律、文化与社会：社会理论镜像中的法律观念》，郭晓明译，北京：北京大学出版社，2020年。

4. Upendra Baxi, "Conflicting Conceptions of Legal Cultures and Conflict of Legal Cultures", *Journal of the Indian Law Institute*, Vol. 33, No. 2(1991), pp. 173-188.

5. Lawrence M. Friedman and Harry N. Scheiber, "Legal Cultures and the Legal Profession", *Bulletin of the American Academy of Arts and Sciences*, Vol. 48, No. 5(1995), pp. 6-13.

6. Lawrence Friedman and Rogelio Perez-Perdomo, *Legal Culture in the Age of Globalization: Latin America and Latin Europe*, Stanford: Stanford University Press, 2003.

7. Thomas M. Franck, "The Legal Culture and the Culture Culture", *Proceedings of the ASIL Annual Meeting*, Vol. 93(1999), pp. 271-278.

8. David Nelken and Johannes Feest, *Adapting Legal Cultures*, Oxford: Hart Publishing, 2001.

9. René Provost, *Culture in the Domains of Law*, Cambridge, UK: Cambridge University Press, 2017.

10. Csaba Varga, *Comparative Legal Cultures*, Aldershot: Dartmouth, 1992.

专题五 法律移植理论

【专题导论】

比较法必然涉及法律移植问题,或者说,促成不同国家间的法律相互借鉴是比较法的目的之一,所以法律移植是比较法学界的重点课题。同比较法的其他理论一样,法律移植问题也首先是其概念和内涵的问题。

一、法律移植概念

要理解法律移植,必须首先厘清一些常用概念的区别和联系。我们经常听到或读到"法律借鉴""法律继承"和"法律移植"等词汇,它们到底有什么不同?有时候我们在不经意中或者在无关大局的时候,经常混用这些概念,但是如果细究起来,这些概念还是有区别的。

其中,法律借鉴似乎谈不上法律术语,甚至谈不上法律理论,它是个比较广义的概念,可以指一国现行法所吸收的任何内容。我们可以说借鉴本国传统法律文化,意思是说我们可以从纵向的历史角度寻找对现代法律有价值的内容。我们也可以说借鉴某个法系的优秀法律成果,意思是说我们可以横向地吸收其他国家或法律体系有益的法律成果。因此,无论是吸收历史上存在的法律成果,还是吸收其他国家的法律内容,都可以称作法律借鉴。

法律继承具有限定意义。按照法律上的继承概念,要有继承人和被继承人,而且两者有亲缘关系。法律继承也具有大致相同的内涵,一般是指本国现行法对本国历史上的法律内容的吸收,如果没有这种亲缘关系,就谈不上法律继承。

法律移植也具有限定意义,从本国的立场出发,一般是指对其他国家法律的吸收和利用。它强调的是横向的法律吸收,而且是对其他法域的法律的吸收。这种吸收和亲缘性没有必然联系。

同很多比较法学科的概念一样,我们也无法给法律移植提供一个非常精确的、人人认同的定义,但是我们可以对其进行描述。

对法律移植的理解当然来自这个词本身。移植具有原封不动地将某物从一个地方转移到另一个地方的原始含义,比如秧苗的移植或者器官的移植。我们将这个词用到法律领域,是指一个国家吸收他国法律的过程,类似移栽秧苗和移植器官。所以,理解法律移植,首先要理解其最原始的含义。

首先,我们可以将任何把其他国家的法律内容平行移入本国法律中的行为统称作法律移植,这些内容可以是法律概念、法律技术、法律规范、法律原则、法律制度和法律观念等。移植是一种行为动作,无论是整体移植、部分移植还是断章取义地移植,只要具有了移植的实践本身,就可以算作法律移植。就如同我们将一棵树苗从一个地方移到了另一个地方,或者把人体器官从一个供体转移到另一个受体。

其次,法律移植行为无须考虑事前对法律各方面的考察,也无须考虑事后对移植效果的检讨。因为无论是事前考察还是事后评价都不会影响移植的行为本身。如果经过一番考察后决定不移植,那根本谈不上移植问题。就事后评价而言,无论我们评价移植行为是成功还是失败,都不能否认移植这个行为本身。

那么,为什么要进行法律移植?法律移植有什么价值呢?

首先,如果一个国家的所有法律都是本土的,而且所有的法律都是本国法学家们运用自己的聪明智慧原创出来的,那当然是非常理想的状态。但是无论是从理论还是从经验来看,这都几乎是不可能的。到目前为止,全是原创法律的国家几乎是不存在的,因为原创法律要么是在完全与世隔绝的状态下所产生的法律;要么是该国家始终领先于世界,总是首先面对其他国家没有遇到过的问题;要么是这个国家的法学家极度聪明,总是能够编制出最好的法律。但现代社会并没有这样的国家,在历史上也很难说有这样的国家。

其次,从全球角度来看,每个国家的社会发展都时快时慢,所以遇到相同问题的时间和情况也会不同,即使是同一个国家的不同法律部门,也并不是齐头并进的。因此,落后的国家或者落后的法律部门必然有向先进国家学习的趋势和动力,这样做不但最有效率,也是落后国家融入现代化浪潮的一种路径。

最后,在人类社会大部分时间里,国家与国家是在交流中共存的,交流就要求各国相互理解和沟通要求,进而产生法律协调一致的需求,这必然会造成法律规则的相互借鉴和吸收。

二、法律移植的争论

法律是否具有可移植性？这是关于法律移植理论的一个核心问题,也是法学家激烈争论的问题。这一问题的提出意味着法律移植不仅仅如其概念所表明的那样是一个行为问题,它还包括必要性、可行性、效果评价等一系列问题。

20世纪70年代,两位英国学者就法律移植问题提出了几乎针锋相对的观点,引发了比较法学界的广泛关注和进一步阐释。代表法律难以移植观点的是英国的比较法学家奥·卡恩-弗罗因德(O. Kahn-Freund),而代表法律移植简便易行观点的是阿兰·沃森。

弗罗因德在1973年题为《比较法的应用和误用》(On Uses and Misuses of Comparative Law)的演讲中,就英国法律引进和法律改革问题谈了自己的看法,并由此谈到法律移植的问题。他认为孟德斯鸠在《论法的精神》中提出的观点至今仍然能够适用。孟德斯鸠认为,为某一国人民而制定的法律,应该是非常适合于该国的人民的;所以如果一个国家的法律竟能适合于另外一个国家的话,那只是非常凑巧的事。[①] 但弗罗因德辩解道,尽管孟德斯鸠所说的环境因素对法律移植的影响仍然存在,但是"在这两百年里,地理、经济、社会和文化因素都大大减少了,但政治因素的重要性却相应大大增加了。发达国家(以及发展中国家的主要阶级)之间的经济、社会、文化同化或融合的过程伴随着政治分化的过程。正是这种文化与社会的同化和政治上的分化的双重发展,迫使我们变更孟德斯鸠的检验重点,以便找到一些可行的标准,用来确定法律制度的可移植性有多高,它在我提到的统一体中的位置是什么"。[②] 他认为阻碍法律移植的政治因素在当时首先是社会主义和非社会主义、资本主义世界专制和民主之间的鸿沟;其次是难以计数的民主主题的变体;最后是各种有组织的利益集团。他通过一系

---

① [法]孟德斯鸠:《论法的精神》(上册),张雁深译,北京:商务印书馆,1995年,第6页。
② O. Kahn-Freund, "On Uses and Misuses of Comparative Law", *The Modern Law Review*, Vol. 37, No. 1(1974), p. 8.

列的事例得出结论:"我们不能想当然地认为规则或制度是可移植的。自孟德斯鸠时代以来,尽管回答是否以及在多大程度上可以移植的标准已经发生了变化,但任何试图在其起源环境之外使用一种法律模式的尝试都仍旧面临被拒绝的风险。我希望,这种风险不会阻止美国或任何其他国家的立法者使用比较方法。我想说的只是,这种方法的使用不仅需要了解外国法律,还需要了解外国法律的社会,尤其是政治背景。为了实际目的的对比较法的使用,只有在忽视了法律的社会背景时,才会成为一种滥用。"①

与弗罗因德的法律移植悲观论相对的,是苏格兰的法制史专家阿兰·沃森所提出的法律移植简便易行论。他在1974年针对弗罗因德的观点发表了《比较法与法律改革》(Comparative Law and Legal Change)的文章,并在同年出版了《法律移植:比较法的方法》(*Legal Transplants: An approach to Comparative Law*)的著作,前者专门针对弗罗因德的论证进行了批驳,后者则全面描述了历史上普遍存在的法律移植现象。在文章中,他认为从历史上看,无论何种社会制度下都有成功进行法律移植的先例,而且法律移植没有必要考虑移出国的政治、经济和社会情况,而且即使是现在,也很难得出弗罗因德所谓环境因素没有政治因素重要的结论。这说明,法律完全可以脱离其所产生的社会和政治环境而方便地从一个国家移植到另外一个国家。② 沃森在其著作的第四章专门撰写了"法律移植导论"(Introduction to Legal Transplants),探讨了近东的法律、罗马的十二铜表法、中世纪的法律以及各种主要移植类型。③

弗罗因德和沃森的观点都没有在学界获得多数支持,但是却引起学者们对法律移植问题的关注,把一个看似实践性的问题上升到理论探讨的高度。沈宗灵在介绍弗罗因德和沃森争论的基础上,探讨了不同学者对法律移植的不同看法。学者们不是倾向于认同某一种观点,而是更加注重在他们之间进行调和,认为两者的观点不同主要是因为两者学术背景以及谈论该问题的立意不同,弗罗因德注重当代法律的改革,偏重法律移植的现实问题,而沃森是法律史学家,更

---

① O. Kahn-Freund,"On Uses and Misuses of Comparative Law",*The Modern Law Review*,Vol. 37,No. 1(1974),p. 27.
② Alan Watson,"Comparative Law and Legal Change",*The Cambridge Law Journal*,Vol. 37,No. 2(1978),译文参见[美]阿伦·沃森:《法律移植与法律改革》,尹伊君等译,载《外国法译评》1999年第4期,第13—15页。
③ See Alan Watson,*Legal Transplants: An Approach to Comparative Law*,Athens:The University of Georgia Press,1993.

偏重普遍的历史经验。但被他们的争论启发的学者们更加深入地研究法律移植问题,这些学者们认为法律移植既不是难以进行的,也不是简便易行的,如果要全面探讨法律移植问题,必须包括移植对象、内容、原因、方法和效果等方面,每一项内容都有其复杂性,综合起来更是相当复杂的问题。①

三、托依布纳的"法律刺激论"

有关法律移植理论的争论不断,学界开始对法律移植这个词汇本身产生怀疑,认为法律移植这个名词并不能很好地概括法律的吸收和借鉴等行为,也不能反映这些借鉴的本质,因此应该用其他名词来替换。德国的学者贡特尔·托依布纳(Gunther Teubner)就提出了一个新的概念"法律刺激"(legal irritants)。尽管这个新概念没有如作者想象的那样流行,也没有降低学界惯用的法律移植概念的影响力,但是他的很多说法仍具有重要的启示意义。贡特尔·托依布纳的观点反映在他的文章《法律刺激:英国法中的诚信条款或统一之法如何止于新的趋异》(Legal Irritants: Good Faith in British Law or How Unifying Law Ends Up in New Divergencies)中。②

托依布纳从欧盟的合同诚信条款问题讲起,这个大陆法系认为的"帝王条款",在英国法那里就遇到了困境,因为英国法中从来没有这样的条款,但作为欧盟成员国又必须与欧盟法律统一。这里就出现了一个尴尬的问题,在必须移植的情况下,移植该条款是否会破坏英国的法律体系?正是针对该问题,托依布纳引出了法律移植会造成相互排斥还是彼此互动的问题。他认为所谓法律移植完全是一种误导,并由此提出法律刺激理论,试图用法律刺激说来代替大家已经熟知的法律移植概念。

托依布纳认为,用法律刺激来表达要比"法律移植"更合适。因为用"移植"描述法律有机地而非机械地输入/输出的术语时,还是有意义的,但法律制度,并不能够像一个零件从一部机器"转移"到另一部机器那样,轻易地从一个情境迁移到另一个情境中,它们需要在新的环境中接受精心周到的培植和养育。

---

① 参见沈宗灵:《论法律移植与比较法学》,《外国法译评》1995 年第 1 期,第 1—7 页。
② Gunther Teubner, "Legal Irritants: Good Faith in British Law or How Unifying Law Ends Up in New Divergencies", *The Modern Law Review*, Vol.61, No.1(1998), pp. 11-32. [德] 贡特尔·托依布纳:《法律刺激:英国法中的诚信条款或统一之法如何止于新的趋异》,马剑银译,载《清华法治论衡》(第 10 辑),北京:清华大学出版社,2008 年。

但是"移植"会给人造成一种错觉,似乎被移植物能够在新的有机体中发挥其旧有的功能。其实,当外来规则被强加于本土文化之上时,还会发生其他现象。外来物并不是移植到另一个有机体中。相反,外来物发挥的基本是刺激作用,并由此引发一系列新生的和意想不到的事件,导致原来的有机体进行内部重构,不仅重构它们自身的规则,还会重构外来因素自身。重构不是从某种外来物转成相似物,不是适应新的文化情境,而是释放进化的动能,外来规则的含义将被重构,原来有机体的内部情境也经历根本性的变化。

因此,重要的不是英国合同法的原理是抵制还是容纳诚信条款,重要的是,一旦诚信条款在英国法的基础上进行重构,其内涵会经历何种变化?其发挥的作用又会有怎么样的不同?结合这些问题,托依布纳探讨了现今的比较法中非常流行的两个基本假设。第一个是"趋同命题"(convergence thesis)。在当代趋向国际化、欧洲化和全球化的运动中,有人认为,工业国家应该趋同于相似的社会-经济结构。因此,社会-经济的趋同化似乎使得法律的统一的目标变得既可能又可欲。另一个命题是"功能等效"(functional equivalence)。不同国家的法律秩序建立在各自不同的学理传统之上,但是它们面临必须解决的相同结构性问题。它们会发现不同的原理性解决方案,作为解决相同问题的功能等效物,而这种功能等效也会导致社会和法律的趋同。

但托依布纳认为全球化的当代走向并不必然导致社会秩序的趋同和法律的统一。恰恰相反,全球化本身产生了新的差异。结果是,全球化的直接后果并不是更为统一的法律,而是更为断裂的法律。因此,法律移植要面对文化有机体之间不可逾越的差异,毕竟移植物无法在没有变化的情况下通过外科手术存活下来。

【名家专论】

一、弗罗因德:法律难以移植论

一提到"移植"这个词,人们就不可避免地联想到那些通常很复杂,有时甚至很危险的外科手术,其将人体的一部分从一个人移植到另一个人身上。我们知道有角膜移植,肾脏移植,甚至心脏移植,但从来没有人说过化油器或车轮是从一辆汽车移植到另一辆汽车上的。虽然这里也是将发挥作用的某个实体的一部分从一个样品中取出来,插入同类的另一个样品中。转移活体的一部分和转移一个机械装置的一部分在目的上是相似的,但仅此而已。这是一种陈词滥调——我们不需要用哲学的术语来阐述它,我也不想冒险进入那些耕耘者众多但对我来说难以触及的领域,在这些领域里,活力论者与机械论者相互争论,而且其中"整体性"概念或是被设定为一个可以崇拜的神祇;或是被设定为一个可以被摧毁的偶像。我们对肾脏和化油器之间区别的认识是基本的和直观的,但从考察外国模式的立法者角度来看,这也是非常实用的。询问肾脏是否可以"适应"新的身体或新的身体是否会"排斥"它是有意义的——关于化油器询问这些问题则是荒谬的。在我们感兴趣的外国的法律制度的移植或转移的情况下,是否会出现适应和排斥的问题呢?它们属于肾脏的范畴还是化油器的范畴?

……

在试图对这个显然非常困难的问题给出一个尝试性的和不完整的答案之前,我发现有必要提醒诸位有关法律制度移植问题的、非常独特和明确的观点,这是由第一个比较法学者所阐明的。孟德斯鸠认为,一个国家的制度能为另一个国家的制度所用,是非常例外的事情。他用两个多世纪以来一直告诫着比较法学者的话说:

> "每个国家的政治法律和民事法律……应该是非常适合该国人民的;所以如果一个国家的法律竟能适合于另外一个国家和人民的话,那真是一个极大的巧合。"

"一个极大的巧合"——这是指一系列情况是相互关联的,我们不能像认为机械零件理所当然可以互换那样,认为一个活体器官适应另一个活体是理所当然的。在孟德斯鸠看来,立法移植更接近我们所说的活体器官移植,而不是机械末端。

这一观察不仅适用于"民事法律"(les lois civiles),即支配公民之间关系的私法,也适用于"政治法"(les lois politiques),即宪法、行政法、司法制度、程序法,简而言之也适用于公法——这一结论对孟德斯鸠的整个政治和法理学思考具有决定性意义,并决定了他在政治思想史上的地位。

那么,究竟是什么力量把法律和它的环境联系得如此紧密,以致它几乎不能改变它的栖息地呢?孟德斯鸠的环境标准在一定程度上决定了"法的精神",并渗透到整个作品中,比如首先是气候,也包括土壤的肥沃程度,国家的大小和地理位置。其他因素是社会和经济的,如"人民的生活方式,是农耕型、狩猎型或放牧型",人民的财富、他们的数量(肯定是指人口的密度)以及他们的贸易状况。还有一些是文化因素:人们的宗教信仰,以及他所说的"他们的爱好……他们的风俗……他们的习惯"。但在这个著名的民族特征分类中,我们也发现了纯粹的政治因素:"已建立或将要建立的政体的性质和原则",作为一个例证他提起"政体可以容许自由的程度"。这显然是对随后章节中阐发的英国宪法政治特征的期待性引证。最后,他特别强调了一个国家的各种法律相互之间的影响,以至于所有法律受其源头即立法者目的的影响,"并且和作为法律基础的事物的秩序也有关系"。然后,这部著作中具有纲领性的和决定性的篇章以简略的形式加以列举,再次表明了"法律的精神"是由自然的、文化的和政治的因素混合而成的:"气候、宗教、法律、政府的准则、先例、风俗、习惯"。由此可以看到,这里政治的因素指的是原则而非制度。

孟德斯鸠的环境因素清单在他写完之后的两百多年里并没有失去有效性,至少没有完全失去,特别是在所谓的发达国家和所谓的发展中国家之间的关系方面。但我认为——这是我的中心论点——在这两百年里,地理、经济、社会和文化因素都大大减少了,但政治因素的重要性却相应大大增加了。发达国家(以及发展中国家的主要阶级)之间的经济、社会、文化同化或融合的过程伴随着政治分化的过程。正是这种文化与社会的同化和政治上的分化的双重发展,迫使我们变更孟德斯鸠的检验重点,以便找到一些可行的标准,用来确定法律制度的可移植性有多高,它在我提到的统一体中的位置是什么。

……

因此,虽然孟德斯鸠列举的许多妨碍移植的力量已经大大失去了重要性,但他只在其他方面简要提及的一些力量已经变得势不可挡。正如我们所看到的,在孟德斯鸠的法律环境决定因素清单中有一个政治因素:一个具体的例子是欧洲大陆的君主专制政体的宪法和英国的议会宪法的对比。我们知道这与司法和行政之间的关系有多么密切的联系,它是多么清楚地反映在法律的许多细节中,特别是刑事诉讼的细节中。毫无疑问,在 18 世纪中期,这是表明法律制度的政治环境是如何成为它们移植的障碍的最佳例证。

但是,如何将这种政治因素对法律环境的影响程度与今天抵制法律制度国际交流的政治因素进行比较呢?政治分化的事实与文化和社会融合的事实一样明显。让我简单地谈一下它的三个基本特征。

最重要的当然是共产主义和非共产主义世界之间的鸿沟，以及资本主义世界中独裁和民主之间的鸿沟。人们的谋生方式可能相似，但独立工会和雇主协会等压力集团所扮演的角色不同。诸如住房、城市规划、污染等问题，在俄罗斯、西班牙或南非可能与英国或美国没有什么不同，但达成解决方案的程序、讨论的形式以及个人在讨论中所扮演的角色是不同的。在一切涉及立法和决策权力的组织以及自治社会团体与国家官方机构之间关系的问题上，一道墙已经竖起来，这是一道在我们这个时代比孟德斯鸠所提到的任何环境标准都要大得多的障碍。我指的是一堵墙：分隔东、西柏林的墙就是这种发展的一个象征。地理和人口因素，甚至社会和经济结构都不会妨碍德意志联邦共和国和德意志民主共和国之间法律观念和机构的移植。它们仍然是同一个德意志民族。如果说这种移植的想法在今天看来是可笑的，甚至是无聊的，其原因纯粹是政治上的——它们是孟德斯鸠无法想象的环境因素。

政治分化的第二个因素是关于民主主题的一系列看似无穷无尽的变体。在我看来，有两个主要的主题，或者说两种类型：在美国发展起来的总统制类型和在英国发展起来的议会制类型，还有数不清的混合，例如1958年的法国宪法或1949年的德国基本法。在我看来，这种差异作为法律移植障碍的重要性一直被人低估。它影响到司法和行政决定与决策权力之间的分配，因此影响到有关经济和社会政策，特别是工业关系立法的最细微的细节。在所有这些事项中，行政机关是否对立法机关负责，以及在多大程度上可以将决策决定权转移给独立的司法机关或监管委员会，都是具有决定性的问题。对孟德斯鸠所大力提倡的三权分立的解释所产生的巨大差异，今天已成为区分比较方法的运用和滥用的要素之一。稍后我将对此详加说明。

但是，还有第三个政治因素，从实践的角度来看，它在许多方面都是最重要的。有组织的利益集团在制定和维护法律制度方面所发挥的作用大大增加。任何打算在本国使用外国立法的人都必须扪心自问：这个规则或制度的存在或继续存在，在多大程度上归功于我们不具备的外国的权力分立？在政治意义上属于我们宪法一部分的有组织的团体会在多大程度上接受或拒绝它？我说的"有组织的团体"指的不仅仅是代表经济利益的团体，如大企业、农业、工会、消费者组织等，同样也包括有组织的文化利益团体，如宗教团体、慈善团体等。所有这些人都分享政治权力,他们的影响程度和行使这种影响的方式因国而异。这也许是当今法律中最强大的有机因素:它与在文化、社会、经济上非常相似的国家中权力组织的无限变化密切相关。

……

然而,这正是我在本讲座中试图向你们提出的观点,我们不能想当然地认为规则或制度是可移植的。自孟德斯鸠时代以来,尽管回答是否以及在多大程度上可以移植的标准已经发生了变化,但任何试图在其起源环境之外使用一种法律模式的尝试都仍旧面临被拒绝的风险。我希望,这种风险不会阻止美国或任何其他国家的立法者使用比较方法。我想说的只是,这种方法的使用不仅需要了解外国法律,还需要了解外国法律的社会,尤其是政治背景。为了实际目的的对比较法的使用,只有在忽视了法律的社会背景时,才会成为一种滥用。我呼吁教授比较法的人注意到这一风险,并将这种意识传递给他们的学生,这些学生中可能会有人在立法过程中促进法律思想的交流。

(节选自 O. Kahn-Freund, "On Uses and Misuses of Comparative Law", *The Modern Law Review*, Vol. 37, No. 1(1974), pp. 1-27。赵立行译)。

二、沃森:法律移植简便易行

早在1974年,拙作《法律移植》出版数月前,凯恩-弗伦德的重要而引人入胜的文章《论比较法的运用与误用》发表了。我们的目的与方法迥然不同。凯恩-弗伦德教授是把比较法作为法律改革的工具来研究的;我则依其作为一门学科自身固有的公理,试图为比较法设置指南路向,凯恩-弗伦德教授的方法更偏重于社会学,我的则更偏重于历史学。然而纵使这些因素如数加以考虑,必须承认,我们的结论之不同远甚于方才强调的那些不同。我的观点是,从迥然不同的法律体系,即使这一法律体系处于相当高的发展层次以及不同的政治面貌中,也能实现成功的借鉴。按照我的观点,法律改革者在审视国外制度时,应该寻求一种"观念",即这些外国的东西能够被转化为本国法律的组成部分,因此,法律的系统理论或授权系统的政治结构并非必需,尽管具备这种知识的法律改革者会更加富有成效,即使对国外有关政治、社会或经济方面的法律一无所知,亦能收到成功借鉴的效果。

另一方面,凯恩-弗伦德从孟德斯鸠的这一观点着手,即只有在极特殊的情形下,一个国家的制度,才能完全服务于另一个国家的制度,对于孟德斯鸠来说,由于诸如气候、土地的肥沃程度、国家的大小及地理位置、人民的生活方式、人民的富裕程度、人口密度以及贸易等等因素,法律与其环境因素紧密相连。凯恩-弗伦德承认,在孟德斯鸠所处的时代,孟德斯鸠的观点是正确的,但他坚持认为,现在情况已完全不同,即环境因素作为移植的障碍,现在已不显得特别重要了,但"政治因素的重要性同样有了极大的增加"。凯恩-弗伦德的基本观点是:任何规则能够移植的程度主要取决于该规则与国外权力结构相互联系的紧密程度。他将其结论表述为:"我意欲主张运用(即比较的方法)不但需要外国法律知识,而且也需要该外国法律的社会知识,首先是政治方面的知识"。

不管这些观点是正确——还是基本正确——这一问题对于比较法的地位和法律改革中比较法学家的作用关涉极大,因此,我想分两个阶段对此稍作检视:孟德斯鸠时代的法律借鉴;现代法律借鉴。

首先,正如凯恩-弗伦德正确指出的,在起初的论述中,孟德斯鸠的确认为《法的精神》部分包含了政治因素,凯恩-弗伦德继续奉行的观点是,孟德斯鸠在其决定性的章节中,从原则方面而不是从制度方面系统阐述了政治因素。人们或许还会提及孟德斯鸠的另一段似乎导致其18世纪法律借鉴的观点。它同凯恩-弗伦德20世纪的观点相当接近。

民事法律依赖于政治性法律,所有社会都是这样,所以要把一个国家的民法引入到另一个国家时,最好要检查一下两个国家是否有相同的机构,以及相同的政治性法律。

这显示出,孟德斯鸠确实从制度的层面上系统地阐述政治因素。他提出,为了借鉴法律规则,拥有国外政治方面的知识是有益的。

由于他对妨碍法律规则移植因素的洞悉,孟德斯鸠严重地——极其严重地低估了他那个时代已经进行或正在进行的成功借鉴的数量。只要关注一下西欧对罗马法的继受就足够了。当然,不是每一条罗马法规定都被完全采纳,而且,罗马法中的许多规定在使用过程中作了重大修改。然而,这种包括罗马法规则大量输入到西欧国家的继受,使人们不能简单地接受孟德斯鸠的主张,即如果一个国家的法律制度能适应另外一个国家,只是一种"偶然的巧合",而且,这一继受表明,接受者即使获赠于完全不同的社会、经济、地理和政治环境的赠与体制,法律规则也能实现成功借鉴。事实上,接受一方并不需要源于社会、经济、地理和政治方面以及原有规则发展的任何真正知识。否则,人们如何解释公元5世纪由日耳曼民族制定的罗马法的用途,中世纪及以后源于不同时期和不同政治环境的罗马法在如此之多的不同西欧国家,在君主制、寡头独裁和共和政体的国家被同样接受呢?人们如何解释20世纪普罗旺斯人的著作《法典》对那么多的南欧和巴基斯坦国家法律产生的影响呢?例如,在13世纪中叶被写进土地法中的《资产阶级民法典》中237章中有63章直接借鉴于《法典》,此外,有59章受到一些影响。依此,《资产阶级民法典》的产生亦适于塞浦路斯。来自罗马法影响的事实之一最为清晰地显示出法律规则能够从政治的、经济的(或者两者)高度发展的体制中被采纳。

当然,罗马法规则对于政治、社会、经济或后起国家的社会环境也有不利之处,它被后起国家借鉴的机会会大为减少。然而,以我所见,这一借鉴减少的可能性,通常只在规则有害的时候,而不是仅仅因为罗马法规则的有关内容与后起国家的通常环境简单不同时才存在。事实上,来自罗马法的影响——即使不考虑更多的有力证据,人们也会推出这一命题:无论其起源于何种历史条件,私法规范在其存续期内,与特定民族、时代或地域没有天然的紧密联系。

至于当今时代,法律改革中借鉴的广泛程度和重要性是众所周知的。人们会毫不犹豫地接受这样的主张,如果不适合本国有关政治的方面,外国法律规则将不会被轻易成功借鉴。使用"政治的"一词,正如凯恩-弗伦德使用它那样——有着相当广泛的含义,不仅关系到政府结构和政府的制度,而且关系到诸如爱尔兰天主教组织或工党那样强有力的组织团体。我希望,正是由于凯恩-弗伦德的文章所完成的贡献之一,将来人们才不会轻易简单地接受这样的论点:"美国(或德国)能够靠立法成就这一切,所以我们也能。"

但是我不同意凯恩-弗伦德之处在于,按照他的观点,法律规则能够被借鉴的程度与外国权力结构以及比较方式的应用不仅需要外国法律的知识,而且需要外国政治方面的知识,有如此紧密的依赖。一个实例可用以解释这一点,正如凯恩-弗伦德所表明的,爱尔兰的离婚的驳回只能从天主教集团的政治权力的角度得以解释。他合理地假定:"但是,英格兰和爱尔兰之间对离婚态度的令人惊愕的对比这一例证,不正显示了作为同化和辨别的决定性的政治因素的极端重要性吗?"现在,如果试图介绍英国式的离婚法给爱尔兰,那么,依据我的观点,只要考虑一下爱尔兰的权力结构,就足以知道这一努力会失败。在爱尔兰,无论成功还是失败,英格兰权力结构和任何关于权力结构的知识或评价都毫不相干。在1971年的工业关系法案中,可以发现相似的例子,成功或者失败的前景是由英国工业中的权力结构决定的。作为影响法案的主要来源,在美国,由于其工业权力结构不同于英国,知识将不具有特别的助益。

在这里,可能会产生一个相当不同的观点。即当某项法律规则在某一国家被严格地建立起来并有效实施时,要看出它与权力结构联系的紧密程度,并非易事。当所讨论的规则是相当古老的时候,这一点是确信无疑的。但是,另一方面,当一项法律变革在某一特定国家被提起时,辨别有利于或妨碍改革成功的因素,并不那么困难。

现代世界中,法律规则如此深深根植于它们政治的关系——在同样广泛的意义上仍然使用"政治的"——可能被成功地移植到具有完全不同传统的国家,这一点从19世纪晚期日本的例证就可以一目了然。1882年制定的日本刑法典和刑事诉讼法典就是以法国法为模式的。在克服了最初的困难之后,民法典于1898年通过了。这部民法典包括了德国合同法、侵权行为法和财产权法的所有要素:这三部法典最初实际上是从《民法典》移植而来的。德国继承法和家庭法只有经过相当大的修改才被接受,至少在短期内,并不完全成功。这种全面移植的迅速成功,即是日本人意欲寻求的价值所在,而并非他们拥有法国和德国法律规则所依赖的政治方面的知识,或者那种政治方面的任何相似存在于日本。

另外,我没有完全被说服的观点是,在起决定作用的困难中,对法律移植来说,环境因素越来越不重要,而政治因素越来越重要了。在16和17世纪天主教的德国,离婚恰恰是不可想象的——尽管在他们新教的邻国已有范例——如同现代爱尔兰所基于的相似理由,此外,孟德斯鸠低估了移植必然发生的程度,过高估计了环境因素阻碍法律借鉴的程度。

最后一点还需做些说明,当某一普遍适用的法律在特定区域内通过时,比如说在英国和威尔士,在绝大多数情况下,这意味着对于像伦敦那样的城市和偏僻的威尔士山地都要适用,对相当富裕的地方和贫穷的地方都适用。因此,一部法律应该能够应付迥然不同的环境因素。在其适用范围内,气候条件、土地的肥沃程度、民族生活习惯、人们的富裕程度、人口的密度、贸易等等可能差异极大。因此,在通常情况下,这种一般性法规同某一特定环境不会有过于紧密的联系,这样将能够较为便宜地进行移植。当然,法律管辖范围越小,它同某一特定环境的联系就越紧密。孟德斯鸠时代的法国和德国充斥着大量狭小范围的管辖,情况恰恰是,环境因素对移植的阻力远甚于今日。

(节选自 Alan Watson, "Comparative Law and Legal Change", *The Cambridge Law Journal*, Vol. 37, No. 2(1978), pp. 313-336。译文参见[美]阿伦·沃森:《法律移植与法律改革》,尹伊君等译,载《外国法译评》1999年第4期,第13—15页。)

三、沈宗灵:法律移植的复杂性

法律移植(legal transplant)是西方比较法学中经常使用的一个词,其含义一般是:特定国家(或地区)的某种法律规则或制度移植到其他国家(或地区)。相当于中国国内所讲的对其他国家或地区法律的借鉴或吸收等。但有时,移植的含义似乎又比借鉴等词有稍多的意义。但也没有太大的差别。例如全国人大常委会原委员长万里于1988年12月6日在全国人大常委会召开的座谈会上曾讲到:"为了加快立法步伐,外国、我国香港地区一些有关商品经济发展的成熟法律,我们也可以移植和借鉴,不必事事从头搞起。"全国人大常委会原委员长乔石亦曾讲到:"制定社会主义市场经济方面的法律,对我们是个新课题。制定法律和法规要从中国的实际出发,也要广泛地研究借鉴世界上所有国家的立法经验,吸收对中国有用的东西……立法必须从中国国情出发,但这并不排除我们吸收国外的经验。凡是国外立法中比较好的又适合我们目前情况的东西,我们都应当大胆吸收;他们走过的弯路,也值得我们借鉴,有些适合我们的法律条文,可以直接移植,在实践中充实、完善。"

在西方比较法学作品中所使用的与"移植"相当的词还有"借鉴"(drawing on, borrowing)、"吸收"(assimilation)、"模仿"(imitation)和"转移"(transfer)、"传播"(spread)、"引进"(introducing)等,但较普遍的还是"移植"。与"法律移植"对应的词是法律的"接受"(reception)等。

法律移植与比较法学的关系极为密切,后者的一个重要目的就在于通过对不同国家(或地区)法律的比较研究,有选择地借鉴或移植其他国家(或地区)的法律,从而改进本国立法。

在法律移植问题上,在国内外法学中有很多不同的观点,它们不限于法律移植的词义、法律能否移植及其程度、范围,以及移植的对象、原因、方式、效果等问题,而且还往往涉及法律本身的许多重大理论问题。

……

法律移植绝不是简便易行的,它是相当复杂的。这里涉及移植的对象、内容、原因、方式和效果等问题。

首先,关于移植的对象和内容。我们应注意作以下区分:

第一,所移植的是某个国家(或地区)的整个法律制度、部门法、法典、法律或仅是部分甚至个别具体法律制度、法律规则、法律概念、原则等。第二,所移植的是与社会政治、经济基本制度或意识形态、价值观念密切联系的法律,或联系较少,甚至没有联系的法律。第三,就同一个法律或法律规则而论,还应区分它们的政治目的与社会功能。第四,所移植的是倾向国际一体化的法律,还是倾向特定民族或地区文化传统的法律。

显然,这些区别与法律移植的可能程度及其方式等问题是密切联系的。

其次,关于移植的原因。从法律内容和变化速度而论,法律变化有质变与量变之分。根据意大利比较法学家 R.萨科(Rodolef Sacco)在其近作中的分析,从法律起源讲,法律变化有首创性革新与模仿两大类。前者的例子有英国衡平法院法官所最先承认的信托财产制(trust)以及斯堪的纳维亚国家所首创的巡视官制(ombudsman)。他还认为"在所有的法律变化中,也许只有千分之一是首创性革新"。笔者认为,一千分之一的估计是否准确这一点可以继续研究,但可以肯定,特别在现代社会,法律变化中大量是通过模仿,即借鉴与移植其他国家或地区的法律,首创性革新是极少的。"一国两制"的原则可以说是当代中国所首创的一个政治和法律原则的卓越例证。

萨科又认为,模仿又有两种基本原因。一是强加(imposition),二是声望(prestige),前者是指一国在征服别国后在别国强行实行本国的法律,后者是指所移植的法律显然具有较高质量而被其他国家或地区自愿接受。当然,也有强加与自愿接受兼有的情况,例如日本的明治维新时的法律变革与中国清末沈家本的修订法律,就既有外部的压力(领事判决权),又有实现维新的强烈愿望。也还有先强加后自愿接受的情况,例如拿破仑将其民法典在被征服国家强行实施,但在其战败后,有些国家或地区仍继续实行该法典。

最后,关于法律移植的效果。在国外比较法学中,往往将这种效果分为成功与失败两种。卡恩-弗罗因德所讲的"比较法的应用与误用"也意味成功与失败的意思。但法律移植是一个很复杂的问题。它的成败的标准是什么是一个关键问题。这里可以有很多难于界定的问题。例如,所移植的法律可能已是众所周知的法律,一国的立法者在制定这一法律时可能根本没有意识到他实际上在移植法律。又例如,所移植的法律在其首创的国家中收效甚佳,但在接受该法律的国家中却收效甚微,至少远远不及它在首创国家中的成效。再如,所移植的法律在相当长时期中收效甚微,但从长远看,却可能有很大发展,等等。

（节选自沈宗灵：《论法律移植与比较法学》,《外国法译评》1995年第1期,第1—7页。）

四、托依布纳：法律刺激论

诚信条款正在刺激英国法。近年来,著名的1994年《欧洲消费者保护指令》(*European Consumer Protection Directive*,1994)把欧洲大陆的诚信条款直接移植到英国合同法中,因而引发了强烈的刺激。合同条款倘"违反诚信条款的要求"则为不公平,"因为它会引起基于该合同的双方当事人权利义务的严重不对等,因而给消费者造成损害"。这个传染性病毒很早就已侵入了普通法的合同法领域,尤其是美国,在那里,《统一商法典》和《合同法》(第二次重述)规定了合同的履行和执行必须符合诚信条款的要求。英国法院却在某些重要场合积极地抵制这个原则,像对待来自异域的传染性疾病一般,将其视作与当事人立场相对立的天生令人憎恶的立场,或者认为其在"实践中是不可能实行的"。但是,他们现在对于如何应付欧盟指令感觉手足无措。对于即将把诚信条款扩展到消费者保护法以外的领域更是如此。《欧洲合同法通则》(PECL)第1.106条规定：

（1）任何一方当事人在行使权利、履行义务时,必须符合诚实信用和公平交易原则。

（2）当事人不得排除或限制这种义务。

最终,在国际商事法中,诚信条款正在发挥越来越重要的作用。

某些学院派的评论者已然表达了深深的忧虑："如果诚信条款被粗暴地移植到我们的法律体系中,那么它很可能带来弊端。"然而有些人更乐意接受诚信条款,把它当作是社群主义的价值,希望它能够医治合同形式主义的弊病,并且有效地与英国合同法的其他基本要素相契合。全部争论受到了"法律移植"那强有力隐喻的影响。一旦移植诚信条款,那么它是否会被英国法体系(*corpus iuris britannicum*）免疫的反作用力所抵制？或者它是否会作为一个新器官，有效地与这个法律有机体的其他成分相契合？

相互排斥还是彼此互动？在我看来，这是一个虚假二分法，因为法律移植潜在的隐喻，如它所暗示的，完全是一种误导。我认为，用"法律刺激"（legal irritant）来表达要比"法律移植"更合适。诚然，"移植"，当其用作描述法律有机地而非机械地输入/输出的术语时，还是有意义的。法律制度，并不像一个零件那样从一部机器"转移"（transfer）到另一部机器，它们并不能轻易地从一个情境迁移到另一个情境中。它们需要在新的环境中精心周到地进行培植和养育。但是"移植"会产生一种错误的印象：在一次艰难的外科手术后，被移植物就将在新的有机体中发挥其旧有的功能。因此，选择余地就会非常有限：要么相互排斥，要么融为一体。然而我认为，当外来规则强加于本土文化之上时，还会发生其他现象。外来物并非是移植到另一个有机体中，相反，它发挥的基本是刺激作用，由此引发一系列新生的和意想不到的事件。当然，它刺激受囿于传统的法律职业者的心态和情感；但是从一个更深层次的意义来说——这也是本文的核心——这刺激了法律的"约束性安排（binding arrangements）"。这是一种外部的喧扰（noise），这种喧扰使得这些安排中的对话互动产生了剧烈的混乱（perturbadtions），并且强迫它们进行内部重构，不仅重构它们自身的规则，而且还要重新开始重构外来因素自身。"法律刺激"无法本土化（domesticated）；它们不是从某种外来物转成相似物，不是适应新的文化情境，而是释放进化的动能，其中外部规则的含义将被重构，内部的情境也经历根本性的变化。

因此，英国合同法的原理是抵制还是容纳诚信条款，问题都不会太大。相反更值得关注的是，一旦诚信条款在英国法的基础上进行重构，其内涵又会经历何种变化，其发挥的作用又会有怎么样的不同？我猜想，这不仅仅是从不同于民法法系的普通法法系视角进行的重构问题，而且还有"生产体制"（production regimes）的重大差别。在新的情境下，与特定的欧陆经济文化相反的特定英美经济文化环境，会对诚信条款进行更深层的重构。这就是为什么我认为，不管那些欲想成就"更亲密的（欧洲）联盟"的意愿是多么善良，所有统一欧洲合同法的尝试都会导致新的分裂。

结合这个问题，我将探讨现今的比较法中非常流行的两个基本假设。第一个是"趋同命题"（convergence thesis）。在当代趋向国际化、欧洲化和全球化的运动中,有人认为,工业国家应该趋同于相似的社会-经济结构。因此,社会-经济的趋同化似乎使得把法律的统一作为一个主要的目标既可能又可欲。另一个命题是"功能等效"(functional equivalence)。尽管不同国家的法律秩序建立在各自不同的学理传统之上,但是它们却面临着必须解决的相同结构性问题。因而,它们会发现不同的原理性解决方案,作为解决相同问题的功能等效物,而这也会导致趋同。我之所以会对这两个假设进行质疑是因为它们的主张者都没有意识到社会科学领域正在进行的有关全球化的争论,这些争论使得与那两个假设截然对立的假设的存在似乎更为真实。透过这些争论来看,似乎全球化的当代走向并不必然导致社会秩序的趋同和法律的统一。恰恰相反,全球化本身产生了新的差异。这些趋势导致了世界社会的双重分裂(double-fragmentation),即世界各个区域功能的分化性以及全球文化的多样性。更为糟糕的还有,这导致了一种新的排斥,即把世界人口整体的某些部分从现代化的过程中排除出去。因此,全球化社会的不同地区并不面临需要法律来解决的相同问题,而会是非常不同的问题。结果是,全球化进程的直接后果并不是更为统一的法律,而是更为断裂的法律。

虽然在全球社会的层面上确实存在这种分裂的迹象,但是在区域层面上这种迹象却非常之少。在欧洲尤其如此,那里正在进行一个通过法律实现统一的运动。看上去这是支持了如下的观点:不同国家在解决办法上日益趋同和功能等效。当然,在全球层面和在欧洲层面的断裂差异是非常巨大的。然而,我想要将诚信条款——欧洲合同法统一运动的一个重要因素——作为我研究的实验案例,并且提出这样的观点:不仅仅是全球化的趋势,而且连各国法律秩序的欧洲化努力,也都出人意料地导致了新的趋异。

……

总结一下我们更为抽象的反思,关于制度迁移的尝试似乎会在新的语境中产生双重刺激。它们刺激法律与社会的约束性安排。外来规则不仅刺激与本土有关的法律话语本身,而且还刺激某些条件下与法律具有紧密耦合关系的社会话语。作为法律刺激,它们迫使本土法律的特定认知在区分网络中进行重构。作为社会刺激,它们激发法律与之密切联系的社会话语进行自身的重构。因此它们引发了两种不同系列的事件,这两种事件之间的互动导致了一种演进的动态过程,这个过程可以在相关话语的特征中达致新的平衡。这样一个复杂而喧扰过程的结果几乎不可能是相关法律秩序的趋同,而是在与操作上封闭的社会话语关联中制造新的分裂。

(节选自 Gunther Teubner,"Legal Irritants: Good Faith in British Law or How Unifying Law Ends Up in New Divergencies", *The Modern Law Review*, Vol.61, No.1(1998), pp. 11-32。译文见[德]贡特尔·托依布纳:《法律刺激:英国法中的诚信条款或统一之法如何止于新的趋异》,马剑银译,载《清华法治论衡》第 10 辑,清华大学出版社 2008 年,第 314—320、354 页。)

【问题思考】

1. 如何理解学者对法律移植问题的争论?
2. 法律本土化与外来移植的关系。

【延伸阅读】

1. [意]奈尔肯、[英]菲斯特:《法律移植与法律文化》,高鸿钧等译,北京:清华大学出版社,2006 年。

2. 高鸿钧:《法律移植:隐喻、范式与全球化时代的新趋向》,《中国社会科学》2007 年第 4 期,第 116—129 页。

3. 何勤华:《法律移植论》,北京:北京大学出版社,2008 年。

4. Daniel Moreanu, "Legal Transplants (I). Definition, Record and Debates in Relation to Their Existence", *Romanian Review of Private Law*, Vol. 2014 Issue 4(2014).

5. Jan M. Smits, "On Successful Legal Transplants in a Future Ius Commune Europaeum", in Andrew Harding and Esin Örücü, *Comparative Law in the 21st Century*, London: Kluwer Academic Publishers, 2002.

6. Alan Watson, "From Legal Transplants to Legal Formants", *The American Journal of Comparative Law*, Vol. 43, No. 3(1995), pp. 469-476.

7. Alan Watson, *Legal Transplants and European Private Law*, Maastricht: METRO, Institute for transnational legal research, 2000.

专题六　法系理论及其局限

【专题导论】

一、法系理论简述

法系(legal system，legal family，legal tradition 或 Rechtskreis)理论，是比较法学史上对世界各国法律体系进行的最为经典的类型学尝试。在这一学科诞生之初，比较法学家就试图将全世界各个国家、民族的法律制度，归纳为几个主要的家族或传统，如民法法系、普通法系和各种非西方法系。直到今天，法系仍然是法学学科的核心话语之一。至少在中国法学界，"英美法系和大陆法系存在许多根本差异"这一认识，仍然是法理学、比较法学和诸多部门法学在思考问题时的根本前提之一。

为什么比较法学执着于对各国法律体系的分类？最根本的原因，在于启蒙运动以来的欧洲学术对于高度理性化的类型学和体系论的迷恋。18世纪以来，经受过现代学术训练并相信人类理性能对经验事物获得全面、清晰认识的学者们，在创建各种宏大理论时，必然着迷于对一切研究对象予以分类，以及建构由各种类型构成的完整体系。在国内法研究方面，潘德克顿学派将全部民法规范分类为总论、债权、物权、亲属、继承几个部分，并认为由这几个部分结合而成的体系能够覆盖法律（至少是私法）的全部内容。在比较法研究中，学者们也具有强烈的冲动，将看似纷纭芜杂的世界各国法律制度，归纳成若干个在内部具有足够清晰之共性的集合或圈子，进而反过来运用这一类型学体系，来精确鉴定他们遇到的任何一个个案——一国法律制度——的法系归属。就算这种分类对各国法律的运行或改革没有什么实际用处，但这种对一切研究对象看似完整而又精确的把握，的的确确能带来强烈的理论快感。这是现代学者的天性。

法系理论的"实际"用处，与其说体现在指导各国法律改革方面，毋宁说是为比较法的教学提供了便利，并为学习者和初步研究者提供了思考线索。现实中的法律改革者不会因为本国法律被比较法学家认定属于某一法系，就只去参考和借鉴这一法系内其他国家的法律。"跨法系"交流的例子实际上数不胜数，在公法和程序法领域尤为如此。但对于比较法教学而言，法系理论这一清晰、简明的分类体系，的确能够在初学者脑海中迅速生成一幅世界法律全景图（尽管不甚准确）。传统的比较法教材，正是以各章分别介绍不同法系这一目录体系来编纂的。而且，如果没有法系理论，那么在容量有限的比较法教材和课堂中，是否要依次介绍全世界所有国家的法律（这显然不可能），以及在需要对介绍对象有所取舍时应执行何种取舍标准等问题，都会困扰教学人员。而通过法系理论确定各个法系中的"母国"，并重点讲授这些母国的法律制度，显然就很便捷地解决了以上问题。对于学生和刚进入比较法领域的研究者而言，法系理论也能为考察具体某个国家的法律提示进一步思考的若干方向。例如，如果比较法学告诉学生某国属于民法法系，那么学生可能会进一步想到：该国法学教育和研究侧重于体系性的教义学，该国很可能拥有一部民法典。如果比较法学告诉研究者某国属于普通法系，那么进一步的思考就可能是：在该国法律人中，法官的地位很可能高于学者，该国也很可能没有民法典。在对任何学科的初步学习和研究中，这类能提供基础性思考框架的"刻板印象"，显然并非全无是处。

不同的比较法学家提出了不同的法系分类方案。最为基础的分类，是民法法系/普通法系这个二分法，这也是百余年前出身于欧洲的第一代比较法学家最容易观察到的分类。在民法法系内部，欧陆学者有时也会区分法国法系和德国法系，或者说罗曼法系和德意志法系。如果将视野拓展到欧美之外，更全面的分类方案会补充以几个非西方世界的法系，如伊斯兰法系、远东法系（或中华法系）。在冷战时期，以意识形态为标准对各国法律进行分类成为时髦。各种分类方案，也经常互相影响。

二、法系理论的局限

法系理论的第一个局限,是分类方案中的逻辑缺陷,尤其是分类标准的不统一或"混搭"问题。除了少数分类方案坚持只使用种族、意识形态、法律技术等单一标准,其他法系理论经常混用各项标准,来进行从逻辑上而言是相对任意的分类活动。学者可能会从法律技术角度,首先识别出普通法系和民法法系的差别,然后又从意识形态角度,识别出社会主义法系,最后又以宗教为标准,识别出伊斯兰法系和印度教法系。例如,作为截至目前最为经典、也最凸显学者心血的法系分类方案,茨威格特和克茨的法系理论以"法律样式"这种笼统概念作为其分类基础,但实际上又公开承认其所谓样式包含了五个具体标准:(1)历史来源与发展;(2)占统治地位的法学思维方法;(3)某些具有独自特色的法律制度(如物权行为);(4)法源的种类及其解释;(5)思想意识因素。而且这五个标准的使用并没有严格的先后顺序。这就导致,以历史发展划分出的普通法系、罗曼法系、德意志法系和北欧法系,以法律思维为标准划分出的欧陆各法系和普通法系,以独特法律制度为标准划分出的普通法系和德意志法系,以法源为标准划分出的制定法与判例法,以及以思想意识为标准划分出的伊斯兰法系、印度教法系、社会主义法系和远东法系,在他们作品中出现在同一分类层级,并共同构成了世界法律的全景。[①]

法系理论的第二个局限,在于其主要视野局限在私法,从而对各国公法是否符合此种分类的问题反思较少。比较法学的诞生,便是由一群欧洲的私法学者促成的。相比公法而言,私法的发展和相互借鉴,由于更多受到法律职业群体的控制,所以具有更强的专业性、自治性和可预见性。属于同一法系的各国法律人,在教学和研究中更倾向于参考同法系国家的法学作品,在审判中也倾向于模仿同法系内其他国家法官的法律推理,在进行法律移植时也更有可能产生路径依赖,亦即本能性地借鉴同法系其他国家(尤其是该法系的发源国)的相应制度。而公法的发展则经常受到政治意志的影响,因而未必能呈现出明显和稳定的、以法律技术为标准的类型学规律。我们显然不能因为英国和美国同属普通法系,就断定它们拥有同种类型的宪法。我们也很难以法国、德国、日本、拉丁美洲各国同属大陆法系

[①] 参见[德]茨威格特、[德]克茨:《比较法总论》,潘汉典等译,北京:中国法制出版社,2016年,第130—142页;黄文艺:《重构还是终结——对法系理论的梳理与反思》,《政法论坛》2011年第3期,第41—42页。

为由,就认为它们的宪法制度也一定有着传承关系和类似性。与其使用比较法学提供的法系类型学,不如使用宪法学本身或政治科学所提供的宪法或政体的分类标准(如成文宪法/不成文宪法,总统制/议会制),来观察现实中各国的公法制度。

法系理论的第三个局限,在于其观察视野中的西方中心主义问题。在将近79亿人的世界总人口中,西方人口只占10多亿。但许多比较法学家却仅将目光停留在欧美世界之内,其法系类型学也多是以欧美内部法律分类为基础发展而来。在最极端的情形下,非西方各国法律会被简单地归入"其他"法系。即使法系理论愿意去观察非西方法律,但由于受困于"普通法/大陆法"这一思维定势,也由于对相关地区的法律文化缺乏深入了解,所以观察的结果往往只会是"某某非西方国家的法律受到普通法或大陆法的影响",而非立足非西方各国的文化内部,去思考这些国家法律的特征和类型。不过,值得庆幸的是,目前越来越多的比较法学家(尤其是来自非西方世界的比较法学家)正在努力打破这一思维定势,并尝试以更为全面和客观的认识论,去观察和描绘当代非西方各国法律的本土性、多元性和复杂性。

最后要强调的是,指出法系理论的种种局限,并不意味着对法律的分类就毫无意义。类型学和体系论,是现代科学的最伟大成就之一,具有现代语境下的充分正当性。将不同国家法律归入若干个集团和圈子,既有助于比较法的教学,又能为比较法研究提供最基础和最初步的切入点和线索。缺少概念和体系,学术探索会陷入盲目之中。但现实世界又绝非纯粹由概念构成。我们既要利用概念的光芒照亮经验现实,又需要时刻意识到经验案例始终存在特定光线所覆盖不到的阴影或模糊之处。比较法学家理应宽容乃至认真对待这种模糊地带,最终实现概念与现实的和解。

【名家专论】

一、茨威格特、克茨:法系学说史与法系的样式理论

(一)

在比较法理论中阐述的法系论(Lehre von den Rechtskreisen)要回答根本上的

几个问题。这就是：是否可能将世界上为数众多的法律秩序加以分类,归入少数的几个大集团［即"法的家族"("Rechtsfamilien")或"法圈"("Rechtskreise")］？这样一种分类应当依照什么标准？如果确信这样分类是可行的,我们应当依照什么标准决定某一个法律秩序是归入这一个集团而不是另一个集团？这种分类首先是为了进行在理论上的分类整理工作,以便把漫无头绪的大量的法律体系加以划分、归类,从而可以获得概观。但是,人们有时还可以使比较法研究方便些,这就是说,如果在这些大集团当中每个集团都有一个或者两个法律秩序可以作为该整个集团的代表,那么在一定的前提条件下,至少在现在比较法到达的发展阶段中,比较法学者可以集中力量对这些代表性的法律秩序进行调研和比较的考察。

人们屡屡试图进行此种分类。其中,阿尔曼戎、诺尔德和沃尔夫在此项探索中进行了深入详尽的讨论。他们反对在近期出现的各种建议中埃斯曼的建议,即主张世界法系分为罗马法系、日耳曼法系、盎格鲁撒克逊法系、斯拉夫法系和伊斯兰法系,其反对理由是划分标准不明确。但是这种反对论在我们看来是不中肯的。埃斯曼曾经写道："为此目的,必须将不同民族的法律(或者习惯［法］)进行分类,把它们分别归入为数较少的'家族'或'集团'里面,而每一'家族'或'集团'都代表一个独创性的法律体系；而且我们认为,认识这些法律体系中的每一个法系在历史上的形成、一般结构及其特征,乃是比较法学教育中首要的一般的本质组成部分"。说这话时,埃斯曼已经找到了对那个时代相当恰当的分类,并且已经勾画出他心目中的区分标准。莱维-于勒曼将法系分为大陆法系(Kontinentale Rechtskreis)、英语国家法系、伊斯兰法系,虽然他将分类标准很清楚地突出了,也就是说,一方面是大陆法律秩序中的"法源"("Rechtsquellen"),另一方面是来自普通法的各种法律体系的渊源,两者之间有着不同的重要意义,但莱维-于勒曼也受到(阿尔曼戎等的)批判。

1913 年,绍塞尔-霍尔建议将人种(Rasse)作为重要的分类标准。他认为,"只有从每一个人种内部才能够确认特定的法律演变"。因此他将世界上的法系划分为：印欧法系、闪米特(犹太)法系和蒙古法系,以及各未开化民族法系；并且在上述印欧法系之下细分为：印度、伊朗、凯尔特、希腊-罗马、日耳曼、盎格鲁撒克逊和立陶宛-斯拉夫等"子系"(untergruppe)。1934 年马尔蒂内斯·帕斯主张采取一种生物起源学的(genetischen)分类法；根据这种方法,探索一个法律秩序在其发展过程中,在何种程度上曾经受到民族法和习惯法(volksrechtlichgewohnheitsrechtliches)、罗马法、教会法、现代民主等因素的影响。在这个基础之上，这位作者划分了四个法律秩序集团，其中包括"罗马—教会—民主集团"。在这里令人吃惊的是，读者会发现拉丁美洲各国的法律同瑞士法和俄罗斯法合并在一起了。

阿尔曼戎、诺尔德、沃尔夫对此提出了自己的主张：对现代法律体系进行分类，同外部的地理因素、人种因素或者其他因素没有关系，应当根据它们各自的内容，考虑其独特性、派生性和类似的关系。他作出了令人注目的七个法系的分类，即法国法系、日耳曼法系、斯堪的纳维亚法系、英吉利法系、俄罗斯法系、伊斯兰法系和印度法系。

勒内·达维在大约同时期的著作《比较民法概论》中，也批评过去的学说缺乏有说服力的分类标准。他的意见是，只有两条标准能够经得住一切批评，即意识形态标准（这是宗教、哲学、政治、经济和社会结构的产物）和另一个法律技术标准。但是在这里，法律技术的不同的特征是第二位重要的，关键性的标准是"哲学基础、正义观"。因此，他区分为五个法系，即西方法、苏联法、伊斯兰法、印度法和中国法。后来达维改正他的观点，现在他区分为三个法系：罗马-日耳曼法系、普通法法系和社会主义法系；此外有伊斯兰法、犹太法、印度法和远东法——同样地还有非洲和马达加斯加法这个新形成的集团——在"其他体系"（"autres systémes"）这个大概念之下松散地归拢在一起。

……

（二）

阿尔曼戎、诺尔德和沃尔夫将世界上的法律制度分为七个法系的分法，在迄今发展的学说中是最有说服力的，尤其是他反对任何外在的标准说：为了对现代各种法律体系进行合理的分类，必须对它们自身进行研究。虽然据说——正如在比较语言学上一样——法律体系必须根据其类似性和相互关系归入一定的法律"家族"（法系）里面，但是"家族"是由哪些共同的质构成的，这一点却从来没有实际地弄清楚。某一个法系（例如英国的普通法）分类作为"母法秩序"（Mutterrechtsordnung）这一点常常是很清楚的，但是如果要回答某一个法律秩序是否是这个或另一个"母亲"之"子"，这却是一个棘手的问题，特别是当比较法看到此"子"换了"母亲"这种现象的时候，我们就需要更好的帮助。

每当人们致力于认识世界上的法系并且将各个法律秩序归入法系的时候，都应当顾及以下两种现象：

1. 比较法研究从开始到现在，都是集中（虽然还远远不够充分）在大陆法学称作私法的各个领域，这一方面是因为——大家都很清楚——唯独比较私法学者一向关注法系理论，而且这个理论在发展中几乎常常好像是一切法律都是由于私法而成立似的。只有阿尔曼戎、诺尔德和沃尔夫才强调指出，他们所作的法系分类是在私法方面进行的，因此只适用于私法。人们必须明了，实际上这种分类的正确性是非常相对的。比如，可以设想，某一法律秩序中的私法应当归入某一个法系，而它的宪法应当归入另一个法系。比方说，德国民法典确实应当列入德意志法系，但是如果可以将国家法方面的合宪性的司法审查（Verfassungsgerichtsbarkeit）的存在与否赋予"样式构成的"力量，那么就很可能将那些具有合宪性的司法审查的法律体系，在"比较国家法"方面组成一个法系，将美国、意大利、德国引进去，但是英国和法国不在其内。即使只是考察私法，也常常出现同样的现象。例如，阿拉伯各国的家庭法和继承法明确地具有伊斯兰法的特征，而印度家庭法则明确地具有印度教法（Hindu-Recht）的特征。反之，这些国家的财产法——契约法、商法和侵权行为法——则深受殖民国家和受托管理国的法律观念的影响，例如在印度受普通法的影响，在大多数阿拉伯国家则受法国法的影响。因此，"主题关系相对性的原理"亦适用于法系论。

2. 因为比较法研究超越实在法的素材，并且通过在评论性的比较中获得见识，它的认识通常在很大程度上独立于"立法者的大笔一挥"（"Federstrich des Gesetzgebers"）。但是将世界性法律秩序划分为法系到某种程度，并且将各个法律秩序归到某一法系，这件事特殊地受到时代的制约，受到立法或者其他事件轻易左右。试举一个例子，比如日本当代的发展使人们逐渐觉得有理由认为现代日本法不再属于远东法而归属于欧洲的法系。日本曾经仿效欧洲大陆的模型颁布施行许多法典，它们对日本的法律现实并没有产生值得重视的影响，这一点是确实的。但是今天看来，日本对成文法规在传统上的轻视以及对公开审判的各种形式解决纠纷做法的厌恶已经逐渐减弱了，因此日本法归入远东法就愈来愈可疑了。中国也出现类似的问题，当然在那里情况有所不同，即现在可以归入社会主义法系了。

……

这些例子清楚地说明，将世界法律划分为若干法系，并且将各个法律秩序归入此一法系或彼一法系，是不能独立于历史发展与变化之外的。因此，关于法系论是适用"时间相对性原理"的（Grundsatz der zeitlichen Relativität）。

……

（三）

为了分别法系并且为了把各国法律秩序归入这种法系，试图确定分类的标准，由于标准的一元性（Eindimensionalität），即是说，由于人们试图用单一的分类标准行事，因此从来都缺乏说服力。甚至最进步的阿尔曼戎、诺尔德和沃尔夫的学说，也没有能够答复我们的问题："研究各种法律秩序本身"应当根据什么标准。勒内·达维最初的学说主张各个法律秩序应当根据它的最广义的基本思想意识进行划分，由于上述一元性这种观点，因而也不能够博得我们赞同。我们不能够将像大陆法和普通法这样不同面目的形体，只是因为两者具有共同的正义观念——不同于社会主义体系的正义观念，就把两者塞到同一个筐子里面。

在我们看来，具有决定性的是：各个法律秩序和这些法律秩序所构成的整个群体（Gruppen）具有的样式（Stile）。比较法研究必须致力于掌握这些"法律样式"（"Rechtsstile"），并且根据那些决定样式的因素，即样式构成因素，进行法系的分类，并将各个法律秩序分派给这些法系。

样式这个概念首先只在语言领域或者造型美术方面作为区分标志，这种情况早已结束了。这个概念表示艺术表现的独自性和形式的统一性。但是许多其他学科也使用这个内容丰富的概念，对于各种各样的对象，将其特质汇总摘要放在一个整体里面或者同其他的整体区别开来。在法学方面，《教会法典》（*Codex iuris canonic*）就使用这个概念。该法典第20条规定，如缺乏相关的明文规定时，可以从类推，从基于教会法的衡平的考虑的一般法律原理，从经常居于统治地位的学说和罗马教廷的样式和实践之中获得应予适用的规范。同法学处于姊妹关系的社会科学——经济学在它的一个流派中就使用"经济样式"这个概念。阿瑟·斯皮托夫（Arthur Spiethoff）将经济样式界定为"将经济生活的独特形态具体化的各种标志的总汇"，他在探讨方法上的各种问题之后讨论"经济样式标志的确定"问题，对于我们确定法律样式的标志这个课题——由于这两个学科在性质上不同——当然是无关的。

因此，我们必须从我们作为比较法学者的自己的经验出发——虽然往往是片段的——提出问题：是哪些因素在它们共同发生作用中决定各个法律秩序构成的整个群体的样式。在这个时候，不能把各个法律秩序之间细微的差异当作样式的要素。恰好相反，只有"重要的"或者"本质的"差异或者独自性才是样式的标志。正如斯皮托夫所说的："证明什么是'重要的'或者'本质的'，绝不会是毫无异议的。必要的样式有多少数目，以及每个样式的确定，常常是取决于研究者的判断。但是在这里追求的目标是明确的，这就是：过去和现在的实际的不同，应当在经济生活的独特的形态中掌握"。来自别的法律体系的比较法学者感到惊异所表现的高度，这就是关于这个法律秩序的独自性"重大"程度的表征。因此，发现外国法律秩序的样式构成要素，比认识本国法律秩序的样式构成要素要来得容易些。由此说来，如果要适切地阐明这样的种种样式，只有通过长期的国际协作。

根据我们的判断，在法系论范围内的样式构成因素如下：(1) 一个法律秩序在历史上的来源与发展；(2) 在法律方面占统治地位的特别的法学思想方法；(3) 特别具有特征性的法律制度（"Rechtsinstitute"）；(4) 法源的种类及其解释；(5) 思想意识因素。

1. 回顾一个现代法律秩序的历史发展是这种样式形成的一个要素，这是自明之理。普通法也许是最清楚的例子。但是将那些溯源于罗马法和日耳曼法的欧洲大陆法律秩序加以分类的时候，这就存在问题了：是否应当将它们全部归入一个法系（除了无可争辩地具有独自性的斯堪的纳维亚法律外）？抑或应当组成一个日耳曼法系（包括德、奥、瑞士和其他一些子法）以及一个罗曼法系（包括法、西、葡和南美各国）？阿尔曼戎、诺尔德和沃尔夫正确地选择了第二种划分。某些国家的法律在发展开端之际有其共同的历史渊源，但受到其后出现的种种事件的重大影响，可能丧失对各种法律秩序的样式的意义。这里要考察的各个法律秩序之间的关系有两个属于这种后来出现的重大事件：一件是法国民法典在世界上引起的继受（法国民法典的）运动。而德、奥、瑞士没有参加；另一件是19世纪德语国家，在学说汇纂学派学者影响下使用极端清晰明确的法律概念，出现了高度形式的法律技术。而这种法律技术，在具有自己的主要是政治、法庭的司法文化的法国，没有获得广泛的赞同。而且在那里更没有——如同在德国那样——作为全面编纂法典的基础。如果把属于罗马法体系的各国法，即德国、奥地利和瑞士各国的法律，甚至将北欧法律归入一个统一体——罗马日耳曼法系，这就存在着一种危险：一方面人们的观察将局限于这些法律——比如说同普通法对比之下——彼此确实相联的、比较抽象的共同性。另一方面，如果采取这种分类，就很容易忽视在欧洲各种法律秩序的协奏曲中上述三个法系各自使用不易混淆的音色和独自的声音要求发言。诚然，罗曼法系、德意志法系和斯堪的纳维亚法系彼此之间的关系比它们同普通法的关系较为密切。但是由于它们最近的发展情况和在样式上出现的差异性的共同作用（关于此点，详后），如果要避免粗枝大叶的话，就要求我们把它们分为不同的法系。普通法在历史上的独自性，如同伊斯兰法、印度教法的独自性一样，是很清楚的；同时不仅俄国法，在另一方面基于最近的大量事件，还有非共产主义的远东法——尽管从西方世界有所接受——由于它们各自特有的思想方法，所有这一切法律都应当分别地进行分类。

2. 一种特有的法律思想方法可能是法系样式标志。例如，不仅德意志法系，还有罗曼法系的特征都是倾向于法律规范的抽象化，即倾向于将全部法律领域作为充分组织条理化的体系看待，并且最后完全按照这种法律结构的思想方法行事。如果将盎格鲁撒克逊法系中完全不同的看法同上述情况进行比较考察时，这些样式要素合而为一就构成了它的独自性。

英国普通法一直是按照从判例到判例逐步成长的传统发展的。从历史来源说，它不是制定法，而是判例法。与此相反，大陆的道路是：自从继受罗马法以来，从查士丁尼的罗马法大全的解释中，在各国法典上向着抽象的规范化迈进。因此普通法的学问，在其起源上是属于法庭的（forensisch），而大陆的学问则是属于学究的。在英国伟大的法律家是法官们，而在大陆则是教授们。大陆上的法律解释要探究的是，规范——还有对于没有预见的现代问题——大概是怎样规定的；而在英国和美国，法学上发表的见解是一种预言：法官在这种案件中根据先例大概会怎样处理。这种样式上的差异影响及于全部法律生活，这是很清楚的。在大陆上，就制度进行抽象思维；而在英美则进行具体的个案思维（Konkretes Fall-Denken），即就"权利与义务"关系的一种思维。前者，长期以来存在着体系完整无缺性的观念；而后者，则是从判决到判决进行摸索。前者有一种对科学体系的偏爱；而后者则对于一切简单的概括抱有深刻的怀疑。前者用概念进行推理活动，常常带着危险踽踽独行；而后者则进行形象化的直观，如此，等等。

这些样式要素是同人的形象一致的。大陆人的形象,由于历史的,首先是精神史的原因,同英国有别。大陆人——只要允许进行此种概括——都喜爱做计划,进行事前的规划,从而在法律方面拟定抽象性的规范或者体系。他使先验的观念走向生活并且拥有广泛的演绎才能。而英国人却是"即席创作"的。他只是在生活要求自己作出一项直接的判断时,才开始判断。用梅特兰(Maitland)的话说,英国人是经验主义者,只有被体验过的经验才算数。因此理论上的先验论,从而还有抽象的规范,对他没有什么力量。也许是来自海员生活,英国人确信生活的航程毕竟完全不同于计划的预见。这种确信使得他认为:同制定法对立的案例法对英国人是适宜的类型。但是人们在最近期间可以觉察到,普通法与大陆法之间在这里正在接近。在大陆上,制定法的优先地位和把判决看作技术性的自动制作的谬见正在衰退,人们确信制定法不过是一种可以广泛解释的概括性的基本观点表现,并且确信法院实务以持续的判例形态成为一种独立的法源。另一方面,在英美法方面,由于当前出现大规模的问题不可避免地产生的计划化,趋向抽象的规范——当然它的解释方法由于存在着上述的样式差异的重大残余而有所不同。

反形式主义倾向,即反对法律生活上毫无意义的形式化,这也是大陆法的样式构成要素。在现代私法上这种样式构成要素现实的表现是:任何一种表示出来的意思一致,一律发生契约上的约束力,换一句话说,即"合意主义"("Konsensualismus")。

当然,我们在这里必须把"合意主义"看作一切成熟的法律文化的特性。它的对立面和历史上的初级类型是形式化,即将可行的行为限定在比较少数的固定类型之内并且以刻板的方式加以圈定。作为这种形式化的结果,在法律文化生命的成熟阶段,出现了"仿造的法律行为"("nachgeformten Rechtsgeschäfts")这种形态,这是当事人意图构成法律行为而法律没有预先规定的法律行为,于是被塞进容许的类型之中,或者利害关系的当事人为了回避不实用的形式,合谋地提起虚假诉讼。在最后的发展阶段,出现了对"形式的悲剧"进行的斗争,而发起这场斗争的当事人只是因为他们没有履行——或者出于无知——一项形式规定,因而未能取得他们同意取得的结果。

我们在所有原始的法律中,还在高度发达的英美法的"防止诈欺法"中都发现这种形式化。与此相反,我们在欧洲大陆发现反形式主义倾向。在法国是比较微弱的,因为当时处在编纂法典时期,这方面不是典型的。而在德国、瑞士和斯堪的纳维亚,这种反形式主义倾向就最出众了。法律文化成熟阶段具有批判性的思考揭露了这种"仿造的法律行为"和"虚假诉讼"逃避法律。它克服了对法律形式的信仰,以自由精神进行反击,打开了通向类型与形式的自由之门。

另一个样式构成要素是属于法律的思想方法,而且属于若干法系,亦即所有西方世界法律文化的标志,这就是鲁道夫·冯·耶林所说的"为权利斗争"。其原理就是"法的目的是和平,而达到其目的的手段是斗争"。换言之,耶林的论点是:为自己的权利而斗争,乃是权利人对自己本身和对法律理念的一项义务。耶林认为,个人对待法律的这样一种态度,作为我们西方的诉讼程序法的样式的根基,具有普遍适用性,而且今天许多人都感到这是法律的概念之内不言而喻的事情。但是当我们把远东法律观念作为考察对象时,至少直到最近的数十年间,比较法的考察告诉我们,那里的情况并非如此。

在远东,法不过是为了确保社会秩序采取的第二位的、从属的手段,而且人们只是在万不得已的情况下才使用它。在那里,人们觉得社会构成的和谐只是我们在自然和宇宙中看到其范式的普遍和谐的一部分。法,带着枯涩的逻辑推理和外部强制的一切属性,是一种很幼稚的维持秩序的方法,适合于野蛮民族而不是文明民族。自愿服从的,在家庭、部族、村落发展起来的社会共同体中行之有效的行为规范,在其渊源上不是来自法律,而是由传统和谐地形成的不成文的行为规范的总体。但是这些规范的目的不是使每一个人获得他应当获得的东西,而是使社会构成处于和谐状态之中。结果,解决纠纷不是在战场上留下胜者和败者,而是每一个追求自己的权利的人必须注意,让对方能够"保存自己的面子"。因此,在远东,权利的实现,最好的办法不是由法官作为一胜一负的判决,而是和平的调解,心平气和的调停。这里包含着大量的东方的聪明智慧,在我们西方也可以看到它的细微的形迹。例如,我们常说的,一场吃亏的和解总比一场臆想有把握的诉讼好,而且一位优秀的法律顾问可以为自己从来没有提起诉讼而自豪。西方尽管有这样的形迹,但存在着法律样式上的决定性的差异:为权利而斗争和追求一项一清二楚的判决,属于西方人的基本的激情之一,并且西方人觉得和解在这里只是比较遥远的一种可能性罢了。而在东方,情况与此相反,保存面子的和解是最直接的目的,至于严峻的判决只是万不得已的应急之计。

在这个领域里,比较法特别需要法律社会学的援助,这是显而易见的。试举远东法为例，比如说在日本，其制定法和法典编纂，从完备性和技术熟练而言，同欧洲立法者同类的作品常常是并肩比翼的，但也可能这只是相当表面的现象，因为它们没有如同人们当初预想的，对推动法律现实的力量发挥多少作用。然而比较法学者在研究其他的法律程序时一定会提出类似的问题。例如，我们根据从拉美传到我们这里的信息，完全有理由认为，在那里成文法在法律现实中只有一种比较不太重要的意义，并且采取在中立的国家法官面前的司法程序作为解决社会纠纷的一种工具，并不像在欧洲或者北美那样显得重要。诚然，这里仍然有许多工作要做：比较法的、社会学的研究现在还是在开始发展。

3. 一定的法律制度（Bestimme Rechtsinstitute）由于有其突出的独自性，于是被认定具有构成某一法律样式要素的力量。在普通法系可以举出这样一些制度，如代理（ageney）、约因（consideration），禁止翻供（estoppel），原则上否定履行请求之诉，信托（trust），侵权行为法（law of tort）的惊人的决疑论（die stupende Kasuistik），物权法的许多特殊性以及不同程度的财产权，关于"实产"（"real property"）和"属人财产"（"personal property"）的划分，还有法人的相对性，遗产"归属于"遗嘱执行人，以及证据法上多种多样的特点。在罗曼法系，属于这种制度的有："原因"（Cause），权利滥用（abus de droit），直接诉权（action directe），债权人代位诉讼（action oblique），翻转对物诉讼（action de in rem verso），广泛的无过失侵权行为责任和在大陆法上是共同的、但在普通法原则上是陌生的"无因事务管理"（negotiorum gestio）。在德国法系，也许可以举出：给"法官法"（Richterrecht）打开缺口的"一般条款"法律行为的概念，"无因的物权契约"学说（abstrakten dinglichen Vertrag），基于缔结契约时的过失的责任（die Haftung aus culpa in contrahendo），行为基础丧失的理论，不当得利制度牢固的地位和土地登记簿。在社会主义法律体系，成为样式构成标志的制度有：各种类的所有权，在计划经济中契约的特性，婚生子女及非婚生子女的平等待遇，以及其他许多制度。

4. 法源的种类及其解释方法，连同法院组织和司法程序的独自性，确实是样式构成标志之一。自从莱维-于勒曼以来，它们已经成为许多著述、比较法概论和论文的宠儿，特别是反复探索制定法和判例法的对立以及判例学说的精巧处和制定法解释的陈旧处（Zöpfen）。虽然没有一个人会否认在这里存在着差异，但是这些差异大部分被估计过高了。就一般的比较法研究而言，或者就特别的法系论而言,法源论毕竟只有相对小的意义。我们已经提到的使法系形成样式的那些法律制度有着远为重要的意义,必须更加显著地予以重视。

5. 最后,在政治和经济学说方面或者宗教信仰方面的思想意识,也可能是法律秩序样式构成的要素。一方面,宗教法以及社会主义法律体系都证明了这一点。另一方面,尽管盎格鲁撒克逊的、日耳曼的、罗曼的法系和北欧法系的法律思想意识在性质上是同一的,但是由于构成它的样式的其他要素而必须把它们分开来。共产主义的法律理论是哥白尼式的另一种类,因此必须把苏联、中国、蒙古、越南、朝鲜和欧洲的社会主义国家归入一个特别的法系。

(四)

这些样式构成的各个要素,决定了各个法系本身,并且按照各个法律秩序具有的区别力的相对重要性,将它们分别归入某一法系。如同上面已经指出的,就划分宗教法和社会主义法律秩序两者的界限而言,思想意识是很好的区别力量,但是就区分西方各个法系而言,它就不行:在这里导致形成这些法系的,更确切地说是历史、思想方法和特定的制度。与此相反,法源的种类和性质使伊斯兰法和印度教法各具特色,并且对区分盎格鲁撒克逊法系和欧洲大陆各个法系有着相当的重要性。反之,此项特征对于区分日耳曼法系、北欧法系和罗马法系并无意义。

"混血"法律体系("hybride" Rechtssysteme),例如:希腊,美国路易斯安那州,加拿大魁北克省,苏格兰,南非共和国,以色列,菲律宾、波多黎各、中国和其他一些法律体系,将这样的一些法律体系指定属于某个法系是困难的,在这上面必须调查它们此时此地更多接近于哪一种样式。在此情况下,当然应避免勉强从事。尤其是人们往往发现,在某一个法律秩序中,许多事项带着来自此一"母法"或者来自另一"母法"的特征。在此种情形下就不可能指定该法律秩序整个归入单一的一个法系,这时或者可能只是将该法律秩序中的某一领域的法律,比如只就家庭法、继承法或者只就商法加以归类。有时可能出现另一种情况:某一法律秩序处在日益接近某一法系的发展过程中。在这种情况下,这个法律秩序到了什么时刻不再属于此一法系而属于另一法系,这是毫无把握的,而且通常是不可能相当精确地认定的。总而言之,正如"混血"法律秩序的例子所表明的,关于法系的任何一种归类都不过是开始摸索的辅助手段,尤其是对初学者提供有益的帮助,将当初令人眼花缭乱、错杂纷繁的世界上的诸种法律秩序纳入一种疏松的秩序之中。但是熟练的比较法学者由于训练和经验对于某一个国家的法律体系的特殊样式已经有了一种敏感,他可能不再需要使用这种辅助手段,或者在人们企图将现存各个法律秩序这样复杂的社会现象迫不得已地归入一个公式化的外表的秩序的时候,他常常带着适当的保留条件使用这个辅助手段。

……

此项研究的目的,不是要提出新的法系分类,在我们看来问题毋宁是:使用样式的概念及其法学的解释,比以前更清晰准确地阐明进行划分法系和各个法律秩序分配的标准。我们考虑的结果只是将阿尔曼戎、诺尔德和沃尔夫的法系论作细微改动。我们对于我们的世界大法律体系导论打算以下述分类为基础,它们是:(1)罗曼法系,(2)德意志法系,(3)北欧法系,(4)普通法法系,(5)社会主义法系,(6)远东法系,(7)伊斯兰法系,(8)印度教法法系(Rechtskreis des Hindu-Rechts)。

(节选自[德]茨威格特、[德]克茨:《比较法总论》,潘汉典等译,北京:中国法制出版社,2016年,第121—144页。)

二、黄文艺:法系理论的局限

(一)法系分类理论的缺陷

如果说上一部分①只是分析了各种法系分类理论所各自具有的缺陷,那么这一部分将分析各种法系分类理论所普遍具有的某些缺陷。近些年来,比较法学界正在发生一个重要的理论转向,那就是从过去不断地提出新的法系分类转向对法系分类问题的深层次的反思和批判。许多比较法学者,包括西方和非西方的学者,对以往的法系分类提出过强烈的批评。这些批评揭示了传统的法系分类在理论和方法论上的问题,促使人们深入思考法系分类的缺陷和困难。在我看来,法系分类主要存在着三个方面的理论和方法论缺陷。

1. 难以跳出西方中心主义的思维定势

大多数法系分类具有鲜明的西方中心主义的色彩。最典型的是在20世纪下半叶比较有影响的两种法系分类,即达维德提出的四大法系的分类和茨威格

---

① 指该论文上半部分对法系理论的梳理。——编者注

特、克兹提出的六大法系的分类。按照这两种分类,分布在欧美的几个法系(如民法法系、普通法系)被认为是当代世界的主要法系,而欧美以外地区的法系则被简单地归入"其他法系"(剩余法系)这一大口袋中。大多数比较法著作或教科书,一般主要介绍和研究欧美的几大法系,而对其他法系只是轻描淡写地一笔带过。这样描绘出来的法律地图并不是一幅真正的世界法律地图,而主要是一幅西方的法律地图。

后来的一些法系分类理论试图避免这种简单的处理方法,但仍然难以跳出西方中心主义的思维定势。如前所述,马太在20世纪90年代提出的职业法、政治法、传统法的分类仍然存在西方中心主义的印迹。另一个例子是由加拿大渥太华大学法律系的全球法律体系研究团队在1999年第一次提出、2008年修订后的法系分类。他们把世界上的法律体系分为民法法系、普通法系、穆斯林法系、习惯法系、混合法系五大法系,并以此为标准绘制出了一幅真正的世界法律地图。在这幅世界法律地图上,每一个政治实体属于哪个法系都有明确的定位,而且对于属于混合法系的政治实体,进一步明确说明了混合法的具体构成。例如,按照他们的分类,中国(不包括香港和澳门)属于由民法法系和习惯法系混合而成的法系。这幅世界法律地图也还是以西方两大法系为中心的法律地图,因为按照这幅法律地图,世界上95%的政治实体要么属于民法法系或普通法系,要么属于这两大法系和其他法系构成的混合法系。这是另一种意义上的西方中心主义。在我看来,如此形形色色的西方中心主义的法系分类的产生,部分是因为西方比较法学者对非西方法知之甚少,部分是因为西方比较法学者身上或多或少的西方法优越论情绪在作祟。

2. 法系分类明显违反概念划分的逻辑规则

从形式逻辑的角度说,法系分类属于概念的划分问题。在逻辑学上,概念的划分应遵守几条公认的逻辑规则:(1)划分后的子项外延之和与母项外延相等。既不能多也不能少,多则犯"多出子项"的逻辑错误,少则犯"遗漏子项"的逻辑错误。(2)每次划分应当按照同一标准进行。违反这条规则就会犯"标准不一"的逻辑错误。(3)划分所得各子项的外延应当互不相容。违反这条规则就会犯"子项相容"的逻辑错误。比较法学者所提出的各种法系分类都不同程度地违犯了概念划分的这几条逻辑规则。首先,除了加拿大渥太华大学全球法律体系研究团队提出的法系分类外,绝大多数法系分类都存在着"遗漏子项"的逻辑问题。

也就是说,比较法学者的分类并非是对世界上所有法律体系的完整划分,而仅仅是对一些重要的或他们所熟悉的法律体系的划分,遗漏或忽略了某些法律体系。譬如,在达维德、茨威格特等人描绘的世界法系地图上,东南亚、南太平洋等地区不少国家的法律体系找不到明确的法系归属。如果我们把法系分类的范围从当代世界各国的法律体系扩展到古往今来的各种法律体系,"遗漏子项"的问题就更为突出。包括加拿大渥太华大学全球法律体系研究团队提出的法系分类在内,绝大部分法系分类都主要是对20世纪以来的世界各国法律体系的划分,历史上曾经辉煌一时但已经消亡的法律体系不在考虑之列。相反,威格摩尔在20世纪初所作出的法系分类则主要是对20世纪以前的世界主要法律体系的划分,而未能反映近百年来世界法律体系的变化。因此,从逻辑上说,一个完整的法系分类应当是对古往今来的各种法律体系的精确划分。迄今为止,还没有人完成这项艰巨的理论工程。

其次,大多数法系分类存在"标准不一"的逻辑问题。比较法学者通常是一次性地划分出若干法系,因而按照概念划分的第2条规则,这种划分应当使用同一标准。但是,比较法学者在划分法系时往往使用了多重标准,而且是对不同的法系使用不同标准。例如,茨威格特、克兹的八大法系分类同时使用了五项划分标准。以法律体系在历史上的来源与发展为标准,划分出了普通法系、罗曼法系、德意志法系、北欧法系等法系;以法律思想方法为标准,划分出了欧洲大陆各法系、普通法系、远东法系;以有特色的法律制度为标准,划分出普通法系与德意志法系;以法源的种类及解释方法为标准,划分出了制定法与判例法;以法律思想意识为标准,划分出了伊斯兰法、印度教法系、社会主义法系。这种标准不一的法系分类使人感觉到,比较法学者的法系分类跟他们提出的分类标准之间其实没有太多的联系。比较法学者所提出的分类标准与其说是分类的根据,不如说是事后用来说明不同法系差异性的因素。换句话说,比较法学者往往是先形成了法系分类的设想,然后再找出一些标准来证明法系分类的合理性。

第三,一些法系分类还存在"子项相容"的逻辑问题。按照概念划分的第三条规则,属于同一层级的各个法系在外延上不能出现交叉或重叠的现象。换言之,同一个或几个法律体系不能同时既属这个法系,又属于那个法系。否则,就出现"子项相容"的逻辑问题。在茨威格特、克兹的法系分类中,中华人民共和国法律体系既属于社会主义法系,又属于混血法律体系。这就出现了社会主义法系和混血法律体系这两个法系子项相容的逻辑问题。前面提到的马太关于同一个法律体系在不同的法律领域属于不同的法系的观点，也容易发生"子项相容"的问题。通过与生物学家的生物分类进行对比，我们更能发现比较法学者在法系分类上的简单、粗糙与任意之处。首先，生物学家对生物的分类是一种按照界、门、纲、目、科、属、种等由高到低的多种层次而进行的系统分类。每一种生物都能在这个分类系统中找到其相应的位置。而比较法学家由于缺乏对人类古今所有法律体系的全面的、细致的了解，对法律体系的分类仅仅是一种宏观上的一两个层次的分类。不仅很多影响较小的法律体系被排除在分类系统之外，而且每一法系中的各种具体的法律体系也没有在分类系统中反映出来。其次，生物学领域建立了各种专门探讨分类原理、标准和方法的分类学，如植物分类学就有细胞分类学、植物化学分类学、数量分类学等，这使得生物的分类有坚实的科学依据和基础。而比较法学家们没有对其所选择的划分标准、方法提供科学的论证，因而其划分具有相当大的随意性、武断性。再次，生物学的分类是以生物的进化链条为线索所作的分类，生物分类系统同时也是生物的谱系结构图。因此，生物分类系统不仅能够反映地球生物的总体数量及其空间分布，而且也能反映地球生物的历史演变过程以及不同生物之间的历史联系。而比较法的分类只能揭示人类历史上存在的各种主要的法律体系，而不能展示各种法律体系之间的历史联系与谱系结构。尽管像达维德所说的那样，法系概念没有与之相对应的生物学上的实在性，因而我们不可能照搬生物学的分类标准、方法，但是生物学确实能给法律体系的分类提供很多有益的启示和思路。

3. 这些分类容易掩盖和遮蔽不同法律体系之间真实的异同

一些比较法学家对现有的法系分类的解释力提出了质疑。伦敦大学法律系教授哈丁认为："法系除了告诉我们各种法律体系的基本风格和方法外，并不能告诉我们任何其他东西。"更为糟糕的是，法系分类可能诱导我们错误地理解当代世界法律图景中不同法律体系之间的关系。一些学者对英美法系这一提法提出质疑。德国学者格罗斯菲尔德就曾经批评，英美法实际上是一个具有误导性的概念。从很多方面来看，英国法与美国法的差异并不亚于英国法与欧洲大陆法的差异。例如，在政治法律体制上，英国实行的是议会至上的体制，而美国实行的是典型的三权分立体制。在宪法的表现形式上，英国的宪法是不成文宪法，而美国却像欧洲大陆一样制定了宪法法典。两国表面上相同的白纸黑字规则可能包含着深刻的差异。官方的责任标准是一样的，但法律实践却大相径庭：英国是职业法官的保守主义，而美国是陪审团的自由裁决；英国是专家由法院指定，而美国是专家通常由诉讼当事人选定，充当当事人的"誓言帮助者"。按照美国学者弗莱明的说法，这两个国家令人不解地被一种共同的法律语言分开了。波斯纳甚至认为，英国法在诸多方面与大陆法，而不是与美国法存在家族相似。

（二）法系分类的内在困难

法系分类的上述缺陷，一方面归因于比较法学者在法律体系分类的方法论运用上的粗糙和简单化，另一方面也归因于法律体系分类所不可避免地面临的许多困难。这些困难既来自于分类活动本身所固有的困难，也来自于当今世界法律发展的新趋势和新潮流。

任何分类活动都包含着一个很难克服的内在矛盾，即分类对象的连续性和分类的反连续性。无论是自然界，还是人类社会，事物与事物之间是彼此联系和连接的，事物的发展变化过程也是前后相继和连续的。而人类的分类却恰恰要打破事物的连续状态，在事物之间设置分类的栅栏，把事物分隔开来归为不同的种类。按照郑成良的说法，其实大自然本身并无严格的分类，所有的分类都是人类理性的产物，用分析哲学的话说就是大自然本身没有栅栏，它并没有把一切东西都分类好了，所有的分类都是人类理性的武断，任何分类都意味着对自然界本身结构的一种伤害，即使分类得再合理。我们的确能在事物之间发现差异、乃至明显的差异——这是分类的客观基础，可以根据这种差异性把事物分为两类。但是，在差异的两端之间存在着许多将它们连接起来的中介事物。我们很难根据这种差异性，把这些中介事物归入其中的一类。逻辑学上探讨的秃头悖论很典型地说明了分类与事物的连续性之间的矛盾。根据头发的多少，我们可以把人分为秃头者和不秃头者。头上一根头发不长的人毫无疑问是秃头者，头上长1根头发的人也是秃头者，头上长2根头发的人仍是秃头者，头上长3根头发的人仍是秃头者……也就是说，头上多长1根头发并不使秃头者变成了不秃头者。但依此逻辑推理下去，一个头上长满了10万根头发的人也还是秃头者。对法律体系的分类必然面临着一般意义上的分类的矛盾和困难。对此，美国比较法学者埃尔曼有明确的论述："对法律制度的分类受到了这样一个事实的阻碍——即法律如同自然一样,很难进行绝对的和彼此互斥的分类。"

　　法系分类的困难也源于世界法律总体格局的急剧变革和更新。近30年来,特别是20世纪90年代以来,世界法律总体格局发生了显著的变动,对传统的法系分类提出了严重的挑战。马太指出,在很大程度上以欧美为中心的现行法系分类必须修正,因为当今世界的法律地图明显不同于达维德所描绘的那样。他把当今世界法律地图的变化归结为以下几个方面:首先,中欧、东欧国家的共产主义意识形态的崩溃,使"社会主义法系"的提法成为问题。其次,社会主义的政治制度在中国取得成功,中国法在比较法学研究中的重要地位得以增强。第三,日本法在过去的30年里进步显著,日本法的重要性增强。第四,伊斯兰世界日益意识到其文化和法律的独特性。第五,整个非洲大陆获得独立。马太的分析是很有道理的。传统的法系分类确实与当今世界法律地图的变动格局相去甚远。

　　法系分类的困难还源于当今世界的法律全球化发展潮流。法律全球化的一个重要特征是世界各国法律文明的全球性互动。各个国家都处于全球性互动的大熔炉之中,不断地从其他国家那里吸收对本国有用的法律文明和智慧,同时也不断地向其他国家输出具有普遍意义的法律文明和智慧。法律文明的全球性互动对法系的分类至少造成了两方面的具体困难:一方面,它导致不同法系之间原有的鲜明差异日渐模糊乃至消失,另一方面,它又导致各个国家的法律文化更加多元化、异质化。就前一方面而言,原来为某一法系所特有的法律观念、制度,经由法律文明的全球性交流,而逐渐被其他法系所效仿和吸收。正是通过这种互通有无、取长补短的交流与移植,各个法系逐渐失去了原有的鲜明特色,而变得彼此日益接近或相似。以传统的普通法系和民法法系为例,二者原来的一个显著区别就是诉讼模式的不同,即普通法系实行对抗制,民法法系实行审问制。但是,二战以后,双方的国家在诉讼制度的改革中彼此吸取对方的优长弥补自己的缺失,有逐渐走向融合的趋势。这样,随着不同法系在越来越多的方面失去差异,趋于融合或相似,一些传统的分类标准已经失去分类的价值,可供比较法学家使用的分类标准越来越少。

　　就后一方面而言,随着各国不断摄取、移植其他国家的法律思想、制度,各国内部外来的、异质的法律因素日渐增多,法律文明的多元化、异质化趋向日益加剧。以中国为例,自清末以来,中国先后大规模地移植了欧洲的法律制度、吸收了苏联的社会主义法律文化,到今天形成了多元法律文化并存的局面。各国法律的多元化、异质化无疑对法律体系的分类构成了严重的挑战。这是因为,无论是根据单一的标准,还是根据复合的标准,都难以令人满意地将法律文化多元化、异质化的国家归入到某一法系。譬如,当代中国法应当归入到哪一个法系呢?无论是归入到传统意义上的中华法系,还是归入到民法法系,抑或传统意义上的社会主义法系,都只顾中国当代法的一方面而不及其余,因而是不能让人完全信服的。

……

(三)结语

上述种种分析表明,用传统的法系范畴对当今世界各国的法律体系进行整体性的、切割性的分类已经失去了方法论基础和认识论价值。从方法论来看,法律文明的全球性交流与融合已经导致不同国家的法律文明相互渗透,无法从整体上和类型上加以截然的区分。从认识论来看,各种宏大叙事式的法系分类不可能对我们认识不同国家在法律上的各种具体的差异性和相似性提供有价值的理论认识。因此,法学家应当放弃那种试图划分法系的理论雄心,放弃那种试图提供一幅固定不变的世界法律地图的宏大努力。我们这个时代或许就是法系终结的时代!

不过,必须明确指出的是,法系分类的终结并不意味着法律分类的终结。从某些方面对不同国家的各种法律制度进行分类,不仅是可能的,而且是必要的。例如,比较宪法学家从宪法的各种特征出发对世界各国的宪法作出了诸多分类,如成文宪法与不成文宪法、刚性宪法与柔性宪法、原始宪法与派生宪法、规范宪法、名义宪法与标语宪法、单一宪法与联邦宪法、分权宪法与集权宪法等。这些具体的分类有助于我们把握世界各国宪法的差异性和相似性。

(节选自黄文艺:《重构还是终结——对法系理论的梳理与反思》,《政法论坛》2011年第3期。)

【问题思考】

1. 主流法系理论的西方中心主义倾向体现在哪些方面?

2. 法律全球化对法系理论构成何种挑战？
3. 法系理论能否解释当代中国法的类型和定位？

【延伸阅读】

1. ［美］R. M. 昂格尔：《现代社会中的法律》，吴玉章、周汉华译，南京：译林出版社，2001年。

2. ［日］大木雅夫：《比较法》，范愉译，北京：法律出版社，2006年，第102—147页。

3. ［法］勒内·达维德：《当代主要法律体系》，漆竹生译，上海：上海译文出版社，1984年。

4. ［德］马蒂亚斯·赖曼、［德］莱茵哈德·齐默尔曼：《牛津比较法手册》，高鸿钧等译，北京：北京大学出版社，2019年，第423—441页。

5. Ugo Mattei, "Three Patterns of Law: Taxonomy and Change in the World's Legal Systems", *The American Journal of Comparative Law*, Vol. 45, Issue 1 (1997), pp. 5-44.

专题七 混合法系及其未来

【专题导论】

一、混合法系及其理论

混合法系是指属于其中的各国法律均混合了多个法系成分的法系。在比较法学中,"混合法系"的英语表达一般是 mixed legal family,而该法系成员国各自法律体系的英语表达则是 mixed legal systems 或 mixed legal jurisdictions(后者可译为混合法域,有时也含有"混合法律体系运行于其中的地域"之意)。混合法系的观念由来已久,早期比较法学家就已经观察到欧美某些地区的法律兼有大陆法和普通法两种成分的情形。但混合法系和混合法域观念的兴盛,则是晚至 20 世纪末的事情。

混合法系理论得以产生的直接原因之一,正是观察者发现,在英语国家统治或殖民过的某些地区,由于这些地区早先曾受欧陆法影响,或曾被欧陆国家(尤其是西班牙、荷兰和法国)殖民,所以即使盎格鲁撒克逊殖民者努力将这些法域整合进普通法系,某些根深蒂固的大陆法成分(如某些实体法规则、欧陆风格的法律推理,以及罗马法)仍得以存在。由于这些法律体系中既存在明显的普通法特征,又拥有由历史原因造成的大陆法特色,而且暂时看来这两个因素中的任何一方都无法取代另一方,所以比较法学家在界定这些法域时,不得不放弃"普通法/大陆法"这一非黑即白的二分法,并冠之以"混合"的名义。在现有的混合法系研究中,最为主流、且成果最为丰富的,就是对这种狭义的混合法系的研究。

促使混合法系理论形成和完善的第二个原因,是第二次世界大战后亚非拉地区如火如荼的去殖民化运动,以及与此相伴随的法律改革与法律学术活动。伴随着非西方世界众多新民族国家的诞生,它们的政治法律制度及其现代化问题,也迅速进入全球学术的视野。比较法学也开始严肃关注这些法律体系。在使用法系理论去观察这些法域时,学者们很快发现,许多这类国家的法律不符合对任何单个法系的界定。即使是考虑到非西方因素的"远东法系""伊斯兰法系"等概念设计,在被运用到相关国家和地区时依旧显得简单粗暴。实际上,这些地区的法律在历史上受到过诸种性质迥异的法律制度与法律文化的影响。以东南亚国家为例,这里的法律就呈现为多种法律交叠的层垒构造:本土习惯法、佛教法、中国习惯法、伊斯兰教法、罗马-欧陆法和英美法均可能影响过这些地方,而且它们共存于当代东南亚的法律多元图景之中。为着因应这些"新"的经验事实(实际上它们只是在欧美学术视野中才意味着"新"),混合法系或混合法域的概念外延不得不被扩大,以便将这些并不纯然是由普通法和大陆法混合而成的法律体系纳入其中。

混合法系理论得以成熟的第三个原因,是晚近数十年的法律全球化与欧洲法律协调运动。法律全球化运动使得各国法律在某些部门逐步趋同。哪怕是在大陆法系国家,由于主动的立法改革以及国际条约施加的要求,某些商事法和程序法规则也愈加趋近当代法律流动的源头——美国——的法律制度。欧盟建立后,其各成员国的法律(尤其是在私法领域)在相互间也不断协调和趋同,甚至连英国法(如今已退出欧盟)也一度需要接受来自大陆法的某些原则和制度。在这两大运动造成的背景下,即使是原本在西方法律内部曾牢固存在的"普通法/罗曼法/德意志法"的三分法逻辑也逐渐模糊,更遑论其他地区的法律。混合与流动成为当代法律发展的常态。古典的法系划分方案逐渐失去意义,学者们更愿意将注意力集中在种种模糊地带。混合法的话语也自然愈加兴盛。

无论根据对混合法系的何种定义,这一法系都包含着众多的地域和人口。根据混合法系的狭义界定(亦即它仅指普通法与大陆法的混合),这一法系包含了南非、苏格兰、路易斯安那、魁北克、波多黎各、菲律宾、博茨瓦纳、马耳他、以色列等国家和地区。根据混合法系的广义界定(亦即任何两个或两个以上法系混合的产物),属于混合法系的国家和地区更是广泛分布于东亚、东南亚、南亚、中东、南北美洲和非洲各地。这一法系可能占据了世界上多数人口。将如此多民族的法律置之不理,既是一种学术损失,也是一种道义亏欠。

二、混合法系理论的困难

但混合法系理论的局限也是显而易见的。首先,混合法系的说法,存在着与古典法系理论的兼容困难问题。尽管传统法系理论也有着种种缺陷,但其原意的确是一种严谨的逻辑建构,亦即以固定和明确的标准,将世界各国法律体系区分为几个家族和集合,而且在这些家族内部,其成员相互间有着足以辨认的某些共同特征。但混合法系被区分出来,却不是由于某些明确的标准,而只是因为他们无法被明确归入任何一个已经界定好的法系之中。这就导致由欧陆私法和美国公法混合而成的拉美法、由普通法和印度教法混合而来的印度法,以及由普通法或大陆法与各种习惯法混合而来的撒哈拉以南非洲法,在比较法学教材中很可能是"一家人"。这就好比主张全世界的各种混血儿都有着相同的种族遗传。这一尴尬局面也导致某些比较法学家宁愿只去关注一个个具体的混合法律体系(mixed legal systems,通常一个法律体系对应一个民族国家),而尽量避免去描绘一幅宏大的混合法系(mixed legal family)蓝图。

其次,主流混合法系理论仍然带有挥之不去的西方中心主义色彩。相当数量的学者依旧坚持对混合法系的狭义界定,亦即认为该概念只能指普通法和大陆法的混合情形。在主题为混合法系或混合法域的国际学术会议上,最受关注、往往也是数量最多的参会论文也基本都是对狭义的混合法系的研究。这一现象既与欧美学者的思维定势有关,也与欧美学者知识结构的局限有关。要打破这一局面,显然需要更多的非西方出身的学者参与到全球比较法学舞台上,以规范的学术语言发出自己的声音,并促进更为完善的混合法系理论建构。

最后,混合法系研究也可能过度强调一国法律的多元和差异维度,从而对国内和国际的法律趋同议题关注不足。在后现代与后殖民的学术氛围下,在全球化偶尔受阻的现实语境中,某些钟情于混合法系的学者,有可能对法律体系的混合性和多元性予以浪漫化处理,并激烈地抵制这种法律体系的内部整合和外部协调运动。然而,过度关注"异",相对忽视"同",有时可能只是学者自己的一厢情愿。实际上,各个混合法律体系自身可能未必愿意固守过度的差异性或杂多性,而是愿意在某种程度上增进统一性。例如,非西方国家自己可能更关心中央集权(这也伴随着法律的统一)和现代化问题(这意味着进一步引入西方私法),

非西方人民也很关心人权、公民社会等议题（这意味着对西方公法制度的需求），而法律混合和法律多元局面却未必有助于解决这些问题。因此，某些混合法系研究中蕴含的民族主义和保守主义倾向，值得严肃反思。

指出混合法系理论的上述局限，并不意味着对现实中诸多混合法律体系之存在价值的否定。实际上，众多的混合法律体系，是法律移植研究的绝佳案例，也是法律协调的天然实验室。在这片广阔土地上的法律实践，能够给世界其他地区——乃至欧美"核心区"——的法律发展提供足够的启发。如果南非的法官可以持续阅读格劳秀斯作品的英译本，以获得审判时的灵感，那么为什么美国联邦最高法院的大法官们就不能绕过那些云山雾绕的宪法判例，转而从欧陆的宪法教义学中吸取某些基本权利理论，以保护弱势群体的某些宝贵权利，例如女性自主决定自己是否生育的权利？

【名家专论】

一、帕尔默：混合法域导论

（一）对此一扩展法系的浅识

混合法域生存在物理和智识的双重隔绝之中，它们被与全世界各法系的成员分离开来。在某种意义上，每一个混合法域都自成一类，是一个注定要内省地发展、对自己的"他者"属性和交叉混血存有意识的"独生子"。由于散处世界各地，混合法域如今像是一位位隐士，他们被文化的鸿沟和大洋间的宽度所分开。地理学家很容易意识到，这些法域总是与某些偏僻的岛屿、贸易站点和船只航线有关。然而，这些位置并不是随机的选择，而是在许多情况下对其母国而言具有商业和战略上的重要性。可能地理学思维遮蔽了这些法域作为一个集体的重要性。与之相关联的是，它们统治着超过1亿5千万的人口，并且占据着一个次大陆规模的面积。正如它们事实上散布四方那样，它们构成了地球上一串不连贯的、几乎没有共性的符码，或许如下一点算是它们的共性：这些法律体系能够理解彼此。它们的法学家享受着高度的复杂性和类似的理解力，这些复杂性和理解力源于他们对于民法、普通法，以及英语语言的知识。他们说着相似的双法

(bijural)方言,彼此也相互理解,并且在对方的法律文化面前并不感到陌生。

然而,这些法域经验的统一性,却存在于人民、文化、语言、气候、宗教、经济,以及本土法的巨大的多样性之中。事实上,正是这些高度多样化的背景,使得法律的统一性更加显著、更加深刻。所有这些甚至可能看上去违反直觉。人民和文化之间的对比也许正像斯里兰卡的泰米尔人和路易斯安那的卡津人一样强烈,口头语言之间的差异就像南非的公用荷兰语和菲律宾的塔加洛语一样大。在这些地方,佛教也许是最显要的第一宗教,犹太教排第二,基督教排第三。在某些重要事例中,正如在南非和菲律宾,宗教法、本土法律与习惯,以及其他的属人法,与民法/普通法的混合体并肩运行;此外,无论以何种标准来衡量,这些法律可能才是远比西方法重要的、对大多数人群进行法律控制的法源。我们对于普通法/民法混合的关注绝不表明这些属人法是不重要的。相反,如果我们援引丹尼尔·维瑟和莱茵哈德·齐默尔曼的恰当措辞,它们是这种法律秩序的"三大恩赐"之一。在南非,宪法本身就将本土习惯置于平等地位,并且根据兰加法官所说,这种法律必须"被发展成(而不仅仅是被容忍)南非法律的一部分"。本研究也没有忽略属人法和私法之间的互动的法律影响,这种混合构建了法律整合的力量。事实上,我们的研究收集了各处可得的此类信息,以使更加广阔的图景得以显现。

由混合法域构成的扩展法系非常大。它大致包括 16 个政治实体,其中 12 个是独立的国家。这些实体中人口最稠密的是南非(4 250 万人)、菲律宾(7 450 万人)和斯里兰卡(1 900 万人)。魁北克、路易斯安那、波多黎各以及苏格兰并不是独立的国家,但是它们在一个更大的政治结构之内有着独立的法律体系,并且在主导它们的法律事务方面有着相当大的自治权。

当我们追溯一个混合法域的起源时,如果我们不是去考察国家、殖民地或政治实体是何时创建的(正如我们以往做的那样),而是去考察这些政治体创建后引入双法方言的事件,或者注定引起混合法域形成的其他事件,那么我们也许能得出有关这些体系之年龄的粗略观念。无论怎么考察,苏格兰都是其中最古老的,因为其法律体系获得其标志性的混合特性不迟于 1707 年。在许多历史学家看来,在相当短的时间之后,紧随而来的是魁北克(在 1763 年到 1774 年之间)、马耳他(1801 年到 1812 年),路易斯安那(在 1803 年到 1812 年之间),以及南非(大约 1809 年)。博茨瓦纳(当时还叫贝专纳)开始在 1891 年接受混合的法律,而菲律宾和波多黎各于1898年时加入了这个圈子,当时正值美西战争结束,且美国开始对这两个地区实施统治。以色列是这个家族中最年轻的成员。它的法律体系在20世纪的后半叶开始混合,不是因为外国的强迫,而是出于在新的犹太人国家内部的人口和文化上变迁的原因。实际上,一种说法也许会认为,以色列和苏格兰是自由地选择变成"混血"的,并且是作为独立的国家这样做。其他成员则通常是在不同程度的强迫下这样做。

我们暂时地将苏格兰和以色列排除,就可发现这一扩展法系的大部分成员都是被转让给英国或美国的欧陆国家前殖民地。从其民法一面来看,这些法律体系受法国的、西班牙的、荷兰的或者是意大利的影响,结果它们的个性和风格迥异。比如说,法国的这一组(魁北克、路易斯安那、毛里求斯、塞舌尔和圣卢西亚)反映出与丹麦和西班牙法律体系不同的文化、语言和宗教连结。每一个母国遗留下的民法类型是相当独特的。法国这一组的印记,是法律的现代风格和法典化形式。强调资产阶级个人主义和自由的《拿破仑法典》,被选择用来取代过时的、相对而言不够罗马化的《巴黎习惯法》(先前该法律已被输出到法国殖民地)。法典化的民法被普遍认为是"僵硬的法"(tough law),从而相比于苏格兰和南非这类法律体系中未法典化民法,对普通法的入侵形成更大的抵制。荷兰的这一组(斯里兰卡、南非、博茨瓦纳,以及在该区域的其他几个国家)则是受到未被编纂的罗马-荷兰法之影响,这种法律的最初来源是像来自荷兰省的格劳秀斯和福特这样的权威作者。这种法律的开放性和历史性导致了一种相当特殊的精神和风格。

当然,这些充满个性的法域还有第二个面向。必须要记住的是,混合法系是一个有双国籍成员的法系,而且如果不对它的英美法方面有一定的关注,人们将难以恰当地理解其统一性与多样性。一个尚未受到足够重视的关键事实是,受英国影响和美国影响的混合法域间的不同。尽管这两种影响都是普通法性质,但这些国家都体现出、并随后传播出相当不同的法律文化。例如,南非和魁北克的民法,仅仅与英国普通法共处,因此受到的是来自英国法庭、法官和法律文献的影响。在这种关系中,许多制定法是以威斯敏斯特模式为范本的;许多法律人也将目光投向英格兰,以获取训练或灵感。另一个方面,路易斯安那、波多黎各、菲律宾的民法,则与美国法结成不和谐的联姻。仅举几例附带影响,它们接收了美国制定法、宪法、对民法的随意解释以及美国模式的法学教育。区分这两个模式的各自成果是很重要的,因为我们知道这两种普通法在力量和性格上都有着差别。当人们比较法官的地位、遵从先例的作用、普通法适应社会变化的节奏,甚或是这两个国家对追随它们之其他国家的经济和政治支配时,美国和英国这两个支系都应得到仔细区分。

(二)混合法域剖析:三个特征

混合法域从未获得一个公认的定义,并且在这里尝试着提供一个定义为时尚早。按照惯例能达成一致的是(尽管缺乏分析),在本研究里的所有法律体系的确都是混合法域,但人们自然想知道,为什么它们是混合法域。比较法学作品一直是在没有解释其意涵或不考虑他人提出的相反意涵的情况下,使用这一术语的。杰出的苏格兰比较法学者托马斯·史密斯爵士以最宽泛的语言描述这些法律体系:"基本上是一种受到英美普通法压力的、且已经部分地被这一判例法竞争对手渗透的民法体系。"虽然不能说不准确,但这种概括依旧是有些含糊和误导性的。也许正是含糊性和不确定性,而不是对生动如画的喜爱,解释了我们为何频繁地诉诸隐喻,比如称呼波多黎各为"一座身处普通法海域的民法岛屿",或如同 H. R. 哈罗和 E. 卡恩所说,"像女佣胸针上的珠宝那样,南非的罗马-荷兰法今日在英格兰法的背景中闪耀。"这本书的一般倾向是:在我们试着下定义之前,最好先去描述它。但在本导论中,读者有权获得有关混合法域的一些更清晰的看法。在第一章,我将尝试给出一种"描述性的和比较性的概观",亦即讨论混合法域的观念是如何兴起的,亦即这类法域的主导型特征是什么。然而,在导论此处,我将只概述三个一般特点,这三个特点不仅将混合法域从所谓的"纯"法律体系(如果这种体系真存在的话)中区分出来,而且将它们从全球各处其他大量的多元法律体系中区分出来。

第一个标志性的特征是针对我们提及的混合特性。这些体系是建立在普通法和民法材料的双重基础之上的。世界各地的法律体系当然都体现出各种混合——宗教法、本土习惯、商人法、教会法、罗马法和法官法——并且这里当然少不了法律的多元主义,但仅仅在"混合法域"中我们可以发现,尽管也有其他法律要素的显现,但普通法和民法则是这些法律建筑大厦的基石。这一有点笨拙的表达("混合法域")实际上是想挑选出纯西方性的混合,这种混合是以罗马-日耳曼和英美的法律材料描绘的。

第二个特征是数量层面上的和心理层面上的。混合法域的混合色彩对一个普通的观察者来说都是显而易见的。但在这种混合性显现之前,或许有一个必须能达到的临界点。这个临界点解释了为什么得克萨斯州和加利福尼亚州——即使事实上在它们的法律体系中有一些民法规范——普遍地被视为"普通法"州,而路易斯安那州却被视为一个混合法域。前者民法的成分不如后者那样明显。似乎一次偶然的移植,甚至是从一个传统到另一个传统的一系列移植,都并不必然地创造这种与众不同的双法体系。在混合法系中,人们可以期待大量标志着其血统的原则和规则,甚至是在法律的非实在层面,比如法律制度的本质和法律思维的风格。这种与众不同的双法体系的一个结果是,我们能遭遇相对清晰的边界,以致从普通法到民法的实体或推理的转变,成为一个界限清晰的转变。从心理层面上来说,在这样一个体系中的行为者和观察者知晓并且认识到法律的双重特征。正如约瑟夫·麦克奈特很好地观察到的,"将一个法律体系的特征定义为混合的,是承认一种独特的法律心智状态。不论他的法律体系在事实上有多么混合,一个英国律师并不会如这般认为。它的罗马法的要素……对我来说非常直白且明显。但对英国律师甚至英国历史学者来说……罗马的元素几乎没有得到认识。"

第三个特征是结构上的。在所有案例中,民法的适用会被严格限定在私法的领域之内,由此创造出欧陆私法和英美公法之间的对比。在这一法系中,这种结构上的配置是始终不变的。当然,这些各自领域的内容从来都不是纯粹的民法或纯粹的普通法,而是其中一种比起另外一种占有压倒性优势。这种配置的基本条款如何出现,则通常见于条约、停战协定、组织法和宪法条款中。这种法律体系的混合特性,主要是由这类安排中的历史和文化碰撞造成的。也许人们应当稍微注意一下,在这些多少有点不连贯的世界中,法律究竟受到何种具体的影响。

对走马观花的观察者来说,在许多混合法域中,私法领域也许呈现出一种"纯"民法的外观。它包含人格法、家庭法、财产法、继承法以及债法(民法学家认为这一领域能囊括所有的合同、准合同和侵权行为)。通过人格和人身法,婚姻关系中出生的子女被认为是合法子女(父亲的角色是由婚姻决定的),而未出生子女自受孕的那一刻起便受到保护。相互间的忠实和抚养义务被加诸父母和子女。财产规则强调所有和占有之间、对物权和对人权之间的区别,而且还有一种物权法定原则。单纯合意即形成债的原则是具有强制力之承诺的基础(尽管这种要求既烦琐又没必要),侵权责任通常建立在过错的基础之上。

与民法领域相反,混合法域的公法典型地表现出英美法的形态。英国法和美国法当然在许多方面都相异,比如说到宪法的形式,但是这种法律会在权力分立、法官独立、政府行为的司法审查、法律的正当程序、言论自由、免于任意搜查和逮捕等方面广泛地达成共识。刑法将体现无罪推定、罪刑法定和同侪审判等原则。正常来说,不会有独立的宪法法院,也没有行政机关那样的科层制。权利开示令状(quo warranto)和人身保护令状(habeas corpus)之类的公共令状,能够被用来确保法治运行。

在我看来,这三个特征是混合法域的最小公分母。诚然,它们有些抽象,并且需要进一步阐释。然而,如果它们被接纳为可靠的衡量标准,它们就提供了一个将"经典的"混合法域与各种混血和多元的法律体系区分开来的作用。理解这些特征能帮助我们辨识此种法律体系,帮助我们判断法律的不断发展将在何时重塑其性质,或帮助我们预言它们的解体和消逝。这些衡量标准也将帮助我在第三节更加清晰地讨论经典混合法域在世界各法系中的独特位置。

(三)第三法系的问题

……

上述作者(指茨威格特和克茨)建议以其标志性的"形式"概念来区分法系,并且提议有五个因素界定了一个给定的法系(一是历史背景,二是独特的思维模式,三是标志性的制度,四是公认的法律渊源,五是意识形态)。相比于仅依赖单个标准来进行区分,这一多维度进路代表了一种进步。两位作者使用这些因素作为向导,以探查法系组别,不过他们给这些法系的命名仍是以民族、地理和宗教标签来进行的。他们通过列举六个法系的方式,来得出他们的分析结论:罗曼法系、德意志法系、英美法系、斯堪的纳维亚法系、远东法系(中国和日本),以及宗教法系(伊斯兰教法和印度教法)。

值得一提的是,还有一些不容易被放入"正确"法系中的"混血"体系。"这就需要谨慎的处理,"他们强调道,因为要决定它们与哪个法系最近不是一个简单的问题。然而,他们对这些混血儿样式与(在他们眼中)最接近的法系所做的比较的成果,则是一个内部并不协调的名单:路易斯安那、南非、苏格兰、魁北克、以色列、菲律宾、波多黎各,以及希腊、中华人民共和国"和其他"。在这些法律体系间唯一得到承认的共同因素,不是它们与彼此间的类似,而是它们无法归类于六个家族中的某一个。他们认为一个像路易斯安那这样的法律体系是自成一类的,但是这种自成一类又与法国法或美国法相关联,而非这份名单上的其他法律系统。名单上的七个法域实际上相互关联,而且可能构成一个重要的"法系"(在这种情形下每个法域依其定义都不再是自成一类)的可能性,未曾被他们考虑过。这两位杰出的作者如下述这般解释他们的比较方法:"人们经常发现,在一个法律体系中,法律的某些领域带有'父母'中之一人的印记,其他领域带有另一人的印记。在这种情形下,将此法律体系排他性地归类为其中任何一方都是不可能的……有时一个法律体系正处于向一个特定法系移动的过程中;在这种情况下,要判断究竟在何时法系发生了改变,通常是极端困难的。"

尽管这一进路值得尊重,但它对许多法律体系而言还是留下了分类学真空。正如一项晚近研究所总结的,上述进路没有为任何种类的混血或混合体系留下空间,尽管这些体系的数量胜过世界上所有其他类型。混合法域必须永远处在异常和无法分类的状态,尤其是当它们与其来源法域做比较时,但实际上这些来源法域自身也是源自不同的法系。就像处在一个人造的"纯种"世界中的不合群成员一样,经典的混合法域(以及其他混合体系)必然被宣判为"分类上的不稳定状态"。因此混血状态——一个普遍的现象——已经本质上被先前的分类尝试所忽略,而且我们似乎离拥有一张可靠的法律世界地图的目标很遥远。

通过澄清上述问题,本书必然采取一条不同的进路。它将描述并探究混合法域经历中的细节,以便解释这些法域间显著的共性和重要的差异。在方法论层面,这种进路将是基于事实的,其重点将是"交叉比较"(cross-comparative)。在这种视角下,这些法律体系的常态、个性和亲缘性能以一种令人信服的方式被呈现出来。当波多黎各被拿去与路易斯安那相比较,而不与其来源国西班牙或美国比较时,它就能够最清晰地呈现自己。南非的标志性样式在苏格兰找到了更好的镜像,而不是在当代的荷兰或英格兰。另一方面,尽管我们无法完全赞同茨威格特和克茨的分类方法,但在我看来没有理由抛弃他们方法论的所有特点。他们提倡的样式要素,对我们而言是能用来评估混合法系各标志性样式——亦即它们的历史、它们独特的思维模式、它们标志性的制度以及它们对法源的处理——的绝佳指引。在这种多样性中,人们发现了个殊性,亦即如下简单真理:

"将法律予以混合的范式和样式是多种多样的。"这些样式要素有助于检验一个"第三法系"或新法系是否已出场。当然,勒内·达维的告诫话语应当被谨记在心。"法系(legal families)",达维强调,"并不像人类家庭那样存在。法系概念纯粹是被用于解释的目的,被用来指出各个法律体系的差异和类似之处。进一步言之,所有的分类都有其自身效用:它完全取决于相应作者采纳的观点和最使他感兴趣的问题面向。"第三法系也是为了便利、效用和解释力的目标而被构想的,而且从根本上来说,只要它比过去已经提供的比较分析具有更好的洞察力,便值得被使用。

(节选自Vernon V. Palmer,"Introduction to the Mixed Jurisdictions",in Vernon V. Palmer(ed.),*Mixed Jurisdictions Worldwide: The Third Legal Family*,2nd edition,Cambridge,UK:Cambridge University Press,pp. 3-16。本文由吴玮译成初稿,赖骏楠校对。)

二、哈丁:东南亚的比较法与法律移植——"习俗杂音"的意蕴

(一)导言

在比较法主流和某种思潮中,在法律社会学、一般法律理论以及法律与发展的有关研究中,人们虽然对东南亚地区的法律进行了出色的相关研究,但从未对这个地区的法律经验给予实质性阐释。因而,从事东南亚法律研究的学者多少成为了受到冷落的独行者。

对东南亚法律的忽视是一种不幸,这错过了在理想实验室中进行实验的机会。这个地区具有丰富的法律传统,实际上它们所拥有的所有东西在某种意义上都是"继受的",那里含纳了全世界主要的法律世界观和法律体系。如果说各法律传统的交汇点应是比较法学家集结之处,那么他们应在东南亚流连忘返,因为在那里他们能够从对东南亚法律的研究中汲取智慧。忽视这种研究的原因可能在于缺乏充足的第一手材料以及那里的法律具有多样性,人们多对那里的法律感到陌生(至少对于西方某些具有偏见的法学家来说是如此);该地区缺乏历史的一致性;对诸如"法律"和"法律文化"之类的词语缺乏清晰确定的定义;缺乏充足的学术性法律文献,至少同非洲、日本和中国的情形相比是如此。这些因素使得人们很难对法学所提出的问题进行一般性回答。

我自己从事宪法和环境法以及马来西亚和新加坡的法律与社会问题研究（事实上这两个领域与东南亚其他绝大多数法律领域相比得到了更好的研究），对于这些困难我具有亲身的感受。这牵涉到智识的和道德的视角以及认识论的问题，但也涉及实际的问题。举例言之，道德相对主义是从事研究的主要困难，当"亚洲价值"被用来论证那里特殊的法律观时尤其如此；对于研究者来说，东南亚各个社会内部的矛盾虽然十分有趣但却因"亚洲价值"问题变得很难把握：它虽是"地方性知识"，但问题是它是何种和谁人的地方性知识？"法系"的概念虽然可被作为研究的明确起点，但这个概念在东南亚却毫无意义，例如在那里我们可发现伊斯兰法系、中华法系、印度法系的规范和本土习惯法规范以及欧洲法律规范，它们全都复杂地交织在一起。作为至关重要的语言因素在许多情况下也是相当大的障碍。从农家长房和风管的世界驱车几乎不到 1 小时就抵达港口、大学和因特网的世界，如果考虑到这一点，对那里文化的把握可能存在更大的障碍。

多样性的问题在自我意识的后现代主义的欧洲令人感到颇为棘手，但在东南亚人们必须询问类似下面的问题，伊利安岛加亚（Jaya）的一位部落成员、一位菲律宾女佣、一位新加坡债券交易人以及一位越南农民之间有何共同之处？我最近在报纸上看到一篇配有照片的文章，内容是一位泰国和尚在互联网上进行股票交易，以便使他的资金更有效地增值。这个形象一直驻留在我的脑子里，成为了一种令我迷惑的符号，但它也促使我思考，我们是否可能明智地解答这类谜题。在某种意义上，西方学者的问题视角多少反映了东南亚本身的问题视角。换言之，如果某人研究东南亚，他应把差异、矛盾和多样性作为深入观察的激励性因素而不应在这些困难面前畏葸不前：它们是富有挑战性的和在某种重要的意义上是普遍的社会事实。和尚在互联网上漫游的形象不仅仅体现了当代东南亚的形象，也标示了我们时代的突出形象。实际上，生活方式不协调和文化相对主义是人类主要问题的表征，但由于诸多对立和冲突，当今各种力量和因素不可避免地并驾齐驱，这使问题变得异乎寻常，而这恰恰是因为人类更密切的接触与聚合。这类问题正是需要法律研究解决的那种问题，至少根据我的判断是如此。换言之，我们对一些问题越需要进行文化解读，就越可能诱导对话，就越可能意识到我们自身是限制和隔离"我们"的鸿沟。

……

（二）东南亚历史上的法律移植

东南亚的法律"继受"程度实在令人吃惊，这使得我要指出某些基本的事实。我们可以恰当地从地质的角度构想东南亚的法律，那里有一系列法律的层级，其中每一层级都覆盖了先前的层级但却没有实际取代它，以至于在该地区由于构造的变化，虽然不同层级难以完全分清，但较低的层级仍然可以辨识。

东南亚法律的原始层或最底层是"土著的"或"本土的"习惯，它们现在仍然存在并为官方的法律制度所承认，例如在马来西亚和印度尼西亚的婆罗洲、菲律宾南部以及伊里安岛的加亚地区就是如此。这不同于诸如缅甸人和马来人业已发展了的习惯，后者要么是由某些人民运动所输入的，要么是后来发展出来的。这种已经发展了的习惯构成了第二层级，它们也是现存的习惯并在许多情况下具有重要的作用。

中古时代的室利佛逝（Sri Vijaya）和麻喏巴歇（Majapahit）帝国以深受印度和佛教影响为特色；因此佛教及其法律仍在东南亚大陆（缅甸、泰国、老挝、柬埔寨以及越南）存在。印度法律的影响通过缅甸和泰国扩展到马来西亚并传至爪哇和巴厘岛，它们在概念上对当地习惯法具有深深的影响，这些习惯法是从现在属于马来西亚和印度尼西亚的领土中演化出来的。它们也对泰国人和缅甸人的法律具有相当大的影响。印度的习惯至今甚至仍然构成巴厘岛个人身份法和宗教法的基础。

当地习惯法在马来人的世界具有多种表现形式。在某些地区，它们被归纳成文，形成了许多法规汇编，例如其中有马来西亚《霹雳州九十九法条》《马六甲法》《马六甲海商法》等。当地习惯法成文化之后，荷兰学者又对其进行了系统整理，将其分解成19个类别。这导致了当地不成文习惯法生命力的减退。这些成文习惯法至今仍在马来西亚和印度尼西亚的法院中得到适用，涉及的是个人身份法的某些方面。在马来西亚沙里亚法院（即伊斯兰法法院）在婚姻财产分割问题上所适用的纯粹是当地习惯法，而完全不属于伊斯兰法，实际上，从正统的观点看，这完全与这种法院的性质相悖。在印度尼西亚的苏门答腊西部和马来西亚的森美兰州，关于土地保有和继承问题，也适用米南卡保人（Minangkabau）涉及入赘婚姻的习惯法。

在中古时代，伊斯兰法通过苏菲派的中介和阿拉伯贸易而在苏门答腊北部的阿西地区安家落户,并在马来西亚和印度尼西亚全国以及泰国和菲律宾的部分地区找到了肥沃的热带土壤。马六甲的第一位统治者帕拉米斯瓦拉(Parameswara)从印度教转而皈依了伊斯兰教,并取名伊斯坎达尔·沙(Iskandar Shah)。马六甲的皇帝制定并发展了国际船运法的法典和民、商法典;它们主要是基于伊斯兰法,但深受印度和当地习惯法的广泛影响。伊斯兰法仍然在马来西亚、印度尼西亚和文莱兴盛繁荣,那里穆斯林占人口的多数,伊斯兰法在新加坡也得到了官方的承认。但在泰国和菲律宾则并非如此。在上述一些国家中,伊斯兰法代表了一个独立的子系统,涉及的是个人身份法,由独立的法院适用,在某些案件中影响到刑法、商法和宪法。但这些国家在体制上都不是"伊斯兰的":事实上这恰好是穆斯林法学家所诟病之处。伊斯兰法律传统现今仍然在学说和技术的互动层面不断发展,在东南亚,商业的全球化、多元文化和对其他法律传统的适应这几个方面需要协调发展。在法律移植方面,如果我们要寻找在范围和含义上超过了欧洲对罗马法继受的例子,在中古时代处在地图上中间地带的古老世界的绝大部分,则是地域广大且没有得到研究的这类例子,用社会-法律研究的术语来表述,就是法理对于地方性知识的胜利。毫无疑问,这种胜利可以在东南亚地区发现,当然这种胜利并不彻底。

缅甸、泰国和越南都在某些时期尝试了对地方法律进行法典编纂。《泰国三印法》于 1805 年通过,即《法国民法典》通过的 1 年之后,这在法国大革命的法制与泰国保守的法制中间形成了有趣的同步性对照。泰国的法律旨在巩固而不是改革法律,且明显不是服务于同官方相对的公众。将东南亚的法律成文化并不意味着法律内容和精神发生了深刻变革。

在越南,中国儒家和法家传统的影响是显而易见的,那里的法律深受中华法文化的影响,中国作为东亚和东南亚文明的轴心,影响了东南亚一些国家的法律和立法,其中对泰国法律的影响尤大。在 19 世纪和 20 世纪早期,中国的习惯法得到了英国殖民地即海峡殖民地(Straits Settlements)(槟榔屿、马六甲和新加坡)的承认,在沙捞越和婆罗洲北部(沙巴)以及荷属东印度群岛得到了承认。在 1961 年之前,新加坡一直没有废除中国的习惯法,而马来西亚直到 1982 年才废除了中国习惯法(当然两者是分别这样做的)。沙捞越和沙巴的法院仍然适用这种习惯法,这是除香港特别行政区以外仅有的继续这样做的法域。在新加坡,常常诉诸儒家的学说来解释和论证新的立法,例如在推行忠孝学说和矫正社会行为等方面就是如此。

自1500年之后,殖民主义者将葡萄牙和西班牙的欧陆法传统带入了马六甲、天主教化的东帝汶、佛罗勒斯岛(印度尼西亚南部)和菲律宾。英国普通法连同英-印法典在海峡殖民地得到了"继受",后来,马来西亚、文莱和沙巴以及沙捞越也做出了同样的选择。美国法则在菲律宾的整个20世纪产生了持久的影响,并借助于该地区的法律移植而继续扩大这种影响。法国将其欧陆法模式强加于印度支那,也影响了泰国的法律。荷兰将罗马-荷兰法强加于印度尼西亚,它现今仍是印尼《民法典》的基础,并影响了其他诸多法律领域。

鉴于西方法律与当地法律之间存有不可避免的冲突,便出现了不同的解决方法。荷兰在印度尼西亚所采用的是法律多元主义的方法,即"因人用法",对于欧洲人、印度尼西亚人、中国人和"东方外国人"分别适用它们自己的法律,建构出复杂的冲突法来解决不同人之间出现的法律问题。英国在其所属的殖民地采用了将"普通法法典化"的方法,其中广泛认可了伊斯兰法和印度、中国以及马来西亚的习惯。法国则不遗余力地以法国法取代印度-中国式法律。

上述概括如果正确则表明,"东南亚法"这个临时性概念的内在特色在于法律和法律文化的层级累积,这是历史经验的结果,这种特色区别于仅仅从一种法律概念到另一种法律概念的那种"进步"模式。法律史学家已经适用"法律世界"的概念,以赋予东南亚的"习俗杂音"以特殊意义。这更有助于解释东南亚法律的多元特色,但却模糊了这样一个问题,即东南亚在多大程度上从不同的法律世界观中成功建构了融贯的现代法律制度。换言之,这些制度无疑混合着各种要素,但把其简单地描述为多元主义的制度可能就不再正确了,原因在于,它们业已某种程度变成了统一的制度,其中各种法律世界观业已融合在一起,彼此影响;用吉尔兹的说法就是,它们体现了"有效的误解"(working misunderstanding)。不过,即使它的实际内容在性质上仍是多元主义的,但至少其架构显然始终是源于欧洲并从那里获得启发。

法律移植的过程绝没有随着20世纪50年代和60年代的殖民主义的结束而完结。在20世纪60年代,共产主义思潮把苏联模式的社会主义法带入印度支那。自1945年之后,美国或英-印的宪法性法律开始移植到马来西亚、新加坡和菲律宾;在中央集权统制型经济发展模式下的法律(法律作为"成熟的政策")主要源自欧洲,在这个地区的大部分国家,这种法律在实现经济增长和社会进步方面一直发挥着至关重要的作用,在新加坡、马来西亚、印度尼西亚、泰国以及越南尤其是这样。更晚近的"法律全球化",尤其是国际商事法进展迅速。某些国家独立后的法律似乎纯粹是其社会内在发展的产物,或是法律工具主义的结果:在这方面新加坡提供了某些令人注目的例证。日渐增加的立法事项受到了国际法和国际商务的导引,例如在知识产权、银行和环境领域就是如此。

总之,各种宗教或世俗法律或法律渊源,各种纠纷解决程序,各种制度建构和立法程序,凡此种种都可在东南亚看到,它们都多是源于从法律冲突中不断涌现的问题。在那里,各种类型的法律的"继受"都应有尽有。在东南亚的大部分地区以及东南亚的全部海商事务中,在放弃多元主义传统的背景下,许多这种传统却存活下来。在传统的意义上,并不存在所谓"东南亚法"的内容和结构逻辑,那里的法律分属于几种法律文化,这些法律文化是外生的,至少源起于该地区之外。文化本身几乎不可能固定不变,因而无法被确切把握,人们发现,文化有时与法律相冲突而不是赋予法律以合法性。在东南亚,这些冲突成为当下政治和社会冲突的核心。在某种意义上,为法制而斗争的潮流现在正穿越该地区,这提出了一个问题,即法律移植是否可以不顾文化的差异。人们可能简单地得出结论说,在这场斗争结束之前,我们不应给出结论。但是,事实上存在这样的斗争,东南亚应对法律移植问题已有数百年的历史,历史表明了法律移植的一般成功而不是失败。

后现代的东南亚似乎是一笔巨大的财富。囊括一切的宏大叙事似乎是不可能的;一个人的观点完全取决于他的地位、旨趣或生活其中的传统。人们不仅可以质疑"东南亚法"的概念,而且可以质疑"东南亚"概念本身:两者都是从便于西方学者的角度人为建构的,或者是为了便于世界地图出版商牟利,或者出于故弄玄虚的政治演说者的自负。

马来西亚旅游委员会为了反映东南亚风土人情,颇具夸张地录制了彩色电影,它伪装那里至少在某些情况下实际缺少西方意义的"法律",或与这种法律尤关,或者这种法律可能"衰退",这种宣称富有诱惑力,在某些方面颇受欢迎。由此有人认为,在东南亚,"法律"一词所包含的多元主义承载着一种法制,这种法制无法操作,甚至可能无法用概念来表达。这是一种我将反对的观点,因为它对东南亚法律的创造性和融合趋势是一种严重的歪曲。我试图论证,确实存在东南亚法律的概念,但我认为自己并没有低估这个概念所存在的严重问题。我在这样做之前，希望整理出一个例子，以说明东南亚法律融合趋势的发展状况。

（三）对法律冲突和"继受"的几点评论

对于如此之多的地方、文化和法律领域，我们难以从整体上描述"土著的"与"继受"的法律之间的冲突程度。它们具有不同的方面，对于其中的一些方面，我将以扩展的例子来阐释，而不是对其进行有选择的评论。

1908 年，新加坡海峡殖民地的法院判决了一个华人社区中引人注目的案件。一个名叫徐英俊（Choo Eng Choon，音译）的中国商人死后没有留下遗嘱，该案涉及的是将他的遗产的 1/3 分给他活着的配偶。因为对他的遗产有 6 人提出主张，她们诉至法院。法院必须裁决是否把她们全都算作死者的"妻子"，从而认定她们是否对该遗产享有继承权。由此这个案件广为人知，被称为"六寡妇案"。

这个问题是因为"继受"英国法而引起的，1826 年，根据《英王乔治四世特许令》的规定，新加坡法院适用英国法，其包括普通法和制定法，后者包括 1670 年发布的《制定法》。令人惊异的是，法院依照先例必须考虑，如何将该制定法适用于 20 世纪新加坡的一个实行多妻制的华人社区，而这项制定法中的相关规定是英格兰在 17 世纪为基督徒所规定的一夫一妻婚姻制度。法院在将这项法律适用到具体案件时，有权对它进行修改。

法院查明了华人在这类事务上的习惯，这类习惯涉及如何区别对待妻、妾关系。法院认为，华人婚姻的性质可能是多妻制的，另外 5 位"寡妇"事实上也是死者的妻子，而根据华人的习惯，她们之间无地位差别，因而她们对遗产各享有 1/15 份额。

这个案件表明了以下几点。

第一，英国法从原则上讲是一般性法律，不管人们同意与否，它都适用于所有社区。这与上文所言的荷兰关于"因人用法"的政策形成了对照；根据荷兰的政策，这个案件将根据华人的习惯处理。

第二，法院通过变通的途径来关照华人的意愿，但这种变通并不必定意味着有关社区的事务将根据当地人的法律来处理（虽然在某些情况下是根据它们的法律处理其事务，在涉及穆斯林社区和伊斯兰法时尤其如此）。应该注意的是，这个案件中所适用的法律实际上既不是英国的法律也不是华人的法律，而是"欧-亚"混合式法律，其中包含了某种实际便利的考虑或妥协。

第三,变通适用法律有时是成问题的。除了受到先例和殖民地政策的限制,法院很难找到合适的习惯。那里的法院对这类文化认识论方面的苦衷颇多抱怨,政府设立了一个华人婚姻委员会,旨在协助发现事实和建议合适的法律。种类如此之多的实践被报告出来(在 1924 年),以至于无法找到界定习惯的标准;法院被迫降低了有效婚姻的要件标准,仅仅考虑是否"有意";这项标准最终也被适用到非华人社会以及不同族群之间的混合型婚姻。

第四,习惯法并不必定比法院所发明的"欧-亚"法的效果更好。根据华人的习惯,女性不享有财产权和继承权(如果徐某留有遗嘱,他的意愿将得到遵守;这种遗嘱自由事实上在所有社区都相同,甚至对于依照伊斯兰法没有遗嘱权的穆斯林来说也是如此)。在某种程度上,对强制推行的法律加以变通运用可能比遵照习惯处理纠纷更受妇女的拥护。事实上有明显的证据表明,生活在海峡殖民地的妇女希望废除多妻制,而男人则不希望这样。自 1958 年以来,华人取得了一般公民资格,新加坡获得了自治的立法权,由此废除了某些独特的习惯法。新加坡通过 1961 年的《妇女宪章》,依照现代社会的精神和发展的需要,采用了远优于英国殖民政权时期的结婚和离婚法。对于这一发展来说,1959 年确认的妇女公民权是决定性的因素。中国本土也在大约 30 年前废除了习惯婚姻制度,而在中国共产党执政后,政府在 1950 年制定了体现男女权利平等原则的《婚姻法》。新加坡的结婚和离婚法的最终定位是英国式的而不是中国式的特色。对于同期马来西亚、印度尼西亚和越南家庭法中同样问题的分析,有关材料显示出了同样的境况和解决办法。

不过,当我们考察《伊斯兰法》时,图景就大为不同了。《伊斯兰法》在海峡殖民地和马来各州受到了抑制,内容涉及一般法到穆斯林的个人身份法,它在殖民地法律的背景下受到了高度打压,蒙冤甚深。在马来西亚和印度尼西亚,一些人建议恢复伊斯兰法以前的荣耀(或者所感受到的它先前所享有的荣耀),以为之平反,迄今为止,在马来西亚对伊斯兰法律制度已经采取了协调化和合理化的方式回应这种呼吁,但这只限于州法而不涉及联邦法。还有,那里距离把伊斯兰教奉为国教的目标路途尚远,因为这将违反作为马来西亚基础的不同种族之间的盟约,在争吵迭起的印度尼西亚和保守的文莱这也是不可能的。所有的人共同感受到,个人身份法是与文化联系最密切的法律,因而特别拒斥法律移植,但明显可见的是,在大多数东南亚国家和社区中,一夫一妻制的婚姻制度已经取代了一夫多妻制婚姻,这是法律变革而不是文化变革的结果(实际上法律变革通常首先发生)。甚至在马来西亚和印度尼西亚的穆斯林中,一夫多妻制也受到了来自法律技术性的抑制,许多活跃的女权团体都是穆斯林(如"伊斯兰姐妹"),或是由女性穆斯林来领导。

我精心选取了这个法律领域的例子,这个领域深受文化和习惯的影响,外国法本来同这个领域的社会现实不相关联。因此,这对于法律与文化之间的关系提供了很好的检验标准。新加坡的实际结果是出现了广泛的社会和法律变革。当然,社会变革先于法律变革,但法律变革对于所有非穆斯林社区的社会道德变革则是根本性的,例如妇女权利与政治体制与经济的发展就是这种关系(大多数新加坡制造的电器产品就是由解放了的、一夫一妻制下的女性组装起来的)。我也观察到,必须摒弃两种错误的观念。一是认为华人社区现在或过去是不好讼的,不愿意利用外国人的法院解决敏感的家庭纠纷;事实上,根据公布的相关案例来判断,华人在发生纠纷时,一旦涉及法律问题,就似乎是广泛诉诸法院。二是认为无论法律的规定如何,社会现实总是另一种景象。事实上,在这个方面法律与社会道德的相互影响是颇为复杂和互相调节的:法律变革引起实践变革,而实践转而引起法律的变革,从而很难说清它们的变革孰先孰后。当代新加坡的华人在婚姻方面通常的做法是选择自己的一个伴侣,为了住房的目的而进行婚姻登记,其后举行婚姻仪式,这要依据当事人的相关职业、团体或社会地位,适用某些业已修改了的传统习俗:只有在这之后伴侣才被视为"已婚"。就此而言,人们将更深切感受到这样一种境况,即法律与习惯进行妥协而不是习惯被法律所击溃。

基于所有这一切,我将得出结论说,强制推行欧洲法的问题比表面看上去更加复杂。即便我们已知当地的人们在当时对这种强制推行深怀不满,显而易见的是,随着时间的推移,法律文化对这种强加之法进行了多么大的调整,甚至完全包容了它!在印度尼西亚,伊斯兰法和当地习惯法律制度的重建却导致了支持荷兰法延续下来,因为无论是选择伊斯兰法还是选择当地习惯都引起了严重的意见分歧,并都与追求现代国家的革命热望相悖。因此,保留殖民地的法律有其更多不利之处(如国内安全和社团法律或劳动法),而保留强制推行之法也有其有利之处(如计划法),当然,强制推行之法并不必定适用那些与英国、荷兰或法国法律相同的法律,也不必定产生它们在宗主国那样的效果。一个例外是商法,在那里宗主国的政策要求适用最纯粹的英国或荷兰的法律,至少在国际贸易领域是如此。新加坡和马来西亚仍然适用英国的商法,尽管以地方法规取而代之也会有相似的效果。新加坡直到1993年才最终放弃了无条件适用英国商法的做法,而这显然是在英国加入欧共体20年之后。如果我们把目光转向菲律宾、泰国和越南,也会浮现相同的图景。

观察这些例子是饶有兴趣的,对殖民地法律的保留并不限于同法院、法律职业、程序有关的法律,也不限于商法,对于后者的解释是出于国际贸易的需要。它还扩展到具有很大差异的法律领域,如关于结婚、离婚、继承和财产权等个人身份法律领域。自东南亚各国的法律制度独立以来,个人身份方面的法律业已变得更多而不是更少与欧洲法相似了;驱动欧洲改革个人身份法的那些因素也驱动着东南亚相关领域的变革:其中最主要的因素是性别观念的变化和经济的变革。实际上,东南亚各国在大多数法律领域中,伴随独立而来的立法选择自由并没有带来人们所期望的重要发展或地方化。人们仅凭经验就可以认为,公法越多,法律就与西方法律差异越大;而私法或商法越多,法律就与西方法律的差异越小。我们不妨再以新加坡为例说明这一点,那里的宪法、刑法和劳动法都一般不同于西方的模式,合同法、知识产权法和家庭法则不然。换言之,法律与政府的关系越密切,与西方法律的差异就越大。

依照法律移植的理论,根据东南亚的经验,沃森的法律移植理论似乎在很大程度上可以得到理解,至少可以从我以上对于那里法律持续冲突的评论中而得到理解。换言之,东南亚法律的演进源于法律移植,如果根据移植的法律是否业已保持下来这一标准来判断,则可以认为这种法律移植在整体上是成功的。东南亚的经验表明,沃森、庞德以及其他学者所坚持的观点是完全正确的,这种观点认为,一种法律制度的历史主要是从其他法律制度借用材料的历史。但是,这是否也证明了沃森所提出的观点,即无论文化因素如何,法律观念都能被移植,则可存疑:我宁可认为实际上是持续的文化吸收和适应解释了法律移植的成功,这种吸收和适应一直是东南亚法律史的特色,这本身就是独特和统一的文化事实。沃森命题的正确性最终要取决于"能"意味着什么。如果它意味着其他条件相同,法律的观念是可以移植的,那么它就不是富有意义的理论;如果它意味着其他条件不同,法律的观念是可以移植的,那么,这正是东南亚所显示的,虽然不完全正确。

……

（四）结论

我的主要结论十分简单，恰好因为东南亚法律移植独具特色且地位重要，那里对于社会-法律的比较研究是一个重要和富有希望的焦点。当我们注意到东南亚法律在建设国家、发展经济以及关于改革的争论方面所具有的中心地位，受到西方媒体所鼓动的流行观念，即在东南亚无需法律或至少无需"法治"的观念并不符合事实。如果东南亚法的概念基于完全一致的法律移植观念，并由此认为本文已经发现了这一点则无疑是一种自负。不过，我希望能够提供一些有用的视点，至少为读者提供思考或探讨这个问题的轮廓。

对于比较法学者一个有趣的结论是，在广义上，沃森关于法律观念能轻而易举移植的命题，证之于东南亚的法律则明显成立。孟德斯鸠和 O. 卡恩-弗伦德提出的关于法律移植的限制性命题并不一般适合解释东南亚的经验，事实上，在我看来，东南亚的经验证伪了他们的理论。这并不意味着所有"移植"的法律观念都立即开花结果：东南亚的经验表明，根据法律多元主义的条件，对于法律观念的吸收，甚至对于强制推行的法律观念的吸收也需要时间，而这是一个缓慢乃至痛苦的过程。我们可感受到的大量关于法律移植取得成功的证据是充分的和令人信服的。当然，这并不意味着，如同我所努力指出的，东南亚并非没有自己的法律文化或传统。

我所得出的另一个结论是，与商法或财产法相比，基于宗教和传统价值的个人身份法并不更少可移植性。即使在像东南亚那样流行宗教的社会里，价值也在变化，但当人们进入了办公室或工厂坐在现代西式桌子旁，这些价值似乎没有被放弃；在机场候机室的书店里人们急切地搜寻着关于"亚洲文化"和商业习惯之类的书籍，这表明了他们对这些价值的认知倾向。现代化驱动着变革的动力，大势所趋，变革不可避免：婚姻法中所规定的离婚理由平等地适用于男性和女性，而非穆斯林的一夫一妻制度至少在实践中也适用于穆斯林。法律甚至也可能改变文化价值：在新加坡就经常发生这样的情况，在那里，人们把法律作为实现变革的主要工具。

东南亚社会已经消化了"西方的"法律。把那里的任何一个社会同中国相比较就会发现这种成功的程度。这种趋势是否符合人们的希望或是否会持续下去则属于另一个问题。在我看来，就整体而言，那里的人们已经成功地改造了西方的法律以适应当地的需要。舍弃了(实际上不是完全)西方的宪法、劳动法、社会福利法以及其他类似内容的法律表明,与其把那里正在涌现的法律制度描述为"西方的"(Western),不如描述为"西方式的"(Westernistic),后一种描述更为贴切。在某种程度上我实际上宁可使用"后西方"(post-Western)一词,这表明,先是西方法律的影响作为基点,但随后东南亚已经或将要从那个基点转向另一种路径,即在国际法律体制宽广的框架内发展地区性的共同法律。但那个区域中诸如公法的诸多领域和公司法(例如商业管理、"计算机法"、环境、投资和知识产权)显示,事实上正在某种程度上与西方法律趋同。

不过,在法律多元主义的成功与构建充分"法律化的"或"现代的"法律制度的失败之间存有冲突;在维护"东南亚法律价值"与民主化之间也存有冲突。通过简单比较马来西亚和新加坡法律的成功就可发现东南亚法律制度已趋于成熟。在其他国家的一代人身上,尤其是在泰国和印度尼西亚的一代人身上,就可以确切地捕捉到这一点。然而,尽管存在广泛的法律移植,我们仍然不希望那里的最终结果是西方法律的镜像。

(节选自[意]D.奈尔肯、[英]J.菲斯特:《法律移植与法律文化》,高鸿钧等译,北京:清华大学出版社,2006年,第258—286页。)

【问题思考】

1. 混合法系理论是为了应对何种问题而产生的?

2. 仅仅从普通法与大陆法的混合这一角度,是否足以获得对非西方世界的现行法律的全面理解?

【延伸阅读】

1. [英]埃辛·奥赫绪、[意]戴维·奈尔肯:《比较法新论》,马剑银等译,北京:清华大学出版社,2012年,第191—247页。

2. 黄宗智:《经验与理论:中国社会、经济与法律的实践历史研究》,北京:中国人民大学出版社,2007年,第387—413页。

3. [德]马蒂亚斯·赖曼、[德]莱茵哈德·齐默尔曼:《牛津比较法手册》,

高鸿钧等译,北京:北京大学出版社,2019年,第478—511页。

4. William Tetley:《混合法域:普通法法系与民法法系——法典化与非法典化》,毛国权译,载《私法》(第3辑第1卷),北京:北京大学出版社,2003年。

5. 夏新华:《混合法系发展的前沿》,载《法律文化研究》(第4辑),北京:中国人民大学出版社,2008年。

6. Esin Örücü: "What is a Mixed Legal System: Exclusion or Expansion?", *Journal of Comparative Law*, Vol. 3, No. 1(2008), pp. 34-52.

专题八 法律渊源

【专题导论】

法律渊源是指法律基于有权机构制定或认可而形成不同类型的具体表现形式。从比较法角度探讨法律渊源涉及的相关基本问题,首先是不同法律体系中的主要法律渊源有何类型化的明显差别?其次,被认为广义上可归诸同类的法律渊源是否存在实质性差别?更进一步,以上各种差别如何出现和形成,以及发展趋势如何?

一、不同法律体系中法律渊源的类型化差异

法律渊源曾经被视为各种法律体系、特别是西方两大法系的主要差别和划分标准。在历史上、特别是在十九至二十世纪前期,在欧美各重要国家的法律体系之间,确实呈现出以法律形式渊源的不同为标志的重大差别:法德等欧洲大陆国家陆续通过对民法等主要部门法的法典化,普遍以法典作为主要法律渊源;英国和美国则更多倚重判例,并逐步确立和强化了司法先例的约束力。由于西方列强通过殖民等方式产生在世界范围的巨大影响力,其他国家和地区纷纷仿效,在相当一段时期,形成了法典法与判例法两分天下的格局,法律渊源的差别成为欧陆法与英美法区别的重要标志。二十世纪初中国开始变法改制,基于自身的成文法传统,在立法上主要取法日本和欧洲模式,在法律渊源的形式方面逐步融入欧陆的法典化系统。

二十世纪中期以后,随着各国立法和司法实践的发展,以法典或判例作为主要法律渊源而区分法律体系的认识不断被修正。一方面,在传统上归属于欧陆体系的法域,司法判决在实践中的地位和作用都不断提升,在许多领域发挥了准立法的功能,高级司法机构所作裁决往往具有重要的指引作用,与英美国家判例的地位日趋接近,只是尚未作为正式法律渊源得到一般性认可,因此在实践中的表现形式也比较间接。在中国,近年来以指导性案例和类案检索为代表的先例性制度不断发展,也反映了传统成文法国家司法判例地位提升、法律渊源的状况出现变化的大势。另一方面,在深受英美法影响的英语世界,法律成文化的浪潮不断高涨,兼以委托立法的盛行,制定法已成为司法活动中不可或缺的法律渊源;英国陆续出现各种官方的法典草案和动议,美国推出法律重述、标准法和模范法等各种类型的准统一立法,系统的法典化也初露端倪,并已对司法实践产生重大影响,判例法的一统天下已完全被打破。因此,在法律渊源方面,虽然各国的差别仍然在相当程度上存在,但时至今日,法典法与欧陆法系、判例法与英美法系这两组概念中,法律渊源的表现形式与特定法系的归属已不再具有绝对而排他的对应关系。

不过,这种显著差别的淡化只是表面的接近,各国的法律渊源仍存在深层的差异。虽然两大法系目前都兼顾制定法和判例,在法律渊源方面日益显示出接近与融合的趋势,但如果仔细观察各国被同样称为判例、制定法或法律基本原则的制度及其实际运作,就不难看出其内在的差别仍然深刻存在。作为法律渊源,英格兰和威尔士的判例具有更严格的约束力,与传统上被认为同属普通法体系的美国判例具有明显差别,后者更富有灵活的弹性。当走出普通法的视野,欧陆以及世界其他国家的判例运行又是另一番天地。面对一份份法国法官们以集体名义统一作出、言简意赅、并不详细论述判决理由的司法判决,其他国家法官如想依英美判例制度运行的模式确定裁判理由(ratio decidenci),将无置喙之处。中国的指导性案例需经最高司法机构遴选后发布,在各国司法先例制度中也与众不同,因为其他国家普遍没有这样的认定程序。在英美合议庭中,少数派法官的不同意见居然可以成为未来案件中被援引的法律理由,这在其他国家法官看来可能也属匪夷所思。同样明显的差异也存在于普遍作为法律渊源的制定法中。在欧陆体系中,法典条文作为法教义学的基本依据而被奉为圭臬,但在美国,与欧陆国家民事诉讼法典等量齐观的《联邦民事诉讼规则》并非国会立法,而是出自法院系统,而且根据联邦法官会议的建议即可不断频繁修改,甚至各法院还可因地制宜修改变通;发挥各种实体法法源作用、在判决中被广泛引用的《法律重述》竟然只是由民间组织美国法律研究院(American Law Institute)编纂,无需政府主导和安排!除制定法和判例外,衡平曾经是英格兰法律体系中的重要法律渊源,并由此创设一整套司法体系,也一并传入美国;这些衡平原则在美国有的州得以通过成文法的方式体现和固化。与此形成鲜明对比的是,作为补充和超越实定法的原则,中国司法传统中的情理也发挥着类似的重要作用。但与衡平不同,情理并没有转型为体系化和制度化的实定原则和规则,而是始终作为基于个案具体情形而直接发挥平衡作用的决定性要素。这一重要法源及其作用方式对中国的法律思维和认知模式以及当代法律实践仍有深刻影响,并成为中国法区别于西方法的重要因素。

二、法律渊源类型化差异的成因

在不同历史时期,各种法律体系中对法律渊源的不同侧重,以及同类法律渊源之间体现出的深层差异,其形成具有复杂的多元背景。历史经历、语言文化、政治制度和关联性法律机制都是其中重要的影响要素。不同的历史发展经历具有一定偶然性,但却成为法律制度的底色。中世纪后期的罗马法复兴在欧洲大陆产生长期和深刻的影响,是欧陆法成文化和法典化的重要基础;罗马法复兴时英格兰的普通法已初步形成,有效抵制了罗马法的全面影响,而凭借与普通法体制伴生的法律职业群体力量,英国在十九世纪继续抗击了法典化的浪潮。非西方国家的法律渊源形态则往往与其殖民宗主国或历史形成的法律移植经历密切相关。同时,语言文化具有自然形成且难以短时期改变的深层作用。英语世界普遍采用以判例为基本法源的普通法,非英语国家则少有全面引入普通法的成功例证,可见语言文字作为法律基本媒介工具对法律渊源具有关键意义;美国在法律渊源方面更多继受其革命抗击的对象英国而非其独立战争期间的盟友法国,是语言具有决定性作用的又一例证。政治制度及理念是另一重要影响因素。欧洲理性主义政治哲学下产生的国家主义和严格的政治权力分立制衡,塑造了其法典和判例的独特关系;美国的联邦主义形态使其判例运行呈现出与英国明显不同的状态;中国的中央集权传统和体制则对以制定法为中心和具有特色的判例遴选等制度具有决定性作用。此外,法院体制、司法程序和法律群体的不同权威等法律范畴的内部要素也对法律渊源的形成和实践运行有不同程度的影响。

【名家专论】

一、沈宗灵、达维、格罗斯菲尔德：法律渊源的概念及对普适观念的警惕

在西方法学中，法律的渊源（Sources of Law）是一个含义十分混乱的概念。一般地说，它可以指以下几个方面的含义：首先，法律的历史渊源，例如罗马法、教会法等，有时也可以指推动制定某一法律的一定历史事件；第二，法律的理论或思想渊源，如理性主义、功利主义等；第三，法律的本质渊源，如人的理性、公共意志等；第四，法律的效力渊源，又称正式渊源，是指法律由不同机关创制或认可而具有不同效力，从而也就可以划分为各种类别，如制定法（宪法、法律、行政法规等）和判例等，有时也包括经认可的习惯、法理等；第五，法律的文献渊源，如法律汇编、判例汇编等；第六，法律的学术渊源，如权威性的法学著作、工具书等，从中可以了解对法律的非官方的学理性阐释。但通常所讲的法律渊源……主要是指以上第四种意义的法律的效力渊源而言。

（节选自沈宗灵：《比较法研究》，北京：北京大学出版社，1998年，第161页。）

（罗马法）它不仅在实践上至少在一些领域产生了巨大的影响，而且导致欧洲大陆和英国对法律的看法完全不同。对于法国或德国的法官来说，法律成了类似印度的"达摩"之类的东西：它代表一种独立于程序和法院判决的规则模式。一位大陆国家的法官总是一位大学毕业生。由于他在大学所受的教育，他将永远不会接受大法官霍姆斯所下的定义：法律只不过是对未来法官将如何判决案件的合理预言。他的这种定义是不能令人满意的，理由有二。首先，大陆国家的法官会毫不犹豫地指出，一些可能被法院运用的某些法律规则，假如这种法律规则相悖于正义观念的"真法"（true law），它们就是"恶法"（bad law），因此所有善良的公民都有责任，特别是所有的法律家都要进行斗争反对这种"恶法"，以便寻求"法律"即良法（better law）得势。我们的法律概念本身一开始就承受由议会和法院所提出的各类批评。当我们在大陆上听到英国把法律两分为普通法与衡平法时感到深为震惊；对我们来说，难以想象在这两者之间做出对立划分：法律的不足竟须用衡平法来补救是不可思议的，因为那些与衡平法相反的东西是不能恰当地称之为法律的。在大陆法官看来，霍姆斯的意见不能令人满意的

第二个理由是,从已经确立的法律规则与法院的活动的联系来看,我们认为法律有着较为广泛的范围,它包含组织社会并使之得以和谐运转的所有规则,而不仅仅是其中法院可以援引或实施的那些规则。在大陆国家,法律与政治学甚至与道德并无明显的分界。

(节选自[法]勒内·达维:《英国法与法国法:一种实质性比较》,潘华仿等译,北京:清华大学出版社,2002年,第12—13页。)

具体从事比较法实践的人实际所比较的究竟是什么?我们专业的研究对象究竟是什么?当我们谈到德国或者中国的"法律"时,我们心里究竟想的是什么?我们要把一些法律之外的规则也包括在内吗?实际上我们必须如此,否则,我们心目中对外国法律制度的图景将会很不幸地受到歪曲。经常地,那种"不言而喻"的东西,虽然一直未曾被人们明言却也从未受到过质疑,它们的影响比我们称之为法律的东西的影响大得多。也就是说,社会中存在着人们意识到的或者未曾意识到的许多禁忌。法律仅仅只是社会生活规则显露出来的一个微小部分而已。

那么,对那种并不习惯于按我们所理解的意义上的"法律"的体系——在这样的体系中,法院的裁决并非解决争端的标准方法——我们应如何做出反应?我们不具有任何跨文化的"法律"观念:我们所拥有的相当正式的法律观念是由文化决定的。其他民族把任何权威性的宣示都作为"法律"看待,也就是视作应当遵循的规则,尽管究竟什么才算得上是权威性,可能尚存疑问。法律的深层结构常常并不是我们所认为的那样,而且在我们去寻找的地方往往找不到,问题的症结在于,我们是通过从我们自己的文化之中产生的各种先定之见来认知其他各种文化的。或者我们别无他法。但是,这也带来了许多我们无法在此加以处理的方法论问题。

(节选自[德]伯恩哈德·格罗斯菲尔德:《比较法的力量与弱点》,孙世彦等译,北京:清华大学出版社,2002年,第14—16页。)

二、沈宗灵:欧陆制定法

在民法法系各国中,制定法是主要法律渊源。这一现象同罗马法传统有一定联系,但主要是由于资本主义在西欧大陆的兴起,特别是民族国家形成的产物。民族国家的形成要求国家是拥有对内对外权力的主体,是产生法律的唯一权威,用民族国家本身名义制定的法律(制定法),来代替以往所有的法律(包括罗马法、教会法、地方习惯法和各城市的商法等)。

中世纪中后期,罗马法的复兴为资本主义法律的产生和法律的统一化准备了条件,但罗马法不能未经改造就立即成为资本主义社会的法律。因此,自16世纪开始,西欧大陆上先后兴起了在罗马法基础上以不同形式制定本民族国家法律的活动。如15—16世纪德国接受罗马法,宣告罗马法是全国"普通法",实质上是将罗马法改造成为民族国家法律的前奏。1794年的《普鲁士邦法》也是通过一种原始的法典形式来改造罗马法的一次尝试。法国1804年的《民法典》则是在罗马法的基础上制定的一部典型的资本主义社会的法典。

国家主权、国家主义、理性主义以及三权分立等学说,对制定法成为民法法系的主要渊源这一事实也起了重大的促进作用。国家主权学说强调国家主权的一个主要标志就在于它是代表法律的最高权威。从博丹(Jean Bodin,1530—1597)到卢梭关于主权的学说都贯彻了这种思想。博丹宣称:"主权和绝对权力的关键主要在于对臣民颁布法律而不需要他们的同意。"卢梭认为:"社会公约也赋予了政治体以支配它的各个成员的绝对权力。正是这种权力,当其受公意所指导时,如上所述,就获得了主权这个名称。"根据国家主义学说,国家是至上的,国家本身就是目的,个人必须绝对地服从国家及其法律。理性主义认为,人的理性要求而且可能制定完备的法律。三权分立学说认为,为了保护个人的自由,防止权力的滥用,立法、行政和司法三种权力应该分开。只有立法机关才有权立法。

当然,英国的同一历史时期也经历了资本主义兴起的过程,并且超过西欧大陆发展的水平,国家主权等学说在当时英国也极为流行,但在英国却没有以制定法作为法律的主要渊源。这是因为英国的法律发展的历史条件不同于西欧大陆。……

在进入20世纪,特别是二战后,从法典化向现代立法的转变意味着民法法系法律渊源中出现了若干新的现象:对法律的合宪性审查(或称违宪审查);委任立法;法院判例和法律解释的加强。……

在普通法法系中,按传统说,判例法占主导地位,制定法是次要的,只是对判例法的改正和补充。从19世纪以来,制定法数量日益增多,其地位也不断提高,但判例法仍有重要地位,它不仅是法律的一个重要渊源,而且制定法本身也要受判例法解释的制约。……现在,普通法法系国家的法律渊源,主要是由制定法和判例法二者构成的,它们相互作用,很难在二者中分出主次。……制定法是普通法法系国家的另一主要渊源。像民法法系国家一样,普通法法系的制定法包括宪法、法律(立法)和行政法规。条约有时也被认为是一种制定法。

(节选自沈宗灵:《比较法研究》,北京:北京大学出版社,1998 年,第 162—164、284、294 页。)

三、达维、梅里曼:欧陆法典编纂及比较

欧洲大陆编纂法典的原因很多,但其中最重要的是不稳定的局势和法律的极端分裂状况。同样的罗马法在各地的大学中讲授,但某种程度上,在所有国家中,法院适用的法律都有别于大学所讲授的法律,因为法院感到必须适用地方的习惯和统治者的法令。

在英国,由法院发展出一般习惯。与英国的情形不同,在大陆国家,法院所适用的各省或地方的习惯众多繁杂。单是在法国北部地区,这样的习惯便有 300 种以上,在其他国家,尤其是德国,情况则更为严重。人们做出了一些努力,或者通过王室的命令或者取源于私人的创制,以促使习惯成文化,并在更高的水准之上对地方习惯进行统一或使它们的内容现代化。然而,在所有国家中,法律依然是多种多样的,并且常常是不稳定的。在这样的环境之下,不难理解人们多么需要一种根本的改革。编纂法典有很多原因,但是最主要的还是人们怀有使法律明确和使全国的法律保持统一的愿望,这些国家曾依政治的标准结为一体。这种愿望在英国是感觉不到的,在那里王室法院在建立通行于整个王国的法律方面已取得了成功。因而,编纂法典是与大陆而不是与英国所感到的需要相联系的。

(节选自[法]勒内·达维:《英国法与法国法:一种实质性比较》,潘华仿等译,北京:清华大学出版社,2002 年,第 24—25 页。)

如果人们不把法典编纂当作一种形式,而看成是对某种思想的表示并试图理解这种思想,从而弄清它为什么要通过法典形式表示出来,那么人们就能了解比较法所提到的法典的意义。事实上……《统一商法典》(Uniform Commercial Code)在大多数州中都适用。虽然这些法典形式上同大陆法系的法典并无二致,但其基本思想——法典的概念及其在法律程序中的作用是不相同的。大陆法系有其独特的法典编纂观念。……

（德国与法国的法典）它们之间不同点固然是主要的，但也保留有一些重要的相同之处。与法国人一样，德国人也把严格的分权原则吸收到他们的法律制度和政府制度中去，规定立法只能由立法者进行，法官不能立法。虽然，德国人更深深地认识到，制定一个完整、连贯和清晰的法典并非易事，但他们仍坚定地为实现这一目标而努力。此种努力也对法国人构成了激励。此外，如同法国法典一样，德国法典提供了建立整体民族国家的统一法律体系，为新近国家的统一起了推动作用。

《加利福尼亚民法典》或者为美国一些州所采用的《统一商法典》，同德国法典有着完全不同的思想和理论体系。虽然这些法典看起来同法国或德国的法典非常相似，但是它们的指导思想不同，它们没有任何共同的文化基础。在普通法系国家适用法典的地区，人们无需对法典作完美无缺的矫饰，也不强求法官在法典内寻找判案的根据。而且，通常这些法典都不否定过去的法规，它们并不是要废止在同一调整范围内的一切旧法，而是通过补充使之完善化（与这些法典的特殊目的相抵触的法规除外）。当一个法典或其它法律的某些规定可能同普通法的固有原则发生冲突时，一般要求对这些规定加以解释，通过这种途径以避免冲突。一句著名的司法格言是："对于有损于普通法的制定法条文应从严解释。"

于是，普通法系保守的倾向与大陆法系法典编纂精神中所体现的革命思想形成了鲜明对照。能够把大陆法系国家用一个共同的法律传统联系在一起的，正是这种思想，而不是法典编纂的形式。

（节选自［美］约翰·亨利·梅利曼：《大陆法系》，顾培东等译，北京：法律出版社，2004年，第26—33页。）

四、《2004年蒙大拿州法典注解》

第1-3-101条　［衡平法］格言的目的
　　　　　　　本章第2节罗列的判例法格言并非用以限定本法典中的任何其他条文，而是佐助其合理适用。

第1-3-201条　过时的理由，过时的规则
　　　　　　　当一条规则的理由不复存在时，该规则本身亦寿终正寝。

第1-3-202条　同样的理由，同样的规则

理由相同,规则亦同。

第1-3-203条　变换目的
　　任何人不得为损害他人而变换目的。

第1-3-204条　放弃法律上的利益
　　任何人得放弃法律仅为其自身设定的利益。但为公共目的确立的法律规定不得为私人协议所侵犯。

第1-3-205条　对权利的限制
　　任何人行使其自己的权利不得侵犯他人的权利。

第1-3-206条　同意
　　同意某一行为者不因其蒙冤。

第1-3-207条　默认
　　默认错误就不得对其加以反驳。

第1-3-208条　自己违法——不得获益
　　任何人不得从其自身的违法行为中获益。

第1-3-209条　以欺诈手段非法占有他人财产
　　任何人,因受欺诈而丧失对财产的实际占有,在法律上依然被视为占有该财产。

第1-3-210条　代理行为
　　能阻止而未阻止他人以自己名义行为之人,将被视作授权他人行为。

第1-3-211条　他人行为
　　任何人不应受他人行为的伤害。

第1-3-212条　利益——责任
　　获取利益者应承担责任。

第1-3-213条　财产转让包括财产上的要件
　　转让财产者被推定同时转让财产使用中必需之物件。

第1-3-214条　不法行为——救济
　　蒙受不法侵害者均可得到救济。

第1-3-215条　在合法或非法上不相上下
　　在合法或非法方面,当事人势均力敌时,法律并不介入其中。

第 1-3-216 条　最早获得的权利优先

其他情况下同样的权利,最早获得的优先。

第 1-3-217 条　不可抗力

任何人都不对不可抗力承担责任。

第 1-3-218 条　对权利保持警觉

法律帮助对自己的权利保持警觉者而非怠于行使权利者。

第 1-3-219 条　形式与实质

法律注重实质胜过形式。

第 1-3-220 条　本应已经完成的行为

本应已经完成的行为,将被视作有利于接受履行者,而不利于履行义务人。

第 1-3-221 条　显然不存在

看来不存在之物将被视为它本不存在。

第 1-3-222 条　不可能之事

法律从不要求不可能之事。

第 1-3-223 条　无用之举

法律既不作无用的规定亦不要求从事无用之举。

第 1-3-224 条　琐事

法律不管琐事。

第 1-3-225 条　特别对一般

特别规则限定一般规则。

(节选自[美]彼得·海:《美国法概论》(第三版),许庆坤译,北京:北京大学出版社,2010 年,第 4—6 页。)

五、沈宗灵:判例制度

判例(英语 decided case,precedent,法语 juriprudence)是指具有前例作用的法院判决。如果这种前例被认为具有较普遍的法律效力,就称为判例法(case law),成为法律渊源之一,与制定法相对称。在研究民法法系国家的判例时,还应区分普通法院的判例和行政法院的判例。

在 19 世纪的民法法系法学著作中,一般否认判例是法律的渊源之一,主张制定法是主要的甚至是唯一的渊源。进入20世纪以来,对这一问题存在不同意见。

按照罗马法传统,一般法官在法律发展中的作用是不显著的。就古典罗马法时代或在此以前时期而论,一般法官的地位远远不如发布告示的裁判官或解答问题的法学家。一般法官并不从事创制法律的任务。《查士丁尼法典》中就规定:"案件应在法律基础上而不是在判例基础上进行判决。"法国革命前的高等法院,尤其巴黎的高等法院的判例(arrêts de règlement)具有与立法一样甚至更高的约束力。革命爆发后,这种旧法院及其判例法制度都被取消。……根据法国大革命时期对三权分立学说的解释,议会至上,它是唯一的立法机关,司法机关仅有权根据议会制定的法律进行审判,无权立法而且无权解释法律。……1804年《法国民法典》第5条还作出了如下规定:"审判员对于其审理的案件,不得用确立一般规则的方式进行判决。"这就是说,法官仅有权就具体案件适用立法机关制定的法律,它无权创制法律,否则就篡夺了议会的权力。……

但从法院实践来看,判例在法律发展中有重大的说服作用。首先,尽管在法律上或理论上否认法官有权创制法律和"遵从前例"的原则,但法院强烈地倾向遵从判例,特别是上级法院的判例。主要理由是贯彻平等适用法律的原则;维护司法职业的尊严,由整个司法界分担判例的责任;节省时间,使法官可以集中时间研究没有判例的案件;符合当事人根据判例而产生的期望;有利于减少诉讼和冗长的诉讼时间。此外,由于上诉制度的存在,一般法院在判决时也不能不考虑上级法院对类似案件的态度。其次,民法法系国家都出版官方和民间的判例汇编。律师在诉讼中经常引用判例,学者也经常钻研判例,这些现象也说明了判例在法律发展中的作用。最后,行政法院存在的历史较短,行政法并没有像民法和刑法那样完备的法典。因此行政法院在实践中必须更多地依靠判例。事实上,行政法主要是通过行政法院的判例而发展起来的。

……

就普通法法系来说,判例法一般是指高级法院的判决,确切地说,是指一个判决中所含有的法律原则或规则,对其他法院(或甚至对本院)以后的审判来说,具有作为一种前例的约束力(binding effect)或说服力(persuasive effect)。这里应注意,判例法并不是指对某个案件的整个判决,而是指某一判决中所包含的法律原则或规则。当然,这种原则或规则和判决中所讲的案件事实是密切联系的。……

就英国而论,遵从前例原则是指以下三种情况:第一,上议院的判决对其他一切法院均有约束力。在 1966 年以前,它对上议院本身也有约束力。根据 1898 年伦敦街车公司诉伦敦市议会案判决中所提出的一个原则:上议院绝对地受它本身判决的约束,只有英国国会的立法才可能改变上议院的错误判决。但在 1966 年,上议院大法官改变了原先的立场。第二,上诉法院的判决,对除上议院以外的所有法院,包括上诉法院本身,均有约束力。第三,高等法院的一个法官的判决,下级法院必须遵从,但对该法院其他法官或刑事法院法官并无绝对的约束力,仅有重要的说服力。

(节选自沈宗灵:《比较法研究》,北京:北京大学出版社,1998 年,第 167—170、284—286 页。)

六、达维、克罗斯和哈里斯、茨威格特和克茨:判例制度的比较

司法判决不是法源。法国法理学著作的学者们不厌其烦地重复这句格言。当我们考虑到法国的一些法律著作像在英国的法律著作一样参考和分析法院判决[尤其是在某些部门法方面(侵权行为法、冲突法、行政法)]的情况时,感到上述格言与实际非常不符。但是无论实际上这样的判决如何重要,上面引用的格言都代表对法国法律的一种真实陈述。在法院的判决中是找不到法律规则的,这些法院的职责仅仅是适用在其他某些"法律渊源"可以找到的法律规则。这种其他渊源在以往主要存在于习惯、学者的学说(或罗马法)之中;现在总是体现为制定法,包括某些法律领域中的法典。

不过,法国法院的判决却具有极高的说服性价值,尤其是最高法院和参政院的判决,其价值更大。前者是民事和商事案件的最高审级法院,后者是行政案件的最高审级法院。然而对于任何一个法院来说,不遵循全部的或任何一个司法判决,并以自己的方式对制定法中的条文做出解释总是可能的;另一方面,没有哪个判决能够基于以下理由而宣称自己合法:某个法院在以前的判例中曾如此判决或持有这样的法律观点。因而法院所有判决都要经受不断的批评,但法官可以特别论证,当环境发生变化,对法律重新解释便正当合法。一个法国法官总有权这样做,他也会偶然坦率地说他打算背离以前流行的解释,虽然在大多数案件中他会将手边的案件与以前的案件加以"区别",就像一个英国法官所做的那样。在法国中,不存在先例的拘束力原则,除了极少例外的情况,其他大陆法国

家也是如此。

（节选自［法］勒内·达维：《英国法与法国法：一种实质性比较》，潘华仿等译，北京：清华大学出版社，2002年，第29—30页。）

（英国先例制度）与法国的比较。……从实践的角度来看，英国判例法和法国判例法的一个最为重要的区别在于这样的事实，即法国法官并不认为自己受一个先前进行审判的任何法院的判决绝对约束。他就某一特别的问题尽力去探知近来判决的趋势。……"法院的实践并不能成为一种法律渊源，直到它被在某一问题上一致的诸多先例一再重复而明确地确定下来。"……

对于法国和英国适用先例原则的方法之间的不同，有三个主要的原因，分别是英国法官对法律中的确定性的要求之强烈要超过大多数欧陆的法官、英国法院高度中央化的等级体系以及法官在两个国家的地位的不同。……

确定性之需要。……欧陆法官毫无疑问与英国法官一样总是想要法律确定，但是他对这种需要不那么强烈，因为之前的罗马法和法典化的习俗以及后来的拿破仑时代的诸法典提供了规则背景。……

法院的等级体系。法国的司法制度以国家被划分为数个地区为基础。就民事案件而言，每一个地区都有一个初审法院和一个上诉法院。地区的初审法院并不受他们自己先前的判决或任何其他地区的初审法院判决约束，这样的初审法院也不受它们自己的或其他地区的上诉法院的先前判决约束。地区上诉法院既不受他们自己的过去判决约束，也不受任何其他地区上诉法院过去判决约束。对于法律问题，当事人有权从地区上诉法院上诉至巴黎的最高法院（the Cour de Cassation）。理论上，这个组织不受任何其自己先前判决约束，而且地区法院不必遵循最高法院在先前案件中作出的判决。就最高法院审议的实际案件而言，该法院可以将它发还给上诉所来的那个地区附近的地区上诉法院对其进行重审。……以刚刚勾勒的如此分散的一种法院体系，对于法国来说，很难发展出在每个方面都如同我们自己那样刚性的先例原则。……

法官地位的不同。法国法官的地位迥异于他的英国同行。首先，我们的高级法院的法官数目要少于法国的司法人员；其次，法国的司法人员，不像我们那样来自律师而是来自文官（civil service）；再次，很多法国法官都是相对年轻而且没有什么经验的人。……结果是，法国的司法阶层被认为没有英国的司法阶层那样重要……更为重要的是这个事实——英国法官是英国法律的建筑师。……

也必须注意英国和法国法院的判决结构不同……以及法国最高法院判决的判例数目十分巨大。……贵族院每年只听审大约30来起来自英国法院的上诉案件,但是法国最高法院的各种审判庭每年要处理大约1万起案件。

尽管从理论上讲,英国和法国适用判例法的方法有很大的不同,而且总体而言,在法国先例规则是缺席的,但是这两种司法体系的共同点要比想象的多。

第一,法国法官和法学家都对法国最高法院过去的判决给予最大程度的尊重。

第二,英国法官解释案件的判决理由的方式倾向于使其对待法律问题的态度类同于他们的法国同行。……这是英国司法推理的一种共同类型……它意味着处理同一问题的很多判例必须放在一起阅读,以确定法律要点,对此,任何人在某一特定的时间里都是权威。……英国的判例法与法国的法学不同,但是认为我们的法官永远栖息于一种独特的荒野上,却是不正确的。就目前而言,如果我们不去理睬英国法官和法国法官表达他们的结论的方法的不同,那么看起来两种司法体系的分歧在针对法院要处理的问题只有一种重要的判决时……是最为值得注意的。很有可能的事[是],一个法国的初审法官会觉得自己同乔斯林·西蒙爵士在 Padolecchia v. Padoleccina 案中一样受到 Simonin v. Mallac 案的约束而去遵循它,尽管这可能是由于这样的事实,即 Simonin v. Mallac 案已经被很多判例所遵循,而不是由于那样的事实,即该判决已经得到了上诉法院在相对较少场合下的支持。两种判例法体系更为深刻的区别的另一方面是由于《法国民法典》第5条,它禁止法官制定一般性规则。……然而,吊诡的是,尽管《法国民法典》第5条拒绝给予法院判决"正式"法律渊源的地位,作为"实质的"或"历史的"渊源,它们可能通过经常的重复,可以获得甚至比贵族院判决更高的立法效力。

与欧洲法院的比较。……欧洲法院的判决风格类似于上一节讨论的法国上级法院,而且,在某种程度上,法国对司法裁决作为法律渊源的理解,已经被延续。……无论如何,欧洲法院的实践已经普遍地遵循了先例。它经常重复以前的段落,提及它们的名字,尽管有时候在措辞上有些许变化。……在实践中,欧洲法院对待先例的态度与某些英联邦国家高级法院以及美国法院对待先例的态度差不多。另一方面,与英国的贵族院相比,它可能更容易偏离其判例法。此外,当欧洲法院这样做时,它看起来并不认为自己有任何义务对其思路的转变进行解释。对这些不同,一个明显的原因是欧洲法院主要是一个民法传统的法院。它的十三个成员国中的绝大多数都在民法法系的司法背景下接受教育,进行法律业务……还需要强调的是,欧洲法院既是一个宪法法院,也是一个行政(或其他类型的)法院。例如,它裁决欧洲共同体内政治机构之间的争议,而且制定有关欧洲共同体和国家法律体系关系的各种原则。正如美国最高法院可以自由地推翻它自己的先前判决一样,因此当欧洲法院认为在宪法上扩张或(有人或许会这样说)不考虑先例合适时,它就会这样做。对于允许宪法法院(或类似于欧洲法院这样行使宪法职能的法院)比普通的法院或普通法法院更自由地去不考虑先例,有某些充分的一般论证。在欧共体背景下,还可以说条约修改的困难使得必须对其规定以一种灵活的方式进行解释,这可能使得推翻过时的判决是正确的。……

与美国比较。尽管美国以详尽讨论先前判例的方式作出判决的实践比欧洲大陆更像英国,美国最高法院和不同州的上诉法院并不认为它们自己受它们过去判决的绝对约束。在很多情况下,某些美国法律家更愿意谈论的是最高法院已经推翻了一个以前的判决。由于英国贵族院惯例的改变,英国的先例诸规则可能更为接近美国,但是为什么美国的规则应该更不严格,有两个原因可以解释。这两个原因是,美国各个州司法系统的数量和美国法院更为经常地处理极为重要的宪法问题。

众多的司法系统。多种多样的司法系统产生了多种多样的判例汇编,这些判例汇编反过来影响了法律教学,而且导致有关各种主题的"法律重述"(restatements)产生。各种形式的判例教学方式(the case method of instruction)盛行于大多数美国法学院,旨在根据来自众多司法系统的例子发现一个问题的最佳解决办法,而且几乎没有法学院将其教学局限在某一州的法律之内。这种法律重述简明地阐释和展现了根据整个美国的判例法而形成的法律原则,以及有时,有关各个部门法的诸模范法典(model codes)和系统的统一规则以一种适合立法机关即刻接受的方式被生产出来。……

宪法问题。当一个法院对一部成文宪法进行解释时,宪法的术语是支配性的因素,而关于这些术语含义的判例法则是第二位的。……还有一个更进一步的原因……"一般而言,看起来清楚的是,先例的刚性方法对于解释宪法来说是不适当的,它必须被适用于变化的国家生活状况和公共政策。对字词的适用在某一时间是合理的和公正的,可能在另一时间是错误的和有害的。"

(节选自[英]鲁伯特·克罗斯、J.W.哈里斯:《英国法中的先例》(第4版),苗文龙译,北京:北京大学出版社,2011年,第13—23页。)

当法官能够在最高法院一个或数个判决中找到似乎与他面前的案件有关的一条规则时,他会遵循该判决中的规则,这在德国、英国和法国都是一样。当然,为了能够遵循一条规则,法官必须首先从判例中抽取出此类规则;但关于抽取此类规则的方法,普通法与大陆法仍存在着显著差异。普通法法官探究判例法和从中抽出规则与原则的技术,是"从判例到判例推理"这种成熟而精湛传统的产物。英美法官通过一些个别先例开始他的判决过程,这些先例是当事人的律师在他面前结合本案而引证的先例。在这些先例中,法官确认某些"规则",即特定具体的现实问题的解决办法。法官也考察这些"规则",如何被其他"先例"限制、扩大和改进,然后,持续认真地思考相关的实际问题,逐渐从这些规则当中抽出高层次的"原则"和"准则",他运用这些原则和准则,推导出解决面前的案件的试验性解决办法;然后则针对相似案件的背景,检验他的解决办法是否合适,最终作出判决。……

这种以案件的特定事实为基础的归纳式思维方法和深入细致对待有关先例的方式,并不能在大陆法中找到,至少在那里找不到同等程度的类似情况。这是因为,大陆的法官仍受到旧式实证主义思想的影响,这一点在意大利和法国比在德国更严重。根据这种思想,裁决案件不过是通过归类活动把特定法律规则"适用于"争议的事实;实际上,他们经常持有进一步的假定,即认为最理想"可适用的"法律规则是制定法条文,而与此相反,在司法中发展起来的法律规则和原则,只有通过实践证明其效力在各方面获得社会认可,从而已经"凝结为习惯法"时,才能得到官方承认。旧式法律渊源学说,明显有异于今天我们能够看到的欧洲大陆法官在发现法律时所实际发生的情况。但是,法国和意大利乃至德国最高法院的判决风格,说明了过去的思想何等顽固地存活下来。

在这方面,一个引人注目的例子是大陆国家的判决中不情愿论及案件事实的态度。我们已经提到,法国最高法院通常只是隐隐约约地间接提及案件事实。德国法院的判决必须包括"事实和诉讼经过的扼要叙述",但当判决在期刊或判例汇编上印出时,则有一种特有的倾向,即将它截短甚至加以删削,这种做法对于普通法法律人来说,显得不可思议。此外,法国最高法院甚至从不援引自己先前的判例,更少谈及它何以遵循此判例而不是彼判例。当然,法国最高法院的法官们,实际上十分细心地检查判例法。但是他们却喜欢给外界人士以这样的印象:他们每当挥动逻辑上从大前提到小前提的魔杖,判决就从制定法的条文中蹦出来。尤其是,欧洲大陆各国最高法院的判决,有时仍反映100年前专制国家的传统:判决首先是以非个人名义作出,体现的是国家的行为,它在敬畏权威的公民面前炫耀法律的威严;因此,欧陆传统肯定不允许出现这样的情况:对有关"案件"具体问题的解决办法,不是出自纯粹的理性和冷酷的逻辑,而是法官慎思明辨和比较掂量正反两方面的意见,然后作出判决。

(节选自[德]茨威格特、[德]克茨:《比较法总论》,潘汉典等译,北京:中国法制出版社,2016年,第471—474页。)

七、寺田浩明:法律渊源的中国传统

(在传统中国社会)诉讼就是在这样的意义上通过公众参与的方法,在社会空间内发现(或形成)各个具体案件双方当事人利益主张之间的均衡线。审判官对于固守己见的当事人总会说服道,"这就是天下的公论,无论上告到哪个层次都不会变",并强制半强制地设法让其接受裁判结果。社会从根本上带有迫使当事人协同一致的强制压力,审判主体在制度上被期待为"公论之口",只要他在合理的范围内履行职务,就带有了制度赋予的权威性。通过这种方法,州县长官总可以发现每个案件中最为或较为合适的"情理",并通过提供的纠纷解决方案将其具体体现出来。

因此,即使把"情理"理解为传统中国社会中的"法"规范,可是这种意义上的"法"又并非像今天一般理解的那样属于先于一个个纷争解决而存在的规范。即使通过裁判而使高度抽象的"情理"得到具体化,但具体的"情理"本身总是个性化的,并不能根据以前的判决推导出也能运用于今后裁判的规范。符合"情理"的具体特定答案只能在每次解决纠纷时个别地形成。于是反映在现实中,就是只要双方当事人停止争端即等于找到了最合适的互让线。虽然有时也会出现例外,但在社会不发生剧烈反应的情况下,看上去稳定的结果总体上就是符合"情理"的。整个社会的"法"规范存在形态就是两种极端,一端是"情理"这样一个价值性的高度抽象的修辞,另一端就是具体内容表现了"情理"的无数个别的纠纷解决个案,其间不再存在其他规范形态。或者也可以说,当时人们观念中有关规

范实现的逻辑关系就是:只要判断是由通情达理、德高望重的"君子"大人作出,那么纠纷解决的具体内容就应该符合情理;反过来,只要判断符合情理,就说明作出判断的主体具有相应的权威。这种逻辑不能防止人们对每一个具体的裁判都生出疑问,同时反过来,每一次裁判都因其没有引发疑问或打消了疑问的成功,从[而]使情理的实现和审判主体的权威得到"证成"。

与西欧历史上的审判相对比的话,那里的逻辑则是在秩序整体价值和解决一个个具体纠纷的个案之间,应该存在一种由要件和效果构成的规则,个别案件则是这种规则的体现。审判的最主要目的是实现这一规则。规则在限制审判官的自由裁量范围的同时,也为一个个的判决奠定了正当性基础。但这类我们所熟知的规范结构在传统中国根本不存在。此种区别的存在还是要归因于秩序根本理念的差异,或者说是关于审判职责的理解上存在根本性的不同,与此相对应的"法"概念及规范存在形态也不同。……

传统中国的成文法虽然早就存在,而且类似于法律解释那样的实务也一直在进行,但却不可能出现与西方法学的"法源论"相对应的观念。

在西方的法律传统中,作为规则而存在的法律规范当然必须以某种高度抽象的秩序价值理念作为背景或基础。但是在一般的审判实务中,只要有明文的规则可作为判决的依据,其结论就不会直接诉诸根本的秩序价值理念。结果是规则之间的空隙也总是以创制规则的方式予以弥合,从而形成整套的规则体系。只要可能,审判就只通过具体规范命题的解释适用来进行,即尽量只是诉诸规则。在根本价值与同时具有一定抽象度和具体性的规则之间形成严格的界限,不同的规则之间则按照一定位阶编排并构成等级。具体判决的作出和裁判主体的资格授权都不直接来源于根本的价值理念,而都通过援引不同等级的规则来确定各自的位置。极而言之,正是通过这种尽可能避免对根本价值理念加以直接援用的制度安排,使得本来作为基础的根本价值理念与本来只是体现这些价值理念的规则这两者之间的效力关系在现象上好像发生了逆转似的。所谓"法源论",讲的就是裁判能够依据哪个层面的规则,在什么情况下才有可能诉诸根本价值理念的问题。在这样的基础上,以作为规则的法律规范作为基础并因此获得正当性的审判才得以成立,立法与审判的分工才能够发生。如果说西方传统中的法律解释是特殊的话,则其特殊性并非系于解释本身,而体现在法律本身的存在方式之中。

与此相对,在传统中国因为"情法之平"这种价值既是高度抽象的,又具有只能体现于一个个案件的具体处理这种性质,即使以"律例"的成文法方式把这一根本性价值转化为法律规范,但制度上安排却不禁止从事审判的官员直接诉诸"情法之平"的价值本身。结果,对于成文法的解释作为根本价值的二次性解释,与对价值本身的解释(即立法)之间的分界线变得模糊不清。到了皇帝那里,立法和审判这两者便在"情法之平"的直接解释中达到了完全的重合或等同。在这样的制度脉络中,仅仅"依据"成文法得出的结论所具有的说服力自然受到很大限制。……

不过,如果转换一下视角还能够看到,即使是在传统中国,要是把每一个具体案件都自有其独特的"情理"或"情法之平"的理念推向极端,则在同一个官僚体制内保持案件处理起码的统一性也是不可能的。因此问题只在于如何控制实务上的统一与分化某种程度的并存与紧张。这样看来,在可能无限分化的大量案件处理过程中,律例与成案作为成文法和判例制度实际上确实担负了保持必要程度的统一性与流动性之间张力的功能,并推动整个体系不断地发展演进。考虑到现代大规模科层制下的审判制度也面临着如何统一裁判的课题,再想一想当今成文法体系国家的最高法院判例所起的作用日益增大等现象,就不难看到现代社会与传统中国之间其实也有类似之处。研究中国的法与审判,或许能够帮助我们发现仅仅立足于"法源论"所不能穷尽的某些重要问题。

(节选自寺田浩明:《传统中国的"法律解释"》,载寺田浩明:《权利与冤抑:寺田浩明中国法史论集》,王亚新等译,北京:清华大学出版社,2012年,第434—435、447—449页。)

【问题思考】

1. 不同类型法律渊源的发展分别受哪些要素影响?
2. 目前制定法有哪些类别,以及各自有何特点?
3. 在功能主义的意义上,非西方国家有哪些不同于西方的法律渊源?

【延伸阅读】

1. C. K. Allen, *Law in the Making*, 7th ed., Oxford: Oxford University

Press, 1964.

2. Patrick S. Atiyah and Robert S. Summers, *Form and Substance in Anglo-American Law: A Comparative Study of Legal Reasoning, Legal Theory, and Legal Institutions*, New York: Oxford University Press, 1987.

3. John H. Baker, *Judicial Records, Law Reports, and the Growth of Case Law*, Berlin: Duncker & Humblot, 1989.

4. W. Hamilton Bryson and Serge Dauchy, *Ratio Decidendi: Guiding Principles*, Berlin: Duncker & Humblot, 2006.

5. René David, *International Encyclopedia of Comparative Law*, Vol. II, "The Legal Systems of the World Their Comparison and Unification", Chapter 3, "Sources of Law", Tübingen; The Hague et al.: J. C. B. Mohr (Paul Siebeck)/Martinus Nijhoff, 1984.

6. Mary Ann Glendon, "The Sources of Law in a Changing Legal Order", *Creighton Law Review*, Vol. 17, No. 3(1983-1984), pp. 663-698.

7. D. Neil MacCormick and Robert S. Summers, *Interpreting Precedents: A Comparative Study*, Aldershot; Brookfield et al.: Dartmouth/Ashgate, 1997.

8. D. Neil MacCormick and Robert S. Summers, *Interpreting Statutes: A Comparative Study*, Aldershot; Brookfield et al.: Dartmouth/Ashgate, 1991.

9. Stefan Vogenauer, "Sources of Law and Legal Method in Comparative Law", in Mathias Reimann and Reinhard Zimmermann, *The Oxford Handbook of Comparative Law*, 2nd ed., Oxford: Oxford University Press, 2018, pp. 878-901.

10. Alain Wijffels, *Case Law in the Making: The Techniques and Methods of Judicial Records Law Reports*, Berlin: Duncker & Humblot, 1997.

专题九 司法制度

【专题导论】

各国司法制度纷繁复杂,许多方面同异互见,有时名同实异,有时名异实同,需要仔细鉴别。在比较法的视角下,需要厘清司法机构在各国理念和制度中的边界,并了解司法主体的相关构成(关于法律职业者,参看专题十)。同时,作为诉讼制度和风格的理想类型,把握当事人主义和职权主义的各自特点,是整体理解不同国家诉讼程序设置的基本出发点。

一、司法的机构设置与人员组成

各国普遍设置法院作为行使审判权的专门司法机构,而对检察权的功能定位和权限设置则明显不同。在不同国家和地区,行使检察权的机构不仅称谓有所区别,而且存在实质功能等方面的不同机制设计和人员安排。中国设有独立行使检察权的机构,并作为主要司法机关;英美和日本将行使刑事公诉权的政府部门纳入司法行政体系,不作为司法机构;法国的刑事公诉权力则由行政系统的警察和公诉人(检察官)及司法系统的预审法院共同执掌。有的国家和地区还曾出现审检合一的体制,即检察部门作为法院的一个部门,设立于审判机构中。此外,在许多设置专门检察机构的国家和地区,这一机构往往也不具有司法监督的权力。

在各国普遍设置的法院系统中,同样存在诸多不同的安排。一方面,法院设置与政治结构有密切关联。联邦制国家通常有联邦和州(或其他地方组织单位)

两类法院,有的国家联邦和地方各自有独立系统(如美国),有的国家则仅在较高层级设置联邦法院(如德国)。有些国家还承认超越一国主权之上的司法审判机构,例如,作为最后救济途径,欧洲人权法院可以受理公民针对缔约主权国家提起的诉讼。另一方面,法院体系的设置因历史传统而存在相当差异。基于严格三权分立的理念,欧陆国家一般设有普通法院和行政等其他专门法院系统。也正是基于这一理念和安排,有的国家并不认为行政法院属于司法系统,其审判人员也不是司法官,而是行政官(如法国)。不少欧陆国家还设有专门的宪法法院行使违宪审查权。相比而言,在严格意义上英美仅有一套法院系统,可以行使各种案件的管辖权。由于分权并不严格,英国的最高司法权甚至长期混同在英国议会权力中,由法律勋爵们代表上议院行使最高司法权,直到2009年才正式设置独立于议会的最高法院。在法院的等级体系和上诉制度中,上诉的功能和力度因传统的差异也存在相当大的差异,例如伊斯兰法中,上诉对于统一法律的功能相当微弱。

在司法的主体方面,除了对司法官的要求存在一定差别,各国制度对非专业人士参与司法也有不同的安排模式。司法是审判者代表国家权力行使判断权的过程,通常情况下司法权的行使主体是具有一定职业素养和技能的国家公职人员。但在司法实践中,基于司法民主化、分担司法压力和责任、监督和制衡司法官、提升裁判公信力、法律普及和民众教育等多方面考虑,对某些特定事项的判断和审理过程会由非职业人士共同参与,这是各国普遍存在的现象。不过,其间也具有明显差别。基于地方自治的历史传统,在英美等国家,具有相当能力和背景的普通人士经过考察遴选可以成为治安法官,他们在接受短期培训后组成合议庭,在专业法官助理的辅助下,承担轻罪等特定类别案件的全程审理工作,具有事实判断和法律裁决的全权。同时,普通法国家还普遍存在陪审团制度,由随机抽选的普通人组成陪审团参与庭审,主要承担裁断案件事实的责任。陪审团目前仅在美国可以适用于各类案件,在英国等其他普通法国家主要适用于刑事案件,不过均需由当事人作为诉讼权利提出。在欧陆国家,普通人参与司法的参审制度有些方面类似于英美的治安法官制度,如德国的参审员要预先确定人选范围,但非职业人士通常不能独立作出裁断,必须与专业法官共同组成合议庭,而其适用范围广泛,其参与审理不取决于当事人意愿,而是由法律根据案件性质预先规定,适用于各种复杂的案件。他们与职业法官共同对案件进行整体性裁判,包括事实问题和法律问题。中国的人民陪审员制度虽然形式上称为陪审员,但实质上与欧陆国家的参审员更为类似。这种差别的背后,一定程度上体现了不同国家对普通人士在社会治理中发挥作用的不同传统。英美相对具有更强的社会自治传统,程序权力基于当事人选择,国家权力更倾向于通过明确分工方式与普通民众合作;欧陆与中国的国家权力主导性更强大,当事人缺少司法程序的选择权,而普通个体的参与也必须在与官员的深度合作下完成。

二、诉讼制度的理想类型:当事人主义与职权主义

在诉讼过程中,以法官和检察官等国家职权行使者的权力及其介入程度为主要标准,通常将各种诉讼制度分为当事人主义、职权主义及混合主义等类型。在较典型的当事人主义(或对抗式)诉讼过程中,主要由涉案双方各自搜集、向法庭提交有利于己方的证据,并在庭审中进行交叉询问,以尽力否定对方证据、加强己方主张的说服力。即使在刑事诉讼中,代表国家权力的检控方也并非以发现事实真相和惩治犯罪为目的的,而是作为一方当事人提起诉讼,与作为被告的犯罪嫌疑人分庭抗礼,法官则处于相对超脱的中立地位。在制度设计上,为了平衡双方的力量,在刑事诉讼中,被告既可以积极自证清白,也可以消极沉默,由控方承担排除合理怀疑的举证责任;如果控方对达到标准没有把握,可以通过辩诉交易与被告达成妥协,即作出无罪或罪轻的处理,换取对方的供述。在民事诉讼中,通过证据开示、法律援助和集团诉讼等制度设计,力量相对弱小的一方当事人可获得更充分的信息、更多的资源和更有利的地位,以实现双方当事人的均势和有效对抗,最终保障机会的公平性。这一模式是个人主义和自由竞争理念下的产物,具有充分调动当事人积极性的特征,强调通过实现自身利益最大化过程中的理性竞争实现社会公平,但也会产生敌对效应和财富效应,即不遗余力地攻击对方、不择手段地扭曲真相,以及通常对经济上具有优势地位的一方更为有利。

与当事人主义相对的模式是职权主义类型,法官在诉讼过程中具有强势主导地位,法庭承担积极调查的责任,通过主动设计和开展调查询问、引导当事人及其律师论述、释明法官对事实和法律的判断等方式,甚至主动为当事人策划和提供和解方案,实现案件的合理解决。在这种模式的刑事诉讼中,诉讼以实现真相大白和罚当其罪为目的,除非在个别轻罪案件和特殊情形下,检控方通常不能与被告和解。即使在民事诉讼中,当事人处分也受到合法性审查的限制。有的

国家还强制要求律师代理，以便配合法庭开展诉讼活动。这一模式是国家主义的产物，对维护和救济弱势方当事人利益具有积极意义，但其弱点也很明显：不利于有效调动当事人积极性，其成功运行更仰赖于优质廉洁的法官群体，而后者往往良莠不齐，也难以确保持续良好的状态。

无论当事人主义还是职权主义的模式，都是理想状态。在现实司法中，各国的实践都是以某种模式为底色，同时具有一定混合性；刑事或民事的案件类型差别、不同历史时期的理念和情势变化，都会对司法的风格产生不同程度的影响。

【名家专论】

一、梅里曼：西方法院系统

典型的普通法系国家有一个统一的法院系统。这个系统如同金字塔一样，最高法院位于塔顶。无论有多少不同的法院，也不论如何向其分配管辖权，均分布在塔顶的下部，从可能性上讲，每一个案件受制于最高法院的终审审查。下级法院对于刑事案件的判决，宪法权利的争论，公民对有关行政违法行为提出的申诉，当事人之间关于汽车肇事或合同纠纷的争讼的解决等等，都可以由上级法院进行审查。最高法院对行政行为是否合法、立法行为是否合宪以及大量的民刑案件拥有最终审查权。所有这些，在我们看来，都是顺理成章之事。

然而，在大陆法系国家中，情况却与此大不相同。大陆法系国家通常具有两个独立的法院体系，它们各自都有其司法管辖权、审级、法官和程序制度，同时并存于同一个国家之中。一种司法管辖中受理的案件，将不考虑该案在另一管辖中应属初审还是上诉审。如果说典型的普通法系司法制度如同一个金字塔，那么，典型的大陆法系司法制度则是一套由两个或更多的独立的法院组织所构成的体系。

大陆法系法院体[系]统中，最重要同时也是普通公民在日常生活中最容易经常接触的是所谓的"普通法院"（ordinary court）。……普通法院体系（如今天的法国普通法院体系），实际上是由许多有着独立的历史起源的司法组织所构成的，其中最主要的司法组织是共同法时代的地方法院。那时，地方法院负责审理一般的非宗教的刑、民案件。后来，随着教会法庭的民事审判权逐步缩小和最终被取消,它先前拥有的审判权就被地方民事法院所吸收。同时,最初商人为解决他们之间的争讼所建立起来的商事法院,最后也被国家统一归并到普通司法体系中。在法国以及其他少数几个国家中,商事法院仍然作为第一审法院保留了下来,但它与普通法院同属一个上诉审法院。……

在法国以及许多采用法国模式的国家,普通法院体系的最高层是最高上诉法院。这个机构是非司法性的裁判庭。创设它的目的,是为了对普通法官呈交给它的法律解释问题提供权威性的回复。尽管这个非司法性的裁判庭今天已经成为普通法院系统中的最高法院,然而,它的实际司法作用仍然带有其原始的痕迹。例如,意大利的最高法院仅审理有关"法律的解释和适用"的问题,因此,诉讼当事人只有就下级法院在法律、法规或习惯的解释和适用上产生的问题提出他的上诉意见之后,该案才可能得到最高上诉法院的审理。至于下级法院错误地解释或适用合同、遗嘱、法人章程等方面的争议,并不被认为是"法律"解释或适用的问题(尽管这些问题常常容易转变为"法律"解释问题)。……最高上诉法院仅仅是对提交给它的有关法律解释和适用的问题作出决定,而不实际审理案件。如果它认为下级法院的解释是正确的,就予以肯定;如果它认为下级法院没有正确解释法律,就告知其什么是正确的解释,并撤销原判决,命令原审法院(或同审级的其他法院)根据它所作出的权威性解释来对案件进行重审。……

典型的大陆法系国家还有一个完全分立并拥有独立司法权的行政法院体系。创设行政法院的基本依据也是革命时期的分权理论。……行政机关只能在立法机关为其规定的权限范围内行使权力,立法机关有权对行政机关的每一项活动是否合法进行审查。除此而外,还需要其他国家机关(不包括司法机关。因为根据分权原则,司法机关不得干涉行政机关的活动)来监督行政活动是否合法。在法国,行政院起到了这种作用。行政院最初是国王的咨询机关,以后逐步演变为政府的中央行政机关,其权力范围也由行政管理权扩大到审查和裁决对行政违法行为提出的申诉。行政院中经常实施这种权力的机构,很快就具备了行政司法机关的性质。它不但有自己的诉讼程序和补救措施,而且还作出了大量的具有权威性的判例,从而形成了由法律工作者定期公布并加以适用的判例法。行政院的"地标判例"是法国行政法的主要渊源之一。其他许多国家,包括比利时和意大利,都仿效法国,赋予它们国家的行政院以同样的行政司法权。而另一些国家,如德国、奥地利,则设立了具有类似性质的行政法院。

从理论上说,普通法院和行政法院彼此之间是互相分立和排斥的。一个案件或由此法院受理,或彼法院受理,但绝不会由两个法院同时受理。然而,在发生少见的疑难案件的情况下,也有例外。……在如何划分管辖权的问题上……在欧洲,关于解决这个问题的程序,有三种具有指导意义的方法:(1)意大利的最高上诉法院是解决普通法院和行政法院之间司法管辖争议的最终权力机关;(2)法国有关司法管辖争议的问题专由称为"权限争议法庭"的特殊法院解决;(3)在德国,管辖权问题由审理案件的法院自己决定,其判决可以在其管辖范围内上诉,但却不受进一步审查。

第二次世界大战后,德国和意大利制定了刚性宪法,并创造了审查立法是否合宪的方法。显然,审查立法合宪性的权力是不能由司法机关(即普通法院系统)来行使的,因为这样做将会违背分权原则和立法至上的原则。因此,必须建立独立的司法组织以审查行政行为合法性的思想,遂导致德国和意大利为实现这个目的而设立独立的宪法法院。……

大陆法系各国的数个法院系统正在发挥着美国或其他普通法系国家的统一司法体系所具有的作用。但是,拉丁美洲的一些国家由于在争取独立时期深受美国革命和美国公法的影响,也建立了统一的司法系统。

(节选自[美]约翰·亨利·梅利曼:《大陆法系》,顾培东等译,北京:法律出版社,2004年,第90—94页。)

二、达维:诉讼程序的基本制度

民事诉讼程序……虽然起点是相对两极,但是随着岁月的流逝,英国普通法和大陆法的诉讼制度却在互相靠近。今天,当一位从事法律实际工作的人看到英吉利海峡对岸所用的程序时仍会感到困惑,认为那种情况十分奇异,但是或许这种差别比过去减少一些,可以说,这两种制度是建立在同样原则之上的,即使在把这些原则付诸实际时存在着广泛的技术上的区别。

在英国法和法国法共同遵循的诸原则中,我们首先会提到的是"当事人提出原则"。在这两个国家中,诉讼的目的是一样的,它将总是就当事人诉诸法院的争讼进行判决。……但是,法国法与英国法之间在这方面的一些区别也是可以发现的。在法国,如果出于维护公共秩序的需要,法院有义务依职权适用一项法律规范。在另一方面,当一方当事人是国家、国有公司或一位无行为能力人(未成年人或精神错乱者)时,检察院的官员(民事法院中的检察官,行政法院中的政府代理人)被指派代表政府利益或为维护正义对案件进行干预。但是"检察院"只能在例外情况下主动向法院提起诉讼,在民事案件中,它的作用总是很有节制的。不过,这种制度是值得注意的,它的潜能可以在新的环境和新的社会条件中得到发展。……

在英国和法国都承认的另外一项原则表现在一句格言中:非经审理不得判决。但是,我们也注意到了在这方面英国法和法国法之间技术性的区别。在英国,如果被告人不在适当的时间内出庭,法院将会在没有任何审判的情况下自动做出对原告有利的判决;在法国,判决总是由法院做出,并且即使在上述情况下,法院应审查原告的主张是否正当。两种制度在这方面的区别还与一种境况相联系,这就是在关于使一个诉讼能够开始的传唤令(或原始传票)的使用方面,英国法比法国法更严格。法国法律在这方面的灵活性解释了为什么法院在做出不利被告的判决前进行详细审问是必不可少的。法院不能满足于被告人曾未出庭这一理由。……

在大陆,传统的强调点在于权利的定义:司法程序被作为权利的辅助物。无论是谁,拥有权利便可以提起诉讼以实现这种权利,处于当事人支配之下的诉讼程序应该以他们感觉方便和适合的样式加以设计,似乎理所当然。民事诉讼法不过是实体法的一个附属物,并且被划分为私法的一个分支,因为它的目的在于解决私人间的争议。

这种数世纪一直没有受到挑战的概念,在 19 世纪末受到了批评。奥地利法学家弗兰兹·克莱因(Franz Klein)所倡导的法学理论当时将其着重点放在了民事诉讼的另一方面,即认为行使司法职能是国家的一项特权和义务,司法意味着公共机构的运行。从这个角度考虑,民事诉讼法便与公法的一个分支即行政法属同一类别了。程序法分类上的这种变化并不是一个纯粹的理论问题:国家不能对一个涉及其主要职责的问题持一种漠不关心的态度。当事人在是否将一个案件诉诸法院的问题上是自由的,但是一经诉诸法院,他们便应该服从由公法决定的、国家为保证有效的司法而制定的法规的管辖。关于诉讼的提起和范围,程序中的主旨可由当事人选择,但程序及它的技术性与形式的组织和发展则不然,这是公法的一个相应领域,判决必须由法官而不是由当事人做出,这些法官在进行他们的活动和行使他们的职权时代表公共权威和国家。新的概念导致了法官作用的加强。日益要求法官在诉讼中扮演积极角色,而不是在准备判决之前一直仅仅监视当事人的活动。他的职责之一便是加快诉讼进程,为了更好地司法,他还可以进行干预和行使主动权。从奥地利1895年颁布民事诉讼法规开始,这种新的趋势已引起了许多国家广泛的改革;例如在德国和瑞士……在法国也对这种改革做出了规定……

刑事诉讼程序……在英国的法庭上,原告人与被告人被平等对待,如同民事诉讼中的双方当事人一样。原、被告双方都被置于法院与陪审团之下,双方都聘用私人代理人,像在民事诉讼中的情况一样,出席法庭,进行辩护。但在法国情况则不同,原告人是国家官员,即检察官,他与法官地位相同,唯一看得见的区别是检察官讲话时必须站立,而法官与陪审员却坐着。这样,那位常常是关押在拘留所、由两个法警看守的被告人,在出庭之前便已被定罪;除非他的律师的辩护感动了陪审团,促使他们做出一个从严格的法律观点上讲是有争议的裁断,无罪释放的机会便一点儿也不存在了。在重罪法院中,首席法官在许多案件中的态度进一步加深了这种印象。依照法国的做法,法庭中对证人是没有所谓一般询问和交叉询问的。对证人或被告人的所有问题都要经首席法官而不是由代理人直接发问。

(节选自[法]勒内·达维:《英国法与法国法:一种实质性比较》,潘华仿等译,北京:清华大学出版社,2002年,第72—74、76—78页、83页。)

三、范愉:集团诉讼制度及比较

集团诉讼是当代世界共同关注的一个重要的法律和政治问题。国际社会在制裁集团性侵害和保护分散性利益等方面面临着相同的课题,并都在致力于为公众提供有效的救济机制。……

在集团诉讼问题上,功能主义比较法不失为一种很好的研究路径。其思路是,对于小额多数侵害的救济是现代社会必须共同应对的问题,但每个国家以何种方式去解决这一问题,却可能有完全不同的理念和具体做法。这一问题不仅涉及法律制度的设计,而且取决于一个国家的经济社会发展程度,政治体制,司法权威和功能,法律职业,当事人,社会观念以及法律文化等多种因素,只有充分掌握这些因素,才有可能找到最适合本国社会基础和现实条件、成本与风险最小、最适用的解决方案。否则,就可能在盲目移植过程中付出深重的代价。当代各国的集团诉讼（group litigaiton）基本上可分属四种基本形态,即共同诉讼或诉讼合并（Consolidation）、代表人诉讼（Representative proceeding）、团体诉讼（Verbandsklage）和实验或典型诉讼（test action 或 model suits）。其中每一种都各有利弊及局限性,但是又有一个共同点,即最初都是为了实现诉讼经济的目标而建立的,但都可能被作为现代小额多数侵害的救济途径而发挥作用。……

有关集团诉讼问题的讨论往往归结于移植的可能性。美国集团诉讼在其鼎盛时期,曾经给世界各国法学界带来了极大的刺激和希望,被称为"美国的法律天才们最具特色的成就"。在关注这一制度发展的同时,不少国家都曾经讨论过移植的可行性,中国则在 1990 年代初快速将这一理想付诸实施。然而,此后随着集团诉讼在美国本身的沉浮,在世界范围,这种移植的意图和脚步却进展缓慢。迄今为止,除了美国之外,还有英国和加拿大、澳大利亚的部分地区建立了集团诉讼制度。在欧洲,苏格兰、芬兰、瑞典、挪威等国探讨了集团诉讼的可行性或已经开始实施,南非也有这样的动向。但是在实践中,很少有哪个国家的集团诉讼出现了美国那样的运作规模。这是因为,各国家的立法者和司法机关大都深知,特定的制度往往需要特定的条件和基础,如不具备相同的社会条件,则即使建立了相同的制度也未必能产生同样的结果。……一般而言,与集团诉讼直接相关的社会因素至少包括以下方面。

第一,政治体制与司法体制,这是关乎集团诉讼价值理念及运行条件的最关键因素。有关集团诉讼的争议经常涉及其正当性问题,尤其是当集团诉讼已经超越纠纷解决的范畴而进入资源与利益分配等决策性问题的时候,可以看到司法权的限度和民主政治的基点都开始出现了某种程度的倾斜。……具体而言,这方面的差异包括：

首先,司法的功能（能力）、权威和权限。即使同样是以三权分立为政治体制基点的西方国家,司法的功能及地位也存在着巨大的差异。……美国的集团诉讼、公共诉讼在当代的高速发展,都是与司法能动主义理念分不开的,即试图通过这些新型诉讼推进制度的改革。然而,一般而言,由立法机关代表的议会民主仍然具有最高权威,在面临着重大的利益纷争和社会政策时,唯有立法机关具有作出决策的正当性。20 世纪后半期以后,多数国家的司法权已明显扩大,但至今仍有许多国家,例如法国,恪守着对司法权的严格限制,法院无疑不可能具有通过集团诉讼促进司法决策的正当性。以德国为代表的大陆法系国家的法院也仍然恪守着法律执行机关的定位,并不准备采取司法能动主义的姿态,也不认为普通法院有能力完成决策的使命……

其次,国家结构。美国的集团诉讼在运作中之所以会出现与立法预期目标不同的结果,与其联邦体制、二元法院体系和法院管辖权的高度自由密不可分。……由于各州的立法存在极大的差异,因此,一旦一些律师发现某一个州的立法能够使集团诉讼获得有利判决,就会到该州提起集团诉讼,而无论原告或被告实际上在何地居住、生活、营业,或纠纷的事实(侵权或合同)在何处发生。……毫无疑问,联邦制国家并不一定会出现同样的结果。这是因为其他联邦国家在实体法和法院体系上并没有美国这样的差异性……

最后,法体系的划分及行政诉讼机制。美国法本质上没有严格的公私法的划分和区别,也没有民事诉讼和行政诉讼的区别,因此,一切涉及公共利益的政策问题都可能以民事诉讼提交法院,仅仅在诉的类型上区别为给付之诉、确认之诉和禁止之诉。英国则不同,发达的行政法庭和行政执法体系抑制了群体性诉讼的需求。而在欧洲大陆国家,不仅在诉讼中将公权与私益、行政诉讼与民事诉讼、公益诉讼与个人私益诉讼区分得非常明确,而且不能允许将刑事、行政制裁与惩罚性赔偿相提并论。同时,主管的机构也并不仅仅是普通法院,还包括行政法院、专门法院和其他专门机构等等。这些差别会使得各国对集团诉讼的功能会有完全不同的理解。

第二,诉讼文化、技术与传统,这些要素与政治司法体制密切相关,决定着集团诉讼的模式与实践。主要包括:

首先,法律体系的出发点。……成文法国家传统上就是以法律规范和体系为出发点的……大陆法系国家强调法律体系的内在逻辑的严谨和周密,强调规则应该是确定、公开和可预测的;强调程序法应服从实体法,为实体法设定的根本目标服务。不仅如此,当事人的权利也同样需要受到实体法的严格限制,不允许任何人代表他人行使诉权,并作为改变社会政策和既有规则的武器。

而英美法本质上属于一种事实出发型司法制度,具有经验法的特点。其本质特征是以程序为中心,由具有较高法律素养和经验的法官从司法实践和具体案件中发现规则。在使用陪审团的情况下,由于规则和事实的确定性程度相对较低,使审判的结果往往难以预料,更加刺激了当事人通过诉讼尝试获得权利和利益的动机。美国司法的这一特质,在陪审制+惩罚性赔偿+联邦制多元化管辖条件下的集团诉讼程序中,被发挥得淋漓尽致。……

其次,司法理念。美国集团诉讼之所以能产生巨大威力,就在于它允许任何人不经明确授权就可以代表所有集团成员提起诉讼,并可以作出实体处分,包括和解;其判决的效力可以向未参加诉讼的人扩张。……但是,在绝大多数国家,这种理念是违背司法基本原理乃至宪法原则的。因此,它们即使采用相似的制度,也未必能接受这一做法。德国学者认为既判力向第三人扩张,违反了德国基本法103条一款关于审判权保障的规定。而英国仍坚持一对一诉讼的基本构造,要求集团诉讼的所有当事人必须进行登记。毫无疑问,这种制度设计必然使得集团诉讼的威力大大降低。

此外,集团诉讼在美国的实践表明"更自由的程序规则具有鼓励诉讼的性质",而这是多数国家的司法理念和传统所不赞成的。尤其是当代西方民事司法改革中已经提出减少诉讼,降低司法期待,以多元化纠纷解决机制为民众提供接近正义的机会和途径,减少司法资源的浪费和诉讼成本,提倡协商性司法、降低诉讼的对抗性,提倡法院职权管理,等等,这些理念都与集团诉讼的理念存在某种冲突和矛盾。……

再次,法律技术。集团诉讼通过与不同的法律技术相结合,会产生不同的效用……其中最重要的几个法律技术环节或制度包括:当事人起诉方式,代表人的资格,陪审团,惩罚性赔偿,法院管辖权的选择,证据开示制度,律师及其报酬,法院管理等。引进集团诉讼时,如果没有这些法律技术环节的配套,就可能使其成为一个无用的摆设。例如,德国在讨论在侵权损害赔偿方面引进美国集团诉讼的可能性时,强调德国法的损害赔偿制度与刑事制裁不同,应以填补受害人的损害为重点,倾向于否定以损害赔偿实现制裁违法者或防止违法行为的目的。所以,德国立法在构建调整群体利益的诉讼和司法救济制度时,认为将其作为个人的损害赔偿请求权加以规定既不适当也不必要,而更妥当的是将其作为团体的权利加以考虑。对惩罚性赔偿的拒绝,成为否定引进集团诉讼的主要原因。

最后,诉讼文化。集团诉讼之所以在其发源地英国默默无闻,而在美国却具有如此旺盛的生命力,与美国民族的诉讼文化密不可分。美国学者奥尔森认为,好讼已成为美国的法律文化……然而,美国的诉讼文化并非人类社会的共同发展方向和共同价值,每个社会都有权根据自身社会的需要创造更有序和更合理的诉讼文化。

第三,社会经济发展程度,不同的社会经济发展程度决定了各国在侵权损害赔偿的标准、范围和方式方面有所不同,也决定了救济的重点、形式及途径的不同。这方面的因素对于包括中国在内的发展中国家的制度设计最为重要,主要是:

首先,社会发展程度与救济方式的选择及救济的标准的关系。现代集团诉讼的出现是与市场经济的发展和产业规模的不断扩大和集中化同步的。在这个发展阶段,一方面,大规模集团侵害已成为社会关注的重要问题,另一方面,市场的成熟使其规范程度日益提高,科学技术水平、检测手段、方法措施等不断加强,相应的法律制度与自律机制相对完善,承受风险的能力也逐步在提高。在这种情况下,小额多数侵害的司法救济问题被提上日程,不断促进国家和社会通过新的规则、程序和机构组织处理这些问题。这就需要大幅度地增加司法和其他公共资源,建立社会保障和保险机制,确立国家标准和行业标准,并且依靠国家的宏观调控和行政监管,对各种行业中发生的不法行为及时进行管理和介入,通过产品召回、无过错责任等制度加重产品生产商、服务提供者和销售者等相关主体的责任。……发展中国家的社会条件与发达国家有很大不同,其大量发生的群体性侵害在起因、诉求、处理方式、紧迫程度、当事人能力及社会承受力方面都很难与西方国家相提并论。例如,涉及当事人生存权的劳动报酬、工作权和移民、拆迁及征地等问题与小额权利救济不可同日而语,其中很多问题属于社会转型期的阶段性纠纷,法律规则乃至政策不确定因素较多,往往不得不借助比司法诉讼更为直接有效的方式解决处理。

特别需要注意的是,现代集团诉讼重点是解决小额多数侵害的救济问题,这种诉求主要来源于中产阶级,属于权利的扩大。……其真正受益人并非处于社会底层的真正意义上的弱势群体。而超大企业真正受到集团诉讼打击的程度,远比中小企业或一般的大企业要小得多。相比之下,在发展中国家,由于社会两极分化程度较高,弱势群体的生存问题显得更为重要和紧迫。因此,在不同的社会发展阶段,群体性诉讼的目的、诉求和形式都会有不同的体现,在司法资源短缺的情况下,其侧重点和司法政策也会有许多区别。即使一些与西方国家相同的现代新型纠纷,如环境纠纷和消费纠纷等,也不能简单采用西方国家的处理方式。例如,在产品质量方面,一些违法生产和小企业造成的危及人们生命安全(如假酒、奶粉等)、农民利益(如农药、种子、化肥、农机等坑农事件)等损害,远比知名企业、跨国公司的产品瑕疵产生的危害更大,对二者处理的方式也可能完全不同,对于前者采取刑事和行政制裁更为迫切,民事赔偿的作用则相对较低。由于市场初建,许多领域的国家标准、行业自律乃至法律规范尚付诸阙如,企业抗风险或转移风险的能力极低,稍遇纠纷就可能陷入破产,即使采用集团诉讼方式也很难达到充分救济受害人和制裁违法行为的目的,并可能导致更多的纠纷连续发生,在这种情况下,社会对于侵权损害赔偿不得不趋向相对较低的标准,并倾向于采用更为经济、快捷和有效的行政执法和政府协调方式处理。

其次,社会发展程度与调整模式的关系。与发达国家法制相比较而言,发展中国家更适合采取规则出发型的模式。德国汉堡大学的沙弗尔(Schaafer)教授认为,在发达国家,法律规范的模糊性常常并无损害,相反倒对法律体制是一种好处,因为将模糊的标准转化为详细规则所需的信息,是由法庭以一种分散的决定程序予以收集并进行处理的。然而,这种机制要求行政和司法人员受过良好的专业训练,拥有能在不太清晰的标准的基础上做出精确、有效率的决定的技能和信息。但是,在很多发展中国家,这一要求常常被忽略了,而且创造适应这一要求的各项条件也是成本非常高,甚至是浪费资源。……因此,他主张,在发展中国家应尽可能地运用详细的规则,以替代模糊的法律标准(法律原则),以克服司法人员素质低的问题和法律技术和程序中的局限,并有利于防止腐败和提高司法效率。……

最后,社会发展程度与诉讼成本的关系。诉讼是纠纷解决中最为奢侈的方式,但却未必是效果最好的方式。……对于发展中国家而言,更应该注重采用最为经济和合理的方式,优先处理个体当事人的诉讼主张和涉及弱势群体生存问题的权利救济,并注重提供更多元化的处理途径,以降低处理的成本。……一般而言,多数发展中国家尚不具备整体引进美国式集团诉讼的社会条件和能力,也很少有此动议;相比之下,公益诉讼和团体诉讼的可行性和必要性则比较容易得到社会认同。

第四,法律职业,这一要素对于集团诉讼的运行至关重要。……对法官的信赖与司法的权限和能力问题直接有关,如果社会对司法拥有巨大裁量权的正当性和合理性缺乏认同,则集团诉讼不仅难以实现期待的社会功能,而且会给司法机关带来巨大压力,并给正当程序带来无法承受的影响。至于律师的作用,则更是集团诉讼成败的关键。其中涉及的问题极为复杂,主要是:

首先,集团诉讼存在巨大的风险、并需要付出极高的成本,如果由当事人自行承担,则集团诉讼的利用率必然极低,对其社会功能的期待就可能落空。而如果由律师承担集团诉讼的风险,即采用胜诉酬金方式,将对集团诉讼起到极大的激励作用,但由此会产生一个两难困境:如果不给予律师充分丰厚的回报,他们不仅不会积极发动集团诉讼,甚至可能成为阻碍其应用的力量;而如果集团诉讼获得的赔偿或补偿大部分落入律师的钱袋,则其正当性就值得怀疑。

其次,集团诉讼滥用的最大可能性恰恰来自律师,不仅美国律师获取胜诉酬金受到公众的质疑,德国团体诉讼中律师的滥用也曾受到社会的高度警觉和抵制。因为,律师积极启动或参与传统的律师职业道德规范及社会公序良俗相违背,如果任其发展,就会鼓励律师和社会的一部分人将诉讼作为生财之道,从而彻底颠覆法律程序的公平和社会正义的准则。

最后,由于律师个人的利益与集团诉讼息息相关,以至于人们无法将其公益性、正义性与其获利动机加以区分。……而欧洲大陆国家一般法律职业自律严明,法律服务受到国家监控,律师揽讼和广告宣传被严加禁止,律师收费依法明码实价,既不可能允许律师主动出击、寻找当事人启动集团诉讼,也绝不可能听任胜诉酬金玷污司法活动和法律职业的清明。

胜诉酬金对于集团诉讼的激励作用是不言而喻的……从 1970 年代开始,美国就尝试限制集团诉讼律师的获酬比例,为此还进行过若干著名诉讼,由于法院最终支持律师有权按约定获得胜诉酬金,因此,这个问题迄今并没有任何转机,以至于 2005 年集团诉讼公平法案不得不再次对此进行规范。……相比之下,德国采用的由败诉方承担诉讼费用的方式,在同样可以达到公平、降低"维权"成本的前提下,造成的法律职业道德危机则相对小得多。

我国很多学者主张引进胜诉酬金制度,以鼓励集团诉讼的进行。实际上,我国法律并未禁止律师采用胜诉酬金方式(即风险代理)代理诉讼,在经济纠纷诉讼和仲裁中,这种方式甚至较为常用。……但是其特有的律师获利动机、鼓励诉讼、违背律师职业伦理的弊端也非常明显。在律师职业社会公信力较低的情况下,当事人和社会公众对此的怀疑和道德批判会更加强烈。……与其采用胜诉酬金作为集团诉讼的激励机制,不如更多地从法律援助的角度加以建构。因为,法律援助以事先审查当事人的诉讼主张是否具有胜诉可能性或合理性为前提,既有可能帮助弱势群体获得司法救济,亦有可能筛除、至少是不鼓励那些不必要的诉讼。同时,也可以考虑在群体诉讼中,确认强制律师代理制度(即将律师代理作为诉讼程序的必要条件),将律师费计入诉讼费用,由败诉方承担。

除了以上各种因素之外,集团诉讼的制度设计和运行实践在不同的社会条件下还可能会有更多的选择和结果。比较法学的实用功能就在于在制度建构和论证时将每一种要素加以充分的考虑和比较,对应社会需求和现实条件进行论证分析。

(节选自范愉:《集团诉讼问题研究——一个比较法社会学的分析》,《法制与社会发展》2006 年第 1 期,第 74—86 页。)

四、Langbein:德国法与刑事辩诉交易

德国人没有辩诉交易,因为他们不需要它。德国的刑事诉讼抵制对抗制和证据排除规则;他们的审判程序简单而迅速。因此,在德国仍可以感觉到,并且人们遵守了那些使我们(即指美国,下同)倾向于审理(以及曾经倾向于审理)严重刑事案件的各种原则。

常规非对抗式审判　德国审判严重刑事案件的法庭有两种,每一种都由几位职业法官和非职业法官组成,他们在一起共同评议和决定定罪、判刑的所有问题。较严重的案件由一个 3 位职业法官和 2 位非职业法官组成的法庭审理;较轻的可判处监禁的犯罪和许多够不上判处监禁的犯罪由一个 1 位职业法官和 2 位非职业法官组成的法庭审理。在这两种法庭里,2/3 多数对于定罪和判刑都是必须的。因此,非职业法官能够否决职业法官,并且在较小法庭里还能推翻他们的裁决。遴选非职业法官以及指派他们审判任务的方式与指派职业法官审判案件的方式相类似,即采取一种严格的随机方法,并且对非职业法官在审前可以提出异议,适用的理由与职业法官回避的一样。在这些所谓的"混合"法庭(混合了职业法官和非职业法官)中的一个审判结束时,法庭进行评议,并同时表决是否有罪和判刑。法庭判决是由 1 位职业法官撰写的展示了其事实调查结果和法律适用,并言明理由的书面意见。控辩双方都有权就定罪和判刑问题进行上诉。

实际上,与我们自己的制度安排相比,所有令英美观察家感到惊异的德国法庭组织特征都有使审理更加迅捷的效果。因为识别和纠正一个英美陪审团的简单的一两句裁决背后的错误相当困难,最近两个世纪我们一直致力于设计防止错误发生的预防性程序——譬如,对未来陪审员的预先资格审查,证据法的大量排除规则以及对陪审团进行各种各样充满变数而令人迷惑的司法指导("如果你发现这样,那么……")。对比之下,尽管德国的制度让非职业法官参与每一个严

重刑事案件的审理并且将其权力扩大到既参与定罪又参与判刑问题,该制度中却没有与英美的预先资格审查程序相对应的制度和类似对陪审团监督的法律。只有在评议中涉及相关的法律问题时,职业法官才针对法律发表意见;重要的法律决定都写在判决书中,且能被用于上诉审查。德国人还认为职业法官参与案件评议以及要求写明发现的事实和适用的法律可以充分防止误用各种各样可能带有偏见的证据;因此,实际上一般原则是所有相关证据均可采纳,并且不把时间花费在英美制度习以为常的证据排除和伪证问题的争论上。

采纳证据的非对抗性特征使得公开的口头审理更加迅捷。用我们的说法,主审法官既"询问"又"交叉询问",之后他请一同审理的法官(职业的和非职业的)、控诉人、辩护律师及被告人补充其询问。询问时,主审法官依靠的是包含有警方和控方收集的审前陈述和官方记录的正式卷宗。这些官员根据其法定职责不仅调查有罪证据而且调查可无罪开释被告的证据。这种职责在审前阶段通过赋予辩护人自由查阅卷宗权以及有权请求控诉人(以公共开支)调查可能被忽视了的任何辩护请求和证据而得到加强。

这种彻底的、公开的和公正的审前准备有效地从审判中排除了戏剧性和诡辩;它也使决定证明顺序的主审法官能够控制住审判中证据与案件的相关性,并将审理证据的不必要重复降至最低限度。这样,必须裁决案件的法庭在控、辩双方的监督下,以一种有条不紊和平淡无奇的方式进行其审判调查。非对抗性程序不加诸控辩双方任何证明负担。德国法坚持一个与我们的无合理怀疑原则没有实质区别的证明标准;但由于没有对抗式举证制度,故不必考虑"控方负证明负担的案件"(或者,的确不必考虑被告在一个"积极抗辩"案件中的证明负担)。唯一承受证明负担的是法庭。为了证明被告人有罪,法庭必须在审查了包括控辩双方请求审查的相关证据之后,确信指控事项是真实的。

德国法庭的审判从询问被告人开始。主审法官必须告诉被告有权保持沉默,但是由于种种原因,典型的德国被告人没有什么行使不自证其罪权利的积极性。在英美的对抗式举证制度和控方或辩方负有证明负担制度中,被告人在控方陈述和举证时几乎完全保持沉默。美国的规则是仅当被告人为自己辩护时,才可以考虑采纳其以前的有罪判决为该案的证据,这一规则进一步鼓励了被告人完全依赖律师的中介作用。由于在取证、举证中没有对抗制和证据排除规则,德国程序中的不自证其罪权没有被滥用。这样,德国的审判庭通常先听审被告的供述,而他几乎总是效率最高的证据来源。这种次序安排对于缩短审理时间也是很重要的:通过首先询问被告人,法庭从审判一开始就确认控方所指控的事项中哪些是有争论的,这样就限制了采纳证据的广度和深度。

被告人时常供认部分或全部指控事项……德国的程序中没有对于重罪或较重轻罪的有罪答辩(guilty plea)。……被告人不能通过供认一起主要犯罪而免除审判。供认能够影响但不能终止刑事审判。供认充实了证据,从而缩短了审判,但并没有减轻法院独立裁判的职责,即无合理怀疑地确信被告人犯罪的责任。

在1969—1970年的一项对德国混合法庭制度的实证研究中,格哈德·卡斯珀(Gerhard Casper)和汉斯·蔡塞尔(Hans Zeisel)研究了经过仔细挑选的大约600个案例,得出了审判持续时间的数据。他们发现"大约一半的刑事审判(47%)持续不超过1/3天或者大约2个小时。'较小法庭'审判的平均持续时间是1/3天或者约2个小时。'较大法庭'的平均持续时间是一天……"……因为审判程序之迅捷是解释德国没有辩诉交易的基本理由。不像美国,德国的审判程序保持了一种效率,这种效率使得每一个可能判处监禁的犯罪案件都能接受审理。

当然,德国审判程序的迅捷并不是唯一重要的因素。另一因素是美国的犯罪率比德国高——根据经验判断要高4倍。如果德国人有我们这样的严重犯罪水平,他们将发现实行对所有严重犯罪案件都进行充分审判的制度花费的成本比现在要高得多。他们几乎一定需要将许多的案件转移到下文将提到的非诉讼渠道中去。

仅仅考虑犯罪率既不能解释也不能证明美国采用辩诉交易之正当。在犯罪率较接近德国而非美国的英国也有辩诉交易;当然英国和美国的共同点是都采用对抗式的刑事审判程序。

强制控诉规则 德国人不但没有辩诉交易,而且他们不想要它。那是德国人根据严重刑事案件中控诉人自由裁量权制度的训诫。

刑事诉讼法典第152条第2项规定了实施已一个世纪的著名的强制控诉规则。在严重犯罪领域,德国的控诉人必须指控"所有有充分事实根据的能够被指控的犯罪"。该法典的第153条第1项规定了一与之相反的规则,即允许有不提起指控的自由裁量权,但仅适用于轻罪(Vergehen),并且仅在被告之罪行"被认为是较小的"和不存在要求"指控的公共利益"的情况下适用。因此,德国的法律要求所有的重罪(Verbrechen)和所有的不能按照这两条法定的轻罪标准免予起诉的轻罪,都必须在证据允许之情况下被指控。

德国的制度积极鼓励实施这个强制控诉规则。如果控方决定不指控一起属于该规则范围内的犯罪——无论是由于缺乏充分的事实根据,还是由于法律上理由的不充分——受害人或其近亲属可以请求对该决定提起审查程序;如果控方的上级维持其决定,则公民可以运用一种强制控诉程序诉诸法院。检察官属于一个具有严格贤能晋升标准的职业文官阶层。检察官们不想让他们的个人档案因公民的申诉,特别是成功的申诉而沾上污点。审慎使他们在有疑问时总是倾向于控诉和审判。

这个制度的一个重要推论是在美国运用的就指控罪项进行协商的辩论交易,不会在德国的程序中有其对应物。譬如,在每一个案件中负有指控义务的控诉人没有权力为补偿供认犯罪而提议减轻被告的责任。强制控诉规则要求他以最强硬和绝少遗漏的方式将有证据支持的犯罪控诉到法院;如果他没有这样做,法院有权纠正其错误。这个规则非常严格,它阻止德国人运用英美法中控诉人惯用的做法,即为国家作证时可获得豁免。

显而易见,德国对严重犯罪的强制控诉规则没有漏洞可钻。精心设计的法定的标准、条件和救济手段都为适应其制度结构,并服务于德国更重要的刑事司法制度目标。这个规则是为了实现德国传统中一些极其重要的目标:对待类似案件采用类似方法,忠实地遵从立法机关界定严重犯罪的决定,阻止政治干预或其他腐败行为妨碍控诉,等等。美国人也知道这些目标的明智,但是我们缺乏程序性的制度——首先是缺乏一个切实可行的审判程序——没有它,我们就没有一个类似德国的强制控诉规则。只要我们依赖辩诉交易处理案件,我们一定得给控诉人讨价还价的筹码。

在受强制控诉规则约束的犯罪中有一些是不被判处监禁刑罚的,或者由于根本不被允许,或者由于在特定案件中判处监禁不合理。这些犯罪中有一部分是相当普通的,包括各种各样的轻微盗窃罪以及严重的机动车辆犯罪。在这些案件中,控诉可以根据一个被称作刑罚令(Strafbefehl)的非讼程序开始;因此,在这里,强制控诉规则并不意味着强制审判。

(节选自 John H. Langbein:《德国:没有辩诉交易的国家》,王建勋译,载宋冰:《读本:美国与德国的司法制度及司法程序》,北京:中国政法大学出版社,1998年,第402—407页。)

【问题思考】

1. 举例说明不同法律体系中司法程序制度的区别,并分析其原因。
2. 各国民事司法的费用制度有何差异?对程序运行有何影响?
3. 中国司法制度有哪些突出特点,这些特点是如何形成的?

【延伸阅读】

1. [美]马丁·夏皮罗:《法院:比较法上和政治学上的分析》,张生等译,北京:中国政法大学出版社,2005年。

2. 彭小龙:《人民陪审员制度的复苏与实践:1998—2010》,《法学研究》2011年第1期,第15—32页。

3. 宋冰:《读本:美国与德国的司法制度及司法程序》,北京:中国政法大学出版社,1998年。

4. 左卫民:《中国刑事诉讼模式的本土构建》,《法学研究》2009年第2期,第107—120页。

5. Markus Dirk Dubber, "American Plea Bargains, German Lay Judges, and the Crisis of Criminal Procedure", *Stanford Law Review*, Vol. 49, No. 3 (1997), pp. 547-605.

6. Samuel R. Gross, "The American Advantage: The Value of Inefficient Litigation", *Michigan Law Review*, Vol. 85, No. 4(1987), pp. 734-757.

7. J. A. Jolowicz, "Adversarial and Inquisitorial Models of Civil Procedure", *The International and Comparative Law Quarterly*, Vol. 52, No. 2(2003), pp. 281-295.

8. John H. Langbein, "The German Advantage in Civil Procedure", *The University of Chicago Law Review*, Vol. 52, No. 4(1985), pp. 823-866.

9. Bron McKillop, "Anatomy of a French Murder Case", *American Journal of Comparative Law*, Vol. 45, No. 3(1997), pp. 527-583.

10. John C. Reitz, "Why We Probably Cannot Adopt the German Advantage in Civil Procedure", *Iowa Law Review*, Vol. 75, No. 4(1990), pp. 987-1109.

专题十 法律职业者

【专题导论】

法律职业者是具有相当法律知识、素养和技能，能够胜任特定法律工作职责的专业人员。目前世界各国的法律职业者主要包括司法人员、行使一定司法权力的行政人员、律师（包括公私机构的专业法务人员）和法学研究者，有的国家还包括司法官助理、公证员等与法律密切相关的职业人士。从比较法角度探讨法律职业者，需要把握不同群体的社会地位及其基本成因，了解其背后不同的教育培养模式及准入机制，并进一步理解各种群体的数量分布及工作概况。

一、法律职业者的社会地位和影响

不同类型法律职业者的社会地位和影响力，在不同国家和地区具有显著差别。作为主流阶层和精英群体，各国的法律职业者通常享有较高的社会地位，但其内部仍存在明显的阶层性差别。

英美的法律职业群体具有以法官为中心的一元化色彩，唯法官（在美国主要是联邦法院法官）马首是瞻，律师和法学教授往往以得到选拔而出任法官为荣。在德国，法学教授享有更高的声誉；在法国，律师的地位相对更高。在中国，不同历史时期有不同的特点，司法官的地位和影响在当代中国日益上升。法律制度的架构和历史传统的影响是重要的背景因素。在普通法国家，判例在法律体系中的法源地位为法官赢得权威性的影响力，而具有悠久传统、并延续至今的法官精英化模式进一步巩固了其尊崇的社会地位。在欧陆国家，德国学者在以民法典为代表的基本法律制定过程中具有举足轻重的地位,法国传统中律师对立法的贡献及其仗义执言的社会公益理念是律师职业获得重要声望的基础。在中国和日本等东亚社会,政府主导立法和司法的基本格局以及知识精英的历史传统,使司法官和法律学者相对更多地获得社会尊重。

二、法律教育与职业准入

各国法律职业者的培养方式既有相当的共性,也具有不同程度的差别。在法治发达国家,普遍将接受专业法律教育作为法律职业者的基本要求。不过,法律教育的模式存在相当差别。其中,美国的跨学科培养模式最为独树一帜。美国将法律学习定位为职业训练,并认为法学不是孤立自足的领域,而是与其他学科知识和个体社会经验密切关联,法律职业因此应具有相当强的社会性,所以除极个别项目外,美国法学院都只设置研究生阶段的教育,学生必须先完成其他专业的本科阶段学习,才能进入法学院接受法律职业训练。学生的实践技能通过法学院实务教师的专门课程和在律所等机构的实习共同培养。由于美国的经济文化优势,加上该模式也更为适应学科融合的社会需求,这种法科教育机制在不少传统普通法国家和地区,乃至中国、日本和韩国等其他区域被广泛借鉴效仿。与美国的理念不同,德国更多地将法学理解为体系自洽的教义学,强调法学本身的独立性,因此法律学习以通常长达六七年的法学院教育为主体、以通过先后两次各州官方组织的国家考试为目的。在英国,传统上以律师会馆的师徒式实务培养作为训练出庭律师的基本方式;在近代大学法科教育兴起后,法律知识的学习转由大学的法学院进行,但学生在法学本科毕业后仍需进入律师会馆等职业培训机构接受实务训练。出庭律师和事务律师等不同发展路径,有不同的机构和职业训练要求。法国与英国具有一定类似性,法律教育结合法学院本科阶段的学术教育与此后专门机构的职业训练。由于职业发展的多元化安排与英国不同,所以法国的法科毕业生根据不同的职业取向,分别进入法官学院、检察官学院或律师学院进行不同方面技能的专门训练。这些制度安排上的差别,与其各自的法学基本理念及历史文化传统密切相关。

在具备职业能力的人士进入特定法律行业的机制和条件方面,各国同样共性和差别并存。律师通常都采取考试制获得准入资格,有的采取教育机构自治,如英国由律师会馆进行考核;有的由职业共同体自治,如美国由各州律师协会分别组织律师资格考试;还有的由政府组织,如德国各州的国家法律考试、中国由国务院司法部统一组织的法律职业资格考试。职业法官的选任,英国采取一次性任命制,从资深律师或下级法院法官中选拔,如果没有职业违规,可以一直任职至退休;美国的方式多元:联邦法官采用任命制和终身制,各州则有任命和选举等各种方式,而且往往有任期限制;欧陆国家普遍按级别选任,符合条件的优秀法科毕业生有望任职于低级法院,然后在科层体系中逐级晋升,成为更高层级法院的法官。中国的法官选任制度更多类似于欧陆国家,近年来法官助理制度的推行,使该机制具有自身特色。同时,中国优秀法官的升迁路径更多元,未必限于法院,甚至不限于司法系统。

三、法律职业者的数量及专业化

不同岗位法律职业者的数量比例及专业化程度在各国存在一定类型化差别。

就法官而言,仰赖于当事人主导和陪审团参与裁断事实问题的庭审模式,普通法国家的法官得以更多地专注于疑难法律问题的解决,并相应维持明显更少的法官体量。以最高审判层级为例:美国联邦最高法院只有9名法官、英国最高法院也仅12名法官,而欧陆国家及其他非普通法国家最高法院的法官都数以百计。与此相应,普通法国家法官的专业化程度也相对较低。不难想象,在数量如此有限的法官之中,不可能再进行专业领域的细致分工、各司其职,否则将导致司法寡头化,从根本上损害司法权威。

法学教授和律师等其他法律职业群体的总体数量都远远多于法官,不过相对人口总量的比例,各国情况仍存在差别。法学研究者的体量相当程度上取决于教育的发达程度,而律师的相对数量则与诉讼文化和司法制度密切相关。例如,美国的对抗式、市场化法律文化使诉讼和律师在社会经济生活中发挥重要作用,律师相对数量也远高于其他经济发达国家。日本的群体主义文化、非讼观念和国家主导的司法制度一定程度上限制了律师行业的发展,律师的人口占比明显偏低,与美国形成显著的对极状态。

【名家专论】

一、大木雅夫:西方法律职业概况

从谁是法律秩序创造者的视点来比较各国的法律家,首先,在德国,大学教授确实占据了压倒优势。与此相对而言，在法国，法官、立法者和法学家之间保持着独特的平衡，而律师(avocat)则占有相对较高的地位。在得出这一结论时，我们最先关注的是法典的起草者。《德国民法典》是大学教授主导型的法典；而《法国民法典》则是出自作为律师的具有丰富经验的实务家之手。此外，在法国，对法典的神圣性与完美性的信仰和法条崇拜思想曾产生了种种反作用，以致法官一般被视为"法律的宣示者"(bouches de la loi)，而学者活动则倾向于仅局限在"注释"(exegesis)之上。"exegesis"一语，在语源上具有圣经注释之意；正如被奉为圣典的《查士丁尼法典》首先孕育了注释法学派(Glossatores)，同样，被奉为圣典的《拿破仑法典》制定后，也产生了以维持法典原义为宗旨的注释法学派(École exégétique)。以后，虽然科学学派的诞生促使注释法学派归于消亡，但显而易见，最初法典的确立，乃是有学识的法律家兴盛发达的根基。因此，毋庸置疑，法典确是探索法律秩序创造者的重要线索。

然而，在英国并不存在《拿破仑法典》式的法典。而且，作为英国法之发端的"令状"，无论如何绝不是堪称为"神圣的令状"(Holy Writ)之类的东西。……另一方面，在英国，围绕在国王周围的立法活动也并不活跃。……因此，英国法的承担者，乃是法官。即使对议会的制定法，法官也掌握着通过解释适用赋予其现实效力的权力。而且，法官们即使在面临棘手的难题时，也不会求助于学者。……英国的学者们，既不像法国学者那样卷帙浩繁地著书立说，亦未构筑出德国学者那样的理论体系。

（节选自［日］大木雅夫：《比较法》，范愉译，北京：法律出版社，1999年，第307—309页。）

二、范愉：中西法律职业比较

随着我国法治进程的发展，法律职业问题日益受到社会的关注，通过法律职业及其共同体的参与和努力推进司法改革、实现法制现代化，已成为法律界的基本共识。很多法学家对通过建立法律共同体实现法治寄予了极高的期望，但也有人冷静地提出了不同意见。关于我国法律职业共同体的模式和建构方式，同样见仁见智。一些人把英美式的一元化的法律共同体作为理想模式，主张从律师中选任法官，以提高法官的素质和司法公正程度，并通过自治的方式使法律职业共同体成为一种独立自觉的社会力量。另有学者认为：在中国，所谓法律职业共同体实际上不应是指一种实体性的建构,而是一种精神或理念上的共同体,即职业认同;而共同体的建立只能在政府主导下促成。同时,还有法学家对法律职业化改革提出了异议。……

在西方法治传统中,法律职业共同体既是一种历史的产物,也是特定社会和法律体系选择的结果。……然而,在看到这种共性的同时,不可忽视,西方国家的法律职业共同体并非是按照同样的模式和规律产生和活动的。相反,法律职业的构成、行为方式及其在社会中的地位差别如此之大,以至于比较法学家们通常把这些因素作为划分法系的标准之一。就法律共同体的样式及其形成(包括教育培训途径)而言,大陆法系和英美法系之间存在诸多差异。导致这些差异的因素包括:诉讼模式及相应的职业技能、法律技术,司法资源分配(如诉讼收费及负担机制),法律传统,社会的特定需求(如对司法权的限制或保护),对司法效率与效果的追求及评价机制,法律职业的人数及精英化程度,法律教育和职业培训制度以及法学研究和社会理念的影响等等。……

从比较法的视角看,大陆法系的科层制司法模式是由以下一些基本制度支持的:(1)由法律严格确定的司法官录用、培训和晋升制度;(2)独立的普通法院系统以及法官身份保障制度;(3)由国家财政保证的司法资源,以及为了合理利用司法资源而对诉讼进行的限制;(4)国家对律师群体及其行为规范、业务范围及收费的严格规制;(5)法律职业之间的相互独立或分业模式。这种模式严格恪守国家司法权的定位,不追求司法的能动性和个性,它是相对平庸的,但却是确定、高效、廉洁而有权威的。

英美法系的协作司法模式则是由以下一些基本制度所支持:(1)独立的、具有社会权力性质的普通法院系统以及法官身份保障制度;(2)高度自治和自律的律师群体以及法律职业一元化;(3)基层司法的非正式化及民众对司法的广泛参与,以及社会对司法民主正当性的确信;(4)由法律职业群体操控的经验实务性教育培训体系;(5)多元化与地方化的司法体制及其相互协调。这种体制是由法律精英和大众司法的互动构成的,国家实际上并不是司法的主体,司法也不是完全建立在精密的法律规则、技术和原理之上,而是由当事人在正当程序内解决纠纷,律师事实上成为整个体制运行的基本要素,由此,法律职业的自治和自律就成为整个司法制度的基石。这种模式是自由主义的、市场化的,具有开放性,有可能将社会政治问题转化为法律问题在法庭上解决,但其结果和效率却是相对不确定的、个别主义的,而且司法利用事实上是不平等的。

……从比较法的视角分析我国司法体制与法律职业的定位,可以看到:从法律体系的形式特征看,中国比较符合大陆法系的科层制模式,内含着其基本要素——司法权的国家权力定位以及国家对司法和法律职业的全面管理,包括基层司法在内的司法官的职业化及专门化分工,司法机关的严格等级秩序,人数众多的法官及终身制,法条主义,以及自上而下的司法政策执行机制等……我国司法制度是在不具备基本的人事和物质资源保障前提下高速发展起来的,对于诉讼一般也不主张加以限制,因此远未达到大陆法系国家司法的正式和规范程度;尤其是基层司法,更接近于非正式制度。

从表象上看,我国的司法在某些方面又与英美法系相似,如司法多元化和地方化(社区化),个别主义以及重视司法的社会功能,法律职业的非专职化(即职业化程度低、各种职业可相互转化)等等。同时,法律界在1980年代以后义无反顾地将美国司法体系——从法学院、律师行为、法官的自由裁量权到法院的决策能力等——以不同方式引进,造成了我国司法体制和法律职业模式的混合性特点。然而由于与英美国家在社会基础、文化、法律意识上存在巨大差距,又使得一些表面上的相似或模仿很难变成切实可行的制度及实践。

显而易见,由于历史、政治体制和文化等多方面原因,我国司法模式具有许多与西方国家不同的基本特点,当代的各种改革使得其定位更加复杂和模糊。如何根据我国特点及现实条件建立法律职业及其共同体,就需要更为慎重的求索与论证。

(节选自范愉:《当代中国法律职业化路径选择——一个比较法社会学的研究》,《北方法学》2007年第2期,第84—94页。)

三、卡内冈:西方的法官选任

(关于法官的产生方式)现在,我们就有了三个分析工具:模式一,由最高政治权力任命法官;模式二,由民众选举法官;模式三,在法官等级中依据出身即贵族或上流社会或职位的买卖来进行承袭,说穿了,就是依据财富的多寡来选择法官。

……在过去的欧洲,用较为正式的说法,由主权者进行法官任命的做法占据优势;而在现实中,司法特权等级以及法律职业界,在很大程度上控制着人员任命的实权。

……我们很快会发现,事实上三种模式都在混合使用,只是它们在每个国家所占的比重有所不同。我们将选取三例进行讨论,一个来自欧洲大陆,一个来自不列颠群岛,而第三个则来自美洲。

比利时就是体现三种模式混合的一个很有趣的例子。模式一体现在,所有法官均以皇家政令的形式正式任命(除此之外,皇家赦免也是皇家司法权遗迹的一个体现)。模式二间接体现在,各种民选出的政治机构(如各省的立法会和参议院)在法官任命的提名中扮演着重要角色(就这点来说,刑事案件中的陪审团也可被视为一个民众参与的因素)。模式三也是存在的,因为各个法院都会提交候选人名单供国王进行任命。进入司法界(或是律师界)不需要再进行专门的考试,也没有专门训练未来法官的学校,对法官人选已不再有财产方面的要求,而只有知识上的资格限制,即要具有法律学位,这对迈入法官门槛已经足够了。

在英格兰,模式一体现在法官由皇室任命,也就是由内阁首相或御前大臣(也是政府成员之一)来任命,他们在选择候选人时有一定的自由裁量权。模式二也只是间接地存在,政府的权力来自民选的议会席位中大多数的支持,而陪审团也是一个司法大众化的体现。模式三则表现出强劲的势头,因为高级法官均从寥若晨星的皇家大律师(Queen's Counsel)中选出,这些皇家大律师本身也都出自法律职业界,他们是出庭律师中最成功、经验最丰富的一群,被授予"丝质法袍"。行使英格兰最高司法权之人即上议院的贵族法官,通常都是从其他不同位阶的高等法官中选出,即选自高等法院和上诉法院。英格兰对法官没有严格的学历要求(不论是法律还是非法律专业),也没有专门培训法官的学校,进入司法界也不需要经过专门的考试,但进入律师界却需要。总体而言,模式一在比利时和英格兰都处于弱势,在前者模式二显得强一些,在后者则是模式三占据优势。

在美国,模式一体现在,所有联邦法官,尤其是最高法院的法官,皆由总统任命,但该任命并不排除参议院的干预,在许多州,都是由州长对司法系统进行任命。模式二也只是间接地体现出来,任命法官的总统和州长都是由人民选出的,而在任命中扮演一定角色的参议院,也是一个民选的机构,当然,在那些法官由人民直接选举的州,该模式体现得更为明显。模式三则表现得很微弱,美国律师协会(American Bar Association)非正式地向总统提交一份推荐名单,或许我们可以说是为总统提供参考意见,州律师协会在州长任命州法官时也是采取同样的做法,这也就是我们仅仅能够看到的与模式三相关的事实。最后,活跃在民事和刑事案件审判中的陪审团,成为突显模式二的另一个因素……

通过以上诸番探讨,结论已经昭然若揭了:代表民主因素的模式二,在美国的司法系统中体现得淋漓尽致,模式一也不是无足轻重的,只有模式三中那些在欧洲传统中极为典型的代表职业垄断的因素,在美国却几乎不存在。

上述三种模式中哪一种最好,从对历史的考察中很难得出结论。而且,这个问题和我们早些时候提出的关于法官、政客和学者各自素质的问题有一定联系。的确,由政客在立法会中制定法律的方式,很明显与模式二很接近,而欧洲模式的司法系统所创制的法律,由于历史原因,与模式三结下了不解之缘,最后,由身兼立法者的国王颁布的法律则倾向于模式一。

(节选自[比]R.C.范·卡内冈:《法官、立法者与法学教授——欧洲法律史篇》,薛张敏敏译,北京:北京大学出版社,2006年,第143、145—148页。)

四、左卫民:中国法院的院长

考察域外尤其是英美国家不难发现,现代法院对首席法官/院长的角色期待大致呈现为"法律家→管理家→政治家"的体系。首先,作为首席法官/院长,他应是一名卓越的法律人(法律家)。正是此种角色期待,使得首席法官/院长通常从资深法律人中选任。法律家角色乃是首要考虑。其次,作为法官中的居首者,首席法官/院长还应是一名优秀的内部管理者(管理家)。这些职能或是主持对案件的讨论、分配司法意见的撰写等与审判活动密切相关的管理活动,或是对法院内部人、财、物资源的综合调度等更为纯粹的司法行政事务。当然,在西式法治语境中,出于对司法独立的尊重,审判权与司法行政权之间往往建立起隔离机制,如将法院管理和政治职能或赋予司法部等行政部门,或交由法院内部专门的行政官员,首席法官/院长对其他法官的监督也往往受制于司法独立原则而极为有限。最后,首席法官/院长也应是一名能出色处理各种外部关系的政治活动者(政治家)。如在美国,首席大法官作为联邦法院系统的行政首脑,要负责向国会提供关于司法会议工作的年度报告并提供立法建议。必要时,首席大法官还会与总统和司法部长协商某一新任大法官人选;或者就法院预算向立法部门游说。不同于宪法解释等司法活动内生的政治性,当首席大法官就法院人事、预算等问题与其他政治部门协调时,其已跨入传统上属于政治家活动的领域。

与域外法治国家类似,虽然实践中的中国法院院长的角色也是多元的,但总体而言,政治家与管理家角色的扮演远甚于法律家,大致呈现出"管理家→政治家→法律家"的角色体系,这与域外法治发达国家尤其英美法系国家相比差异十分明显。究竟是哪些因素塑造了中国法院院长的这一独特的角色?这一问题需要放在更宏大的政治背景与组织环境中加以观察才能有所得。

法院在政治架构中的从属地位 当前中国对法院院长沟通协调能力及角色扮演的现状与法院在中国特定政治权力结构中所处的位置密不可分。与高度分权的美国社会更多由司法部门承担社会整合功能不同,当代中国社会的整合机制是以党政部门为核心的,司法部门只是党政社会治理链条中的一环。……对法院运转必不可少的编制、财政等关键资源完全被党政部门所控制。由于组织对外部资源的依赖性与其自主性成反比,法院在编制、财政等核心资源上严重依赖党政部门,其逻辑结果往往是对代表法院与党政部门"打交道"的院长应当具备的卓越的沟通协调能力。……在决策者看来,法院类似于党政部门的分支,而法院院长除分工(掌管国家的审判工作)不同外,与工商局局长、税务局局长等相比并无特别之处。……法院同样需要服务于党政部门的"中心工作",需要具备明确的"大局意识"。在这种工具化司法理念的支配下,对中国法院院长的选拔一直都以"如何保障党对法院工作的绝对领导"为根本指导思想,而法院院长也要求对党委保持绝对政治忠诚。这事实上形成了一种一体化的党政领导干部管理模式和对法院院长思想政治素质的要求。……这种人首要的特质是"具有较强的全局观念和纪律观念,具有雷厉风行的战斗作风,办事坚决果断,一切行动听指挥。"……

法院组织规模的迅速扩张 随着中国社会向市场经济转型,法院在社会经济生活中的作用愈加凸显,社会对法院的功能期待更为复杂、多元而迫切,由此导致法院系统的组织规模自改革开放以来急速扩张。……首先,法院在内部管理上的功能分化,内设的庭、处、室自1979年以来不断增加……此外,由于中国法院在司法行政事务与审判职能间不存在制度性分离,在业务庭室倍增的同时,相应支撑性的司法行政工作亦会随之增加。……其次,法院内部的人员分类、分层、分级管理日益复杂化。为解决人员编制激增产生的管理需求,在法院内部出现日益细密的层级分等。……在不断膨胀的组织规模和不断延伸的科层链条中,居于顶端的院长必然会面临大量管理问题。这些问题错综复杂,既涉及法院的审判业务部门以及与之相关的流程再造、架构优化等审判管理问题,也涉及法院的综合管理部门和相关的法院人、财、物的管理等司法行政事务。……在实践中,也正是妥善处理此类事项的行政管理能力(管理家角色)构成了各方对法院院长的实质期待。

中国式法院管理模式　法院管理模式是法院对其各种活动,尤其是审判业务活动进行管控的一套体系,具体包含规定法院内部各个参与者权责关系的一系列规则、关系、制度和程序。经过长期实践探索、调整和总结,中国法院已逐步形成了一套较稳定的以"中国式科层制"为特色的,"多主体、层级化、复合式"的审判业务运行机制和管理体制。这样一个科层化的管控体系使得中国法院在组织结构和运行逻辑上呈现出与行政机关高度的同质性。但也正是这样一个建立在权力下放和节点管控基础上的层级化的内部管理体系,大大提升了中国法院常规审判业务活动的理性化水平,从而使得法院院长无论是参与合议庭还是通过主持审判委员会对个案进行深度介入和监控的必要性都大为降低,对法院院长法律专业水平的要求亦随之下降。……总体上看,在当代中国法院内部的法官群体中,从助理审判员到分管副院长已不同程度地逐步走向专业化、职业化。在当前司法实践中,由审判员、助理审判员组成的业务型普通法官和由副庭长、庭长、副院长组成的业务型领导法官共同组成的中国式的科层管理模式基本上可以满足案件裁判质量控制的要求。

(节选自左卫民:《中国法院院长角色的实证研究》,《中国法学》2014年第1期,第5—25页。)

五、霍奇森:英法的检察官及预审法官

在法国,司法职能在历史上是国家集权的,并且包括了起诉与侦查职能以及裁判职能。根据《1670年敕令》,侦查、起诉与审判的过程由一个人即刑事长官主导。……如果这些权力被重新分配了,它们也没有完全分离,而是通过司法机构普遍的职业团体化,使这三项职能在结构、理念上被结合在一起。英格兰和威尔士司法职能的分工……裁判者与起诉者完全分离。……他们不是朋友,也互不相识,并且有不同的兴趣和背景。……正如许多其他欧洲法律制度,法国有一个职业化的司法机构。但与其他国家(如德国)不同,其中不仅包括审判法官,还包括公诉人(检察官)以及预审法官。进入这一职业司法官团体需要通过竞争性考试,此后还要在国立学校,即国家司法学校(ENM)接受集中培训。被雇佣的新成员专门从事三项职能中之一项,但他们所受到的共同训练以及同为司法官的地位,意味着他们能够并且事实上也进行着相互转换。属于这一司法官群体具有非常重要的意义,在该群体中,通过灌输统一的职业道德,法学毕业生被塑造成为一名司法官,即受托保护公共利益和法律实施的司法官员。……这一共同的地位(三种职能均由一名法官行使的历史遗迹),以及由此带来的共同掌权的联系,与将他们作为司法官结合在一起的理念,阻碍着将起诉和侦查职能从广义的司法职能中明确分离出来。……除了将预审法官、审判法官以及检察官捆绑在一起的观念上的联系,在对不同职能的结构性界定中仍然存留着角色的重叠。其中最具争议性的是预审法官,即对更为严重和复杂的刑事案件负责侦查的司法官在其职责范围内实施的司法与侦查职能的混淆。自拿破仑1808年《刑事审判法典》以来,这一角色已经与案件的审判相脱离,但是一种重要的司法职能仍然与侦查职能一起被保留下来。她必须进行中立的、广泛的侦查,并审查和评价犯罪嫌疑人涉嫌的案件;她必须确定证据以及对犯罪嫌疑人的指控是否有充分的理由,并在评判是否批准实施强制性措施(如电话监听)时,保障个人的权利和自由。直到最近(也许是最具争议性的),她还有权确定对侦查中的犯罪嫌疑人予以保释或者进行关押。这种侦查职能与"纯司法"(在裁判的意义上来看)职能之间的混淆受到严厉批评。……从普通法的视角来看,对于这种职能的混淆可以更为积极地看待:作为法官的侦查主体可以被认为强化了侦查职能的独立性和可信性,而非削弱了司法职能的独立性。……

18世纪,在英格兰和威尔士,公民把他们的控诉提交给治安法官,由后者收集证据、逮捕犯罪嫌疑人并确定是否批准起诉。这一直持续到1829年警察机构的建立,那时候警察开始承担代表被害人起诉的职能,从而将侦查与起诉的职能合并。1879年,刑事检控专员(DPP)办公室得以创建(在总检察长,即政府的一员的领导下运作),其目标是在处理最严重案件时确保一定程度的一致性。……到20世纪六七十年代,起诉的安排变得更加形式化,很多地方的警察雇佣了机构内部的律师来处理更复杂的案件,并完成增加的工作量,但是警察的职能继续包含着侦查和起诉的双重职能。……1981年皇家刑事诉讼委员会(RCCP)对此种状况进行了批评……因此,1985年根据《犯罪起诉法》建立了皇家检控署(CPS)。尽管是一个公诉机构,但皇家检控署与法国的类似机构有很大不同。

作为检察长和总检察长领导下的领薪律师,皇家检察官被期待能够与很多其他欧洲国家的公诉人一样行使司法职能。然而,其组织结构以及对警察的依赖关系阻碍了这一点。警察保留了独立的侦查职责,并且直到最近仍保留着决定是否通过指控犯罪嫌疑人从而发动诉讼的职责。……根据新的实践法典,在一些情形下,皇家检察官有起诉的发动权,但他们仍然没有对证据收集的控制权,也没有要求进一步侦查的权力,并因此仍然完全依赖于警察的证据材料来作出是否起诉或者指控的决定。……在大多数情形下,警察仍然是起诉程序的守门人,对案件在侦查和起诉中的流转发挥着不受监督的控制作用。……因此,这留给我们一个悖论:皇家检控署在结构上依赖于警察,但被迫远距离操作,这阻碍了一种文化的形成,该文化使得检察官能够获得与警察一起紧密合作的好处,却避免了受后者主导的弊端。

与皇家检控署相似,法国的检察官负责审查证据,并确定是否进行起诉。但是与皇家检控署不同的是,检察官对于警察的侦查行使监督职能。作为司法官,较之于单纯的(更具偏袒性)公诉人,她行使更为中立和更为广泛的职能:她是司法官,负责指导警察侦查并监督在警察拘留所对犯罪嫌疑人的羁押,包括对他们正当程序权利的保护。尽管着重点不同,检察官与预审法官一样,都行使侦查与起诉的双重职能,这是有组织的法律监督框架的特质。……在理论上,检察官作为司法官(而不仅是公诉人)的身份和理念使其地位被正当化。而且,作为公诉人的一部分,检察官是集中化的权力层级构造的一部分,由政府的部长,即司法部长领导。为了确保检察官的合法性与民主责任,以及检察院内部一定程度的集中和统一,层级控制限定并制约了检察官裁量权的行使。……

在英格兰和威尔士,检察官被认为在组织上具有依赖性,在职能上具有自治性;在法国,则是在组织上具有依赖性,在职能上具有从属性。在实践中,英格兰和威尔士的关注点集中在皇家检控署相对于警察的独立,而在法国,检察院相对于行政性控制的独立则是关注的核心。

(节选自[英]杰奎琳·霍奇森:《法国刑事司法:侦查与起诉的比较研究》,张小玲等译,北京:中国政法大学出版社,2012年,第93—104页。)

六、鲁施迈耶:德美律师职业比较

虽然,德国和美国有着非常相似的社会结构,但是它们的法律职业之间却存在很多重要的差异。这些差异概括来说就是,第一,法律职业与政府系统和权力结构的关系;第二,法律职业与分层体制和具有不同亚文化群体之间的关系;第三,律师界的内部结构、规则、典型价值观以及与客户的关系模式。

在以上三个方面,美德两国的对比在19世纪前期比现在更为明显。……我们已经注意到了趋同力量的重要性,而且这种趋势还会继续,但是好像这些差异不仅仅来源于既存社会形态的惯性。工业化、或者说更一般意义上的现代化,是推动趋同化的主要力量,而美德两国的工业化,因为起点的巨大差异,选择了不同的道路;工业化影响了法律职业,当然也影响了整个社会,只是以两种完全不同的方式。……

德国政治权威与法律职业的分化不如美国严重。德国律师中有大约一半是职业公务员。大多数的高级行政职位都掌握在律师手中,这些律师与律师的其他支系联系并不密切(除了与一般律师一样接受过法律教育之外)。……正是在这多样化的公务员群体中,我们发现了19世纪政府形态的连续性。因为德国政治统治的根本性变化及其社会政治基础的扩大,德国公务员传统不断淡化和分化,但并没有消失,它潜在并普遍地影响着私人执业律师……律师的法院官员角色被着重强调。他们自我雇用,为自由职业者的身份而自豪。……在美国,从数量和律师的主流思想上来看,私人执业律师在法律职业中至今还是主导群体。法官在美国当然也是公共官员,但是他们在整体上与律师更为相近,同时也具有相对于行政科层机构更强的独立性。美国的法官经常是来自私人执业律师,他们不是职业公务员,而是通过政治竞争,亦即"政党任命",获得他们的职位。在政府行政机关的律师也经常与私人执业律师保持着紧密联系。他们一般是作为法律专家工作,一般只在律师和高级公务员中占有很小的比例。

两种模式的对比可以在社会主要方面现代化的时间上找到解释——一个是大规模社会组织的科层化,一个是市场理性的传播。在普鲁士/德国,政府的科层理性化在经济发展和工业化很久之前就已开始,政府对法律方面的专家进行了强力控制,并将法律职业的很多功能……纳入了行政和司法科层机构的轨道内。此外,在前工业时代,法律不像今天这样是一个专业化的纪律体制,也不是公共领域的最高权威,所以,律师……被转化成了忠于既定权威、担负维护"公益"职责的官员。相反,公共科层机制在美国发展得较晚,于是可以雇用到与政府运作有关的各领域专家。美国政府的行政部门较弱,这就使在中欧本应由行政部门控制的领域可以更自由地发展。如果说政府的集中化和理性化是政治现代化的特征,那么可以说美国的政策始终相对传统。美国现代化中的主要进步都来自企业活动。……在美国司法判决与政治进程相互联系,各利益群体及公共观点通过政党和普选整合在一起;而在德国,司法判决与公务行政密不可分,并代表了更稳定的政治倾向。……美国律师在政治上具有优势地位,其强大支撑来自政党政治和司法、行政职位的招聘形式。这种优势可以追溯到民主化的早期,那时还不太专业的律师精英就与主流社会阶层和了解公共事务的"竞争群体"保持了密切联系。美国和德国的对应关系也很明确。在德国接受过法律训练的公务员与美国的律师政客相对应。……美国政党不像德国政党那样是基于阶级建立起来的,所以美国律师参与政治的程度也是德国律师不可企及的。……德国和美国律师具有相似的地位。……具有权力和影响力的律师在美国取得他们地位的方式,一般是通过相对公开和通常的政治竞争,而在德国,他们的途径是科层事业发展。相应的,美国私人执业律师更多地参与草根政治,有更大的机会成为权力精英。

  所有现代职业都或多或少地生存于中上等阶层的社会环境中。声誉、收入和对社会核心知识的专业化使用,使他们成为社会中上阶层的一部分,并且通常其客户也大多是来自社会的中上层。……德国私人执业律师是其中最大的受益者,他们的平均收入大大高于美国私人执业律师。此外,德国律师的社会地位虽然并不一定在职业声誉排名中居于高位,但他们与普通社会地位人群的差距已经非常明显,与低层群体存在更大的社会距离。……德国律师像其他接受过大学教育的职业者一样是非常封闭的群体(而美国律师是较为开放的)。工人背景的律师在德国极为少见。同样重要的是,德国私人执业律师、更不用说律师的其他支系的家庭背景主要是大学毕业人群与公务员——他们占到了私人执业律师的五分之三。美国律师在社会出身上具有明显的异质性。首先,美国社会种族的异质性就反映在律师界……美国律师界阶级背景的异质性也非常明显。工人阶级出身的律师没有充分的发言权,但也构成了律师界不可忽视的少数派。商人(企业主和职业经理人)的子女构成了律师界中的重要部分,但也没有成为法律职业的多数。如果不考虑种族出身,律师界中没有一个背景人群像德国公务员和大学毕业人群子女一样,具有边界清晰的亚文化。也可以说,美国律师界根本没有边界清晰的亚文化。因为社会背景的异质性,美国律师更容易受到社会环境的影响。

德国律师亚文化的显著性并非其独有,在这一点上它与传统学术职业是共同的。这些职业在德国社会地位结构中是相互联系的。……对"归属性"的强调(而非对独立于个人职业的事业成功的强调),至少在德国保守价值观中,使得这些人群的成员资格成为了社会地位的重要标准,并且使成员之间及外部人,将同一地位的群体看成是相对同质并显著区别于其他人的社会群体。历史地看,这一形态可以追溯至传统封建秩序。……德国私人执业律师不像美国律师那样深入地涉足商业事务以及商法领域。最好的解释是,德国内部法律顾问和其他商业职位上的律师扮演了更为重要的角色,并且在商业事务上提供顾问服务的其他职业在市场上占有了更大的份额。……美国私人执业律师不具备独立于商业共同体的、特别的价值观。从社会出身角度上说,商人家庭是律师人才的最大来源,此外,商业及其价值观无可争议地在美国社会中居于首位。于是,商人作为美国律师最重要的客户群对律师的思想和行为产生了更为有力的影响。……

两国律师的专业化都不能说是发达的,美国的大城市律师的专业化也是如此。后来,美国都市中律师数量众多,所以大多也没什么名声,加上大型律师事务所的发展(在理解上,与德国内部法律顾问普及的作用是一样的),以及法律教育从学徒制向水平参差的法学院教学的转变,于是法律执业发生了高度分化,这也导致了美国都市律师分层体系的形成,这是德国所不能相比的。德国律师收入的差距与美国的情况大抵相似,但是因为德国法律职业教育、招聘的同质化,及社会中大学毕业人群的特殊地位,所以德国法律职业共同体的观念很强。经济上的成功对于法律职业成就的意义,在德国不如在美国那样重要。一般说来,德国律师内部分层相对独立于社会分层体制,而美国律师界则更为直接地反映出美国社会评价和歧视的标准。……德国律师的内部分裂较小,具有突出的亚文化支撑,所以它与美国律师在职业伦理上存在系统的差异。这些行为规则大都主要考虑了礼节上的琐碎问题和法律执业的技术性细节,而不是律师工作对社会的影响这种宏观命题。但这并不代表它们是不相关的,因为它们对律师-客户关系的形态有重要意义,也因为其内容和对观念的接受暗示着法律职业内的主流价值观。……对客户的忠诚和提供高效的服务是美国律师正式和非正式规范的主流命题,而德国规范则更强调律师的法院官员角色,以及律师作为有学识职业者的独立性和尊严。……美国律师中的大部分,特别是在都市地区,对标准的接受和实际执业与商业共同体保持着高度的一致性,并且很少落后于商业共同体的标准。与美国律师相比,德国律师,即使是德国大城市的低层律师,也不存在美国律师一样有系统的差异——根据执业领域、执业者的地位、客户的类型和/或涉及的公共机构。这一差异与德国私人执业律师在背景和教育上的同质性有特别密切的联系,也说明其内部分层化并未导致德国律师界的深度分裂。这种情况在协会组织也有表现。德国律师协会比美国更加封闭,也不像美国律师协会那样根据地位和专业分化。德国律师协会是公法组织,是职业自治原则与政府监督调和的产物。在过去的两三代,两国法律职业在功能、职业组织和思想上越发趋同,只是一些重要的差别尚未消除。……

法律职业的价值取向和律师看待执业情况和问题的方式取决于,法律工作和职业外活动的差异,以及律师与职业外群体的关系——这些关系可能建立自特定的工作、社会背景或法律教育。……价值观取向……差别主要是关于追求经济利益和对商业世界的评价,它的存在也加强了两国律师界观点的差异。差别的另一方面是关于对社会冲突的容忍,特别是对道德和社会秩序完整性冲突的容忍。此外,两国在法律社会功能的观念上也有差异——到底是否应当强调法律解决社会冲突的功能,而将实质正义的理想交由其他组织去界定,还是应当将法律看作是实现实质正义和公益的工具。最后,两国价值观体系还在平等主义和精英主义的对比上有所不同。

(节选自[美]迪特里希·鲁施迈耶:《律师与社会——美德两国法律职业比较研究》,于霄译,上海:上海三联书店,2010年,第181—188页。)

七、阿蒂亚和萨默斯:英美法学教授的比较

……如今在美国,法学院与其他制度力量之间似乎存在着一种实际的互动,并产生了一种复合的效果,使法学院的影响力放大了数倍。例如,当法院如它们通常所做的那样,采纳一流法学院学者的观点,这无疑提升了该学者的角色地位。于是,该学者的著述越发被律师界认真对待,更频繁地被律师意见书所引用,其结果,往往被上诉法院的判决书作为可靠的依据。这类实际的互动还发生在法律秩序的其他制度力量中,如某州的议会可能颁布一项立法,其观念可能借自一位法律教授,而这可能会促使其他各州的议会制定相应的立法,这一来可能就提升了该教授的威望,因而使得法官们或许不等议会批准就采用其观点。如

此这般,不一而论。还有,如我们所看到的,美国法官和律师的多样化和地理分布意味着没有一个全国统一的一般法律文化。如果说在美国存在那么一个一般法律文化,那么它也是以更具同质性的一流法学院为中心的,这些法学院的组成人员相较法官和执业律师更富同质性。

在英国,与此相反,我们看到法学院作为一方与作为另一方的法官和律师之间是一种相对中立的关系,或甚至可能不存在互动。例如,学者们倘对政策问题感兴趣是另外一回事,他们很少在教科书中作深入探讨,因为律师们很少探究这类问题,法院的判决意见书也很少涉及此类问题。英国法院不把学者们的著述当回事有时阻碍了整个学术问题的发展,如在有关恢复原状的法律领域里发生的情形。这种情况之所以会发生,我们认为部分地是由于在英国存在着一种实际上将法学院根本排除在外的一般法律文化。这一法律文化当然是以集中了法官、律师的出庭律师公会和伦敦的法院为中心的。这样一种文化因此很容易将大多数不从事法律实践的学者们排除在发展之外,视之为局外人,不管是在地理位置还是知识上。再者,英国法律学者们在某种程度上承认律师和法官的优越地位,承认他们是形塑法律文化的主要力量。例如,英国法学院并不以培养适应实践的学生自任,因此大学毕业后须经过一年的实习期才能成为律师。是故英国学者们放弃了那些完全属于职业界的课题。很少有法学院(如果有的话)设置诸如法律伦理、民事诉讼程序这类课程,税法也教得不多。美国学者们不承认存在由律师或法官们独占的地盘,民事诉讼程序和税法之类不但属于法学院的课程,而且也是学术著述的焦点。因此,英国法学院是英国整个法律秩序中最不重要的制度因素;相反,在美国,一流法学院是最为重要的制度力量。

(节选自[美] P. S. 阿蒂亚、[美] R. S. 萨默斯:《英美法中的形式与实质:法律推理、法律理论和法律制度的比较研究》,金敏等译,北京:中国政法大学出版社,2005年,第340—341页。)

【问题思考】

1. 当代美国社会为何对律师职业群体的发展有巨大需求?
2. 各国培养法律实务技能的方式有何特点?
3. 各国法律职业伦理要求有何异同?

【延伸阅读】

1. Daniel J. Meador：《德国上诉法官：职业模式兼与英美的比较》，载宋冰：《读本：美国与德国的司法制度及司法程序》，北京：中国政法大学出版社，1998年，第152—168页。

2. [日]大木雅夫：《比较法》，范愉译，北京：法律出版社，1999年，第263—360页。

3. [法]勒内·达维：《英国法与法国法：一种实质性比较》，潘华仿等译，北京：清华大学出版社，2002年，第61—68页。

4. 沈宗灵：《比较法研究》，北京：北京大学出版社，1998年，第184—200、314—322页。

5. John P. Dawson, *The Oracles of the Law*, Ann Arbor：University of Michigan Law School, 1968.

6. Paul G. Haskell, *Why Lawyers Behave as They Do*, Boulder, Colo.：Westview Press, 1998.

7. Mitchel Lasser, *Judicial Deliberations: A Comparative Analysis of Judicial Transparency and Legitimacy*, Oxford：Oxford University Press, 2009, pp. 307-315, 322-360.

8. Eva Steiner, *French Law: A Comparative Approach*, Oxford：Oxford University Press, 2010, pp. 129-136.

专题十一　宪法与民族国家

【专题导论】

一、法律与民族国家建设

民族国家是现代世界的最重要政治单元。但这一局面的形成，只是晚近数百年间的事情。民族国家建设（nation-state building）是个历史性的过程，而非天然形成。因此这一进程值得各个经验研究学科（包括比较法学和法律史学）严肃对待。具体而言，民族国家建设可区分为三个维度。第一个维度是法权意义上的主权国家形成。这里的国家，是指一国在国际法层面上拥有完整和独立的主权这一状态。有时这种意义上的国家概念还会延伸到国内法层面，亦即一国公法层面的中央集权。第二个维度是正当性和情感意义上的民族建构（nation-building，nation 又可译为"国族"）历程，亦即通过各种符号、话语和制度安排，让政治体中的大多数成员产生对共同血缘、语言、文化和政治经历的认同，从而凝聚成一个拥有统一意志的民族国家共同体。第三个维度是物质、机构和制度意义上的国家建设（state-building）。该进程主要解决的是近代国家机器的建设和国家能力的积累这类问题：一国的军事、财政和行政体制如何得到合理化与官僚制化？这一国家机器整体如何强化对基层社会的控制，并从基层获得足够的资源以进一步强化自身，从而在近代的民族国家竞争体系中维持自身地位？

法律在这一历史进程中发挥了何种作用？历史上不同国家各自的法律制度（包括公法制度在内），在促进民族国家形成和壮大的过程中，在相应效果方面是否有所差别？近代各国在民族融合和国家实力上的差别，是否可以从法律的角度得到解释？一旦我们将目光从个体权利本位的教义法学处稍作转移，并投向广阔的现实政治世界，我们就能发现法律发展与政治发展的紧密交织。尽管近代私法看似与政治无涉，但其源头——罗马法——却为后世的主权国家间法秩序建构提供了充分的概念和规则资源。"万民法"(jus gentium)的理念，成为16世纪以来国际法思想的重要理论来源。而公法则深度介入政治事务之中，实际上近代公法正是伴随着近代民族国家而成长的。众所周知的是，正是在16世纪下半叶以博丹《国家六论》为代表作的宪法学中，近代主权概念得以诞生，并用以指导后来的绝对君主制实践。在民族国家形成的另外两个维度——民族建构和国家建设——中，宪法也发挥过重大作用。本专题的主要关注点也正是这两个方面。

晚近的民族主义研究表明，当代世界中多数"民族"并非自古以来就存在。相反，它们是在具体的历史中形成的"想象的共同体"。各民族的划分并非全然以相同的血缘、语言或习俗为标准。民族的划分与认同实际上充满了强烈的人为性和政治性。领土国家(territorial states)或殖民地的边界往往决定了一个民族的地理边界，尽管一开始边界对面的人群可能说着和边界内一样的语言，或者边界内部分人口实际上说着和官方语言不一样的语言。在这个由政治因素确定的边界之内，"印刷资本主义"——使用本国语言的小说与报纸——开始发挥其魔力，使得政治边界内的人们逐渐共享同一种语言和同一种"共同体"情感，而个体真实的族群和阶级归属则被遗忘。[①] 换言之，是先有了法兰西"国家"(état)、德意志"国家"(Staat)，而后才有法兰西"民族"(nation)、德意志"民族"(Volk)，民族更多是国家实践塑造出的成就。[②]

二、宪法参与民族国家建设的两个维度

宪法在这种近代民族后天建构过程中同样发挥了关键作用。近代宪法授予国民以公民身份，而这种身份的实践(如投票、服兵役、公共领域讨论)无疑能强化国民对国家的正当性认可，并强化"全体国民同处一个命运共同体之下"的民

[①] 参见[美]安德森：《想象的共同体：民族主义的起源与散布》(增订本)，吴叡人译，上海：上海人民出版社，2011年。
[②] 前一组单词的产生时间(约16世纪上半叶)也明显早于后一组(约18世纪下半叶)。

族感情。① 君主立宪制中的君主,以及某些共和国中的总统,还能够通过各种仪式和演讲,激发和提升国民对国家元首以及其所代表之国家的认同感,并彼此分享尊荣感和自豪感。② 宪法塑造的民族感情,甚至可以脱离具体的族裔或文化纽带而实现,从而成为纯政治性的"宪法爱国主义":阿尔萨斯-洛林地区的说德语方言的人口,由于曾积极参与法国大革命及随后的宪政实践,所以被法国知识分子认为属于法兰西民族,并以此抵制19世纪普法战争后德国对该地区的吞并举动。③ 如果没有近代宪法的塑造作用,这种认识无疑是难以想象的。

在民族国家的另一维,亦即作为政治机器的国家方面,近代宪法也曾产生不容忽视的影响。根据限权宪法理论,近代宪法的主要功能之一,就在于限制国家权力,以便更好地保护国民基本权利。然而,从社会科学的角度来看,近代宪法对不同类型的国家权力,作用是不一样的。国家权力至少可以细分为专制权力(despotic power)和基础权力(infrastructural power)。前者是指国家精英不与各社会群体协商就独自做出政治决定的权限范围,而后者则指国家精英为了真正贯彻政治决定和政治意志,对社会的渗透能力、控制能力和资源汲取能力。④ 传统法学往往只关心前一维度,而对后一维度有所忽视。近代宪法的一系列制度(如权力分立、对行政权严格监督和司法审查),都有效地起到了限制国家精英专制权力,防止其恣意妄为、威胁国民基本权利的作用。但宪法对基础权力的影响则更为多样。在某些历史条件下,如光荣革命以后的英国,宪法制度(尤其是其中的代议制)一方面实现了对行政机构的有效监督(尤其是财政监督),迫使后者尽可能节约运行成本,提高运行效率,另一方面又保证了立法机构在征税和募集国债等事宜上配合行政机构,从而使得已经被议会监督改造得相对高效的行政官僚机器,获得了更多的资源,并拥有了更强的国家能力。这也使得英国得以在早期现代惨烈的地缘政治竞争中脱颖而出。在另一些情况下,如早期现代的波兰和匈牙利,过于强势且自私的代议机构,却处处阻挠行政组织改革和国家常

---

① 参见[德]哈贝马斯:《公民身份与民族认同(1990)》,载[德]哈贝马斯:《在事实与规范之间:关于法律和民主法治国的商谈理论》,童世骏译,北京:生活·读书·新知三联书店,2003年,第654—682页。
② 参见[英]沃尔斯·白哲特:《英国宪制》,李国庆译,北京:北京大学出版社,2005年,第1—22、36—50页。
③ 参见[德]哈贝马斯:《公民身份与民族认同(1990)》,载[德]哈贝马斯:《在事实与规范之间:关于法律和民主法治国的商谈理论》,童世骏译,北京:生活·读书·新知三联书店,2003年,第656页。
④ [英]迈克尔·曼:《国家的自主权:起源、机制与结果》,王永香译,载郭忠华、郭台辉:《当代国家理论:基础与前沿》,广州:广东人民出版社,2017年,第49—79页。

备军建设,导致行政和军事机器长期处于虚弱乃至瘫痪状态,并使国家最终迎来被瓜分或吞并的命运。① 何种宪法制度设计,结合何种外在条件,能导致何种国家建设成就,是一个比较宪法学理应有所作为的议题。

【名家专论】

一、哈贝马斯:公民身份与民族认同

德国和东欧国家所发生的那些事件,使联邦德国由来已久的关于"后民族社会"的讨论出现了新的转向。许多知识分子抱怨(比方说)发生在行政和经济层面而没有公民参加的德国统一过程的民主匮乏;而现在,他们则发现自己正在被人指责为"后民族论的狂妄"。关于国家统一的方式和速度的这种争论不仅仅来自对立党派的相反情绪,它也反映了概念上的模糊。争论的一方认为接纳新的五个州进入联邦共和国是重新确立四十年以前被分裂了的民族国家的整体性;从这种角度出发,民族被看作是一个历史的命运共同体(Schicksalsgemeinschaft)的前政治统一性。争论的另一方则把国家统一看作是在一个从1933年以来公民权利以这种那种形式被废除的领土上重新确立民主和法治国;从这种角度出发,原来的联邦共和国不亚于新的联邦共和国也曾经是一个由政治公民(Staatsbürgern)构成的民族。与这种共和主义用语相联系,"作为国家的民族"(Staatsnation)概念恰恰去掉了"民族国家"(Nationalstaat)整个术语在近代欧洲一直具有的前政治的和族裔性的色彩。

公民身份和民族认同之间的这种语义连接的消除,引起我们注意到以下事实:随着欧洲共同体向政治联盟的过渡,民族国家这种经典形式今天也处于消解之中。为说明这一点,让我们来看一下这种形式在早期近代的产生过程。

在近代欧洲,由众多族群(Völker)结合而成的帝国这种前现代形式,如德意志民族罗马帝国,俄罗斯帝国和奥斯曼帝国所体现的,已无法处于稳定状态。在中欧城市带出现了第二种国家形式,即联邦国家形式。首先是在瑞士形成了一个联邦(Föderation),它强大到足以抵消一个多文化公民联盟中诸种族间的冲

---

① 参见[美]托马斯·埃特曼:《利维坦的诞生:中世纪及现代早期欧洲的国家与政权建设》,郭台辉译,上海:上海人民出版社,2016年,第182—260、309—371页。

突。但只有第三种形式,即集中管辖的领土国家(Territorialstaat),才对欧洲国家体系产生了持久的建构性作用。它首先产生于一些王国,比如在葡萄牙、西班牙、法国、英格兰和瑞典,然后,随着按照法国榜样而发生的民主化过程,才建立起民族国家(Nationalstaat)。这种国家形式为资本主义经济体系确保了在全世界扩展的疆域条件。也就是说,民族国家为一种受法治国限制的行政建立了基础性条件,为个体行动和集体行动的不受国家干预的空间提供了保障。对我们来说尤其重要的是,它为文化和种族的同质性创造了基础,18 世纪后期以来的国体民主化就是在这种基础上进行的,尽管其代价是对少数民族的压迫和排斥。民族国家和民主是作为法国革命的双生子而出现的。在文化上它们都处于民族主义的庇荫之下。

这种民族意识是文化一体化的现代特有的表现形式。产生出共同的民族归属这种政治意识的动力机制,是在民众通过经济现代化和社会现代化而拉出其稳定的社会纽带,因而既动员起来,又分化为个体的时候,才第一次将民众卷入其中的。民族主义是这样一种形式的意识,它预设了通过历史叙事和反思过滤而对文化传统的袭取。它出现于有教养的资产阶级公众之中,通过现代大众交往的各种渠道而扩展开来。这两方面因素、即文学性的中介和公众形式的传播,赋予民族主义以一些人为的特征;这种一定程度上构造出来的东西,从一开始就容易受政治精英的操纵性滥用。

民族国家的形成史反映在"民族"(Nation)这个概念的历史之中。在罗马人那里,"Natio"表示出生和来源女神。"Nation",就如"gens"和"populus"一样,但与"civitas"相反,指的是还没有组织为政治结合体的(常常是"野蛮的"、"未开化的"或"异教的")族群(Völkerschaften)。根据这种古典的语言用法,民族是这样一些血源共同体(Abstammungsgemeinschaften),它从地域上通过栖居和相邻而居而整合,在文化上通过语言、习俗传统的共同性而整合,但还没有在政治上通过一种国家形式而整合。"民族"的这种意义在中世纪保留着,在 15 世纪进入了民众语言,连康德也还这样说:"那些由于共同血缘而被认作一个联合为公民整体的人群,叫做民族(gens)。"但是在近代早期,同时还出现了另外一种语言用法:把民族看作是主权的载体。一些阶层在国王面前代表着"民族"。从 18 世纪中期以来,"民族"的这两种意义——血缘共同体和"国民"——发生了交叉。在西耶士(Emmanuel Sieyes)那里,在法国革命那里,"民族"成了国家主权的来源。每个民族现在都应得到政治自主权利。取代血缘结合体的,是民主的意志共同体(Willensgemeinschaft)。

因此,随着法国革命,"民族"的意义从一种前政治整体变成对一个民主共同体之公民的政治认同来说具有构成件意义的特征。在19世纪末,授予性的民族认同与获得性的以民主方式构成的公民身份之间的这种有条件关系,甚至还可以颠转过来。所以欧内斯特·勒南(Ernest Renan)的名言"一个民族的存在……就在于每天的民众投票",已经是在有些反对民族主义的语境中说的了。因此,勒南可以在1871年以后,通过提及阿尔萨斯(Elsass)居民的法兰西民族属民身份(Nationalität)来拒绝德意志帝国对该地区的领土要求,因为他把"民族"理解为公民的民族,而不是血缘共同体。公民民族的认同并不在于种族-文化的共同性,而在于公民积极地运用其民主的参与权利和交往权利的实践。这里,公民身份的共和主义成分,与对一个前政治性的通过血缘、共同传统和共同语言而整合的共同体的归属性,完全分离开来了。从这一头来看,民族意识与共和主义之间起初的这种融合,只起了一种催化剂的作用。

通过历史意识和浪漫主义文学(也就是通过学术方式和文学方式)表达的民族主义,为这样一种集体认同奠定了基础,它对于出现于法国革命时期的公民角色起了功能性的作用。也就是说,民族意识这座熔炉当中,授予性的血缘特征转化为一种自觉的传统承受的诸多结果。祖传的民族属民身份变成了一种获得性的民族主义,一种由自身力量构成的精神形态。这种民族主义可以提供条件使个体认同于一种要求高度亲身介入——直至自我牺牲——的角色:普遍兵役制只是公民权利的另外一面。民族意识和共和主义理念都表现在随时为祖国而战、为祖国而献身的精神之上。这说明了民族主义和共和主义从一开始就处于互补关系之中:一方成为另一方出现的工具。

但是,这种社会心理上的相互联系并不是概念上的相互联系,针对其他民族而言的民族自立和集体自决可以理解为一种集体主义形式的自由。这种民族自由并不等于民族、内部公民的真正的政治自由。因此,对这种共和主义自由的现代理解、后来可以与它从中产生出来的民族自由意识的母体重新分离开来。民族国家只是暂时地造成了"Ethnos"(族裔)和"Demos"(民众)之间的紧密联系。从概念上说,公民身份一直是独立于民族认同的。

公民身份的概念形成于卢梭传统的"自决"概念。"人民主权"起初的含义是对君主主权的限制和抵抗。它的基础是人民和政府之间的契约。与此相反，卢梭和康德不是把人民主权理解为统治权力从上而下的转移，或理解为这两个方面的分权。对他们来说，这毋宁说是统治权力向自我立法的转变。取代一种历史性契约（也就是统治契约）的，是作为统治权如何构成的抽象性模式的社会契约，这种统治权力只有通过进行民主的自我立法才获得合法性。政治统治由此而消除了其天然暴力的特征：国家暴力的"auctoritas"中应当清除其余的"violentia"成分。根据这种设想，"只有一切人的共同的、联合起来的意志，只有——在每个人为一切人作同样的决定、一切人为每个人作同样的决定的意义上——普遍的联合起来的人民意志，才可能立法。"

这个观点并不意味着那种其统一性来源于血源生活方式从前的同质性的人民意志的实质方面的同质性。一个自由和平等的联合体中人们为之而战，最后达到的共识，其最终基础仅仅在于一个人们同意的程序的统一性之上。这种民主的形成意见和作出决定的程序在法治国宪法上取得经过分化的形式。在多元主义社会里，宪法表达的是一种形式上的共识。公民们愿意用这样一些原则来指导他们的共同生活，这些原则，因为它们符合每个人的平等利益，可以获得所有人的经过论证的同意。这样一种联合体是由相互承认的关系所构成的，在这种关系之下，每个人都可以期望被所有人作为自由的和平等的人而受到尊重。每个人无例外地都可以受到三重承认：每个人作为不可替代的个人、作为一个族裔或文化群体的成员、作为公民（即一个政治共同体的成员）都应该能够得到对其完整人格的同等保护和同等尊重。一个自我决定之政治共同体的观念，在一些宪法中，主要是在西欧和美国的政治制度中，以不同方式得到了法律上的落实。

……

正如瑞士和美国这样的多文化社会的例子所表明的，宪法原则可以生根于其上的政治文化，根本不必依靠所有公民都共有的种族上、语言上和文化上的共同来源。一种自由的政治文化所培育的只是一种宪法爱国主义的公分母，它使人们对一个多文化社会的各不相同但彼此共存的生活形式的多样性和整体性这两方面的敏感性都得到加强。在未来的欧罗巴联邦共和国中，同样的原则也必须从不同的文化传统、不同的民族历史的角度加以理解。各自的传统必须从一个借别人的视角而相对化了的角度而加以掌握利用，从而使之能够置入一个超民族地分享的西欧立宪文化之中。以这种形式所作的特殊主义的根植,人民主权和人权这两个原则的普遍主义一点意义也不会减少。这一点是肯定的:民主的公民身份不需要根植于一个民族(Volk)的民族认同(national Identität)之中。但是,尽管各文化生活形式的多样性,民主的公民身份确实要求所有公民在共同的政治文化之中经历的社会化过程。

……

只有一种民主的公民身份——它不是特殊主义地封闭的——才能也会为一种世界公民地位准备条件,这种世界公民地位已经在全世界范围的政治交往形式中形成起来。越南战争、东欧和中欧的革命性变化,以及海湾战争是严格意义上的首批世界政治事件。通过电子大众传媒,它们同时呈现在一个无处不在的公共领域面前。在法国革命的背景下,康德提到一个参与性公共领域的种种反应。当时他辨认出世界性公共领域的现象,这种现象今天首次在一个世界公民交往关系中成为政治现实。甚至世界强国也必须考虑全世界范围的抗议的现实。仍然持续着的好战国家——它们的主权已经有所损失——之间的自然状态,至少已经开始显得过时。世界公民状态不再是一种纯粹的幻想,即使我们离它还相距甚远。国家公民身份(Staatsbürgerschaft)和世界公民身份(Weltbürgerschaft)构成一个连续统,这个连续统现在至少已经显出轮廓来了。

(节选自[德]哈贝马斯:《在事实与规范之间:关于法律和民主法治国的商谈理论》,童世骏译,北京:生活·读书·新知三联书店,2003年,第654—682页。本文位于该书的附录部分,原文发表于1990年。)

二、托马斯·埃特曼:早期现代英国的君主立宪制与国家建设

威廉[①]跨越英吉利海峡,首要的不是维护英国人的自由,而是从路易十四的统治中拯救西欧。他登上英国的王位后使整个国家陷入与法国的20年战争(1689—1697年的九年战争、1702—1713年的西班牙王位继承战争),期间只有五年是令人忧心忡忡的和平时期。这些冲突在规模上不像英格兰自从百年战争以来所经历的任何一次冲突,因为他们把中央政府置于巨大的财政和行政管理压力之下。在欧洲早期国家建设者中,这样一些压力带来的通常结果是国家的

[①] 指光荣革命后从荷兰登陆英国继任国王的威廉·亨德里克·范·奥兰治(William Hendrick Van Orange, 1650—1702),又称威廉三世,在位期间为1689至1702年。——编者注

一种"非理性化",正如我们已经在前两章所看到的那样。随着组织的瓦解和资金的亏空,在拉丁欧洲的各种权威为了维持下去,通常都是被迫置身于金融家、承包商、地区权贵和有资源的其他人的控制中。

在1689年之后,英格兰并没有出现这种情况。议会权力的复兴是光荣革命最有历史意义的成就,为维持与扩展在1660—1688年之间引入的行政管理体制改革创造了条件。虽然政府在九年战争期间犯了许多错误,但内阁大臣和首要的公务员获得了有价值的经验,吸取了重要的教训,最终在西班牙王位继承战争(1702—1713年)期间可以用来完成并完善财政军事体制,而这最初是乔治·唐宁在17世纪60年代所设想的图景。

……

1689—1690年间的议会决定不再重蹈1685年的覆辙,所以也没有表决通过给威廉一种常备收入,足以让他过上"他自己的"的生活,甚至在和平时期也是如此。战争的既定状态意味着,被迫放弃每年召集一次议会的决定,因为每年秋天都要为来年的战争表决新的资金。军事部门的发言人现在不得不定期提交账目,把头一年度的详细开支上交到议院,并且证明来年的财政预算具有合理性。同时还通过议会对军事失利的调查来完成这样一些评估,比如1690年抢滩登陆战(Beachy Head)的海军失败和1693年丧失的海峡舰队(Straits Fleet)。

虽然议会的这种监督水平是与1665—1667年和1672—1674年的前任保持一致的,但它是通过另外一个在性质上完全不同的措施来作为补充。这就是公共预算委员会(CPA,Commission of Public Account)的发明,主要是在战争期间而不是仅仅在战后运行的,因此设置委员会的目的是对中央行政管理的各种活动提供一种实时监督。

委员会证明是维护"国家"(country)强有力感情的一种工具,而且辉格党人和托利党人都认同的这种感情在17世纪90年代的议会中体现出来了。国家的公共预算委员会非常关注的是,战争可能导致权力无限制地集中到行政部门手里,同时,这种权力集中还为贪赃枉法的各种利益部门提供一种机会,因为它们时刻等待时机把一部分为国家防御而表决的资金占为己有。委员会只是各种各样的广泛措施之一(从议会清除不称职的职员,频繁选举、公共预算委员会的财产资格),这是由像罗伯特·哈利(Robert Harley)和托马斯·福利(Thomas Foley)那样的国家政治家(country politicians)在17世纪90年代提议的,他们努力阻止集权和贪污这样一种结果。

公共预算委员会定期详细审查海陆军的财务人员和其他官员的账目，把政府部门限定在一种至此没有经历过的外部监控程度，当然也使财政部的工作变得更加容易开展。在 1695 年，公共预算委员会的劳动产生了良好效果，因为那时揭发出财政部长亨利·盖伊（Henry Guy）和下议院发言人约翰·特雷弗爵士（Sir John Trevor）贪污受贿行为。整个议院执行的调查产生的结果是，在 1694 年海军的财务主管福克兰子爵（Viscount Falkland）因贪污行为而被革职，还揭发了一场阴谋，即过去和现在的货物税出纳员以欺诈的方式盗窃国库券（exchequer bill）。

在一般情况下是议会，在特殊情况下是公共预算委员会整顿贪污腐败、管理不善和效率低下，其努力获得了另一项制度有价值的支持，这项制度在 1689 年之后取得从未有过的辉煌成就：新闻媒体。报纸和小册子在整个 17 世纪都对英国人的生活起到一个基本的作用，而且，伴随光荣革命而来是更自由的政治氛围，与议会新的常规性结合起来，并且议会在 1695 年拒绝恢复旧的审查制度法（授权法，Licensing Act of 1685），这一切激发起政治新闻业的一场大爆炸。宪政和宗教议题受到了实时的关注，战争也引发出大量有关财政和行政管理事务的文学作品，这种潮流一直发展到 1714 年以及之后。

民众的许多关注自然指向海陆军的管理问题，大批量出版的著作标题都类似于《海军投机倒把与航海政治》（*Naval Speculations and Maritime Politicks*，1691）、《一项关于我们海军失败的调查》（*An Inquiry into the Causes of our Naval Miscarriages*，1707）和《论招兵的最有效方法》（*An Essay on the Most Effectual Way to Recruit the Army*，1707）……这些著述的一些作者是专业的时事评论员［在这些人当中，笛福（Defoe）、斯威夫特（Swift）是最著名的］，还有许多是官员、商人以及具有广泛技术知识的前任官员。议会认真关注他们的思想和主张，在整个两场战争中，议会经常召集这样的专家到委员会跟前来作证。在 17 世纪 60 年代，专家们为了听取诉讼而需要获得进入法院这个封闭世界的方法，所以他们现在成为公众名流，并且像货物税委员会的前任委员查尔斯·戴夫南特爵士（Sir Charles Davenant）一样的作家都被视为一种政治势力。这样，17 世纪 90 年代以降，一个常规性的议会、一个更自由的新闻媒体、一个更有影响力的公共舆论彼此相互增强，都作为监视人，试图监督那些在中央行政管理机构的显赫圈子里的人,防止他们以国家整体为代价而从战争中牟取暴利。

……

在1694年,财政部决定与议会合作,启动一个由苏格兰经销商威廉·佩特森(William Paterson)提出的计划,在那一年的4月通过了一项授权建立英格兰中央银行的法规。对于我们的目的而言,这个事件的关键一点是,创造这家银行并不是为了取代从1665年建立的、以财政部为基础的公共信贷体制,而是为了扶持这种体制。中央银行的直接目的是,给政府提前预支120万英镑,以减轻政府税收和短期信贷的问题,许多都是以现金来支付这一笔款,而获得现金的方式是把银行股票出售给民众。支付给银行股东的红利主要是来源于议会保障的利息支付,而政府依靠这一笔以及未来的永久债务(Perpetual Loan)而获得了永生。议会也允许银行通过经营保险、金条(bullion)、国际汇兑(foreign exchange)和商业贷款来盈利。

……

1698年在那个方向迈出的第一步是,决定与议会联手,用一种所谓估价(assessment)筹措到的新土地税来取代以财富为基础的、旧的直接税。查理一世第一次利用这种方法来筹集造船费(Ship Money),并且在新旧政权交替时期和复辟时期这两个时代重新流行,在这种方法的引导下,政府要求每一个郡县每个月筹集固定的现金数额并上交到财政部。接着,每一个郡县的委员会在以支付能力为基础的地方公民中分配这种征税的负担。

这不可避免导致的结果是,在国家层面和郡县层面上出现不平等的征税几率,但这也至少可以保障的是,如果征税体制非常充足的话,财政部最终可以获得一个可以预料得到的资金数额。财政部试图任命所有重要的中上层贵族成员担任郡县土地税的委员会委员,以此来保证这种结果,而不考虑政治派别(political persuasion)。这种变化的结果是显而易见的,因为在西班牙王位继承战争的大部分时间里,土地税收占了他们预期收入的98.6%。通过估价筹集到的土地税仍然是直接税的主要形式,而直接税又是英国政府在整个18世纪赖以生存的基础。

同时,财政部把它的注意力指向货物税,以此努力重建1688年之前作为那种组织之特征的职业精神。强有力的"国家"(country)院外游说团出现在下议院,这在几个方面帮助了财政部的努力。首先,在1698年,公共预算委员会在发现一位名叫巴塞洛缪·伯顿(Bartholomew Burton)金融家的货物税出纳员犯有欺诈和伪造罪行之后,立即强迫他辞职。接下来,在一位前任委员会委员查尔斯·戴夫南特的带领下,许多托利党人直言不讳地批评货物税的管理不善,并且在伦敦金融家的团结协助下,提出了一个使货物税回归承包制的现实主义主张。

财政部对这种直接威胁其权威的言论采取了强有力的反应和行动,整顿货物税事务的秩序。议会在1700年通过的一个身份法案(place bill)使其制定的任务变得更容易,但也限制了货物税收款员在议会中的席位。这致使"政治家"(politicians)辞去在委员会的职务,仅仅保留其作为职业的行政管理人员。总加在一起,这些变化把货物税重新拉回到正常的轨道,让它迅速重新获得作为英国政府中运作最有效率的部门的声誉,而且在整个18世纪都还一直保持着这种声誉。从实践上来说,这也意味着可以靠货物税来定期产生预期的款项。

通过揭发海军尤其是陆军发款员利用职务之便在最后一场战争期间出现的违法行为和贪污受贿,1702—1704年公共预算委员会的复兴为财政部提供了更进一步的帮助。拉内拉赫被迫辞去职务,并且被驱逐出议院,就是因为他用一种目中无人的方式来操纵国库券。在一场刚刚开始的战争中,这不能不强化了财政部对发款员的权威。

……

在西班牙王位继承战争期间,唐宁第一次设想的行政管理-财政体制得到了整合,并且最终得到了完善。议会每年表决通过400万—600万英镑的供给来从事战争,而且民众每年以现金的形式把大量资金提前预支给政府,用以交换受到捐税资金所保障的国库券。这并不是英格兰中央银行和东印度公司周期性实行的长期贷款,但恰恰是英国财政革命的本质。

政府出色的信贷隐藏着一个基础,那就是关键部门在收入与支出方面是高效廉洁的。国库券的吸引力最终取决于关税、货物税和土地税征收机构的能力,可以把源源不断的税款稳定输送到国库。同样,如果海军部和后勤部(Victualling)在管理不善方面声名狼藉的话,那么投资者与供应者就不可能非常信任他们的票据。在17世纪90年代的重重困难之后,戈多尔芬非常理解这一点,这一次,他尽力严密监控专门发款员的信贷运行以及海军的契约与开支政策。如果由于任何原因而导致国库券或部门票据的价格跌到票面价值以下,那么英格兰中央银行就时刻准备按照财政部对扶持市场的要求进行干预。

在一段 40 年的期间,英格兰的行政管理与公共财政确立了一个环环相扣的官僚结构体制,把议会监督、市场动力和知情的公共舆论三种压力紧紧联结在一起。到 1710 年,这种体制的存在不再依赖于任何一个人的技能和启蒙观念。……

表 1　英法两国的政府开支占国民收入的比率(1689—1783 年)

战　争	占国民收入的年开支(%)		最　高　点	
	英　国	法　国	英　国	法　国
1689—1697 年	11	没资料	15.7	没资料
1702—1713 年	13	10	25	12.3
1741—1748 年	17	11—13	21	12—14
1756—1763 年	24	13—15	30.4	15—16
1778—1783 年	23.7	11—12	30	没资料

注:这些资料的来源是,把在所讨论的时期内政府所有开支总加在一起,然后用这个总额除以战争持续时期的年数。接着,政府年平均开支的这个数据再除以战争期间估计的国民收入。"最高点"参考了战争期间每年开支达到的最高水平,然后再作为国民收入的比率表达出来。
来源:*British national income*:Phyllis Deane and W. A. Cole,*British Economic Growth*(Cambridge:Cambridge University Press,1967),p. 2;John Brewer,*The Sinews of Power*(London:Unwin Hyman,1989),p. 41. *British government expenditure*:B. R. Mitchell and Phyllis Deane,*Abstract of British Historical Statistics*(Cambridge:Cambridge University Press,1962),pp. 389-391. *French national income*:James C. Riley,"French Finances,1727-1768," *Journal of Modern History*,Vol. 59,No. 2(June 1987),p. 228;James C. Riley,*The Seven Years War and the Old Regime in France*(Princeton:Princeton Unversity Press,1986),p. 21. *French government expenditure*:Alain Guéry,"Les Finances de la Monarchie Francaise sous l'Ancien Régime," *Annales*,Vol. 33,No. 2(March-April 1978),p. 237;J.-J. Clamageran,*Histoire de l'Impôt en France*(Paris:Guillaumin,1876),vol. Ⅲ,pp. 117-119;Riley,"French Finances," pp. 224-225,228;Michel Morineau,"Budgets de l'Etat el Gestion des Finances Royales en France au Dix-Huitième Siècle," *Revue Historique*,Vol. 264,No. 536(October-December 1980),pp. 312-313.

这样,18 世纪的英国国家政权具有两个特征,在战争时代可以给它带来巨大的力量。第一,英国有着一个在性质上属于新型的行政管理和财政体制,这不仅带来各种好处,而且比它在 17 世纪 60 年代早期的前身有着更高得多的效率;第二,它包含各种结构性的监督,其形式是一个常设议会和各种信贷市场,可以确保这种新体制甚至在战争压力下都不会遭到削弱。

在这两个优势的基础上必须还要添加第三个优势。议会在创造和维持让英国更有效发动战争的制度方面是非常关键的,而且它通过在国际冲突期间扮演一种达成共识(consensus-building)的中心的作用,也直接有利于发挥国家杰出的军事才能。议会的出现迫使政府把它的外交政策设计和军事战略交给公众详审,这反过来使之更容易得多地得到民众的广泛支持,因为民众认为诸如提高税收是战争期间的一种必要代价。

正如表1的数据所阐明的那样,与绝对主义的法国相比较,英国的政治体制及其财政和行政管理制度在本质上使之有着更大的军事能力。这些大概的数据表明,英国国家政权在17世纪早期经历了一种结构性的变化,这给它在下一个世纪的发展过程中具备一种非常重要的竞争性优势。就是这种优势为它反复取得对法国的胜利提供了组织和财政基础,而且这种大量的胜利是自从百年战争以来从来没有看到过的,同时,这种优势让英国在一场军事竞赛(arms race)中鹤立鸡群,最后导致旧政权的财政崩溃并且最终走向灭亡。

(节选自[美]托马斯·埃特曼:《利维坦的诞生:中世纪及现代早期欧洲的国家与政权建设》,郭台辉译,上海:上海人民出版社,2016年,第232—244页。)

【问题思考】

1. 近代宪法是如何促进近代民族意识形成的?

2. 根据经典的限权宪法理论,近代宪法的原本设计是为了"限制国家"或"驯化利维坦",但为何却能在特定条件下增强国家的政治和军事力量?

【延伸阅读】

1. [英]沃尔斯·白哲特:《英国宪制》,李国庆译,北京:北京大学出版社,2005年。

2. [美]利瓦伊:《统治与岁入》,周军华译,上海:格致出版社、上海人民出版社,2010年。

3. [英]迈克尔·曼:《国家的自主权:起源、机制与结果》,王永香译,载郭忠华、郭台辉:《当代国家理论:基础与前沿》,广州:广东人民出版社,2017年。

4.［德］扬-维尔纳·米勒：《宪政爱国主义》，邓晓菁译，北京：商务印书馆，2012年。

5.［德］马克斯·韦伯：《新政治秩序下的德国议会与政府》，载［德］马克斯·韦伯著，［英］拉斯曼、［英］斯佩尔斯编译：《韦伯政治著作选》，阎克文译，北京：东方出版社，2009年。

专题十二　法律与国家权力结构

【专题导论】

法律与政治具有不可分割的紧密联系。在比较法的世界，各国法律及其实践千差万别，其中有许多方面都可以从政治视角得到较充分的解释。国家权力结构是基本的政治要素，可以在不同视角下展开多种类型化的分析。不同类型的国家权力结构模式对法律理念、立法模式和司法程序及机制等诸多方面都会产生全方位的深刻影响。

一、国家权力结构的不同类型

各国的政治制度千差万别，也有多种分类方式。从国家权力结构的角度，可以分为集权和分权两种基本形态；更进一步，从司法权力结构的角度，结合世界各国历史和现实的实践，可以区分为科层型和协作型两种类型。

集权型国家权力通常对应单一制国家结构形式。在典型的集权型权力形态下，央地关系方面，中央政府具有对地方的强力控制权；地方各层级的权力分配方面，采取严格的科层化体制；在横向权力分工方面，强调在上级统筹下各部门协调统一；其特色是避免政出多门、政策矛盾，确保国家权力在中央指导和掌控下有效运行。分权型国家权力通常存在于传统社会的封建制形态及现代的联邦制国家。在这一模式下，央地关系方面，地方权力具有不同程度的自主性，对中央的服从力较弱；在横向权力分工方面，强调各部门分权和制衡；其特色是避免少数决策者出现重大误判的灾难性后果，分散决策风险和责任。在司法权力结构中,科层型形态是集权特质在司法领域的体现,强调下级对上级司法权力的隶属和服从关系;协作型形态以早期普通法司法为原型,充分体现司法过程中的权力分工制衡和多方参与,特别是社会化的广泛参与。

社会现实中,很少存在完全纯粹的以上理想类型,政治实践中往往体现的都是混合形态。不过,从比较法的意义上说,类型都具有相对性,某些国家的制度比其他大多数国家更多具有某一理想类型的特征,因而会显现该类型的规律和共性,并使法律也产生相应的类型变化。同时,国家权力结构也必然会与其他要素相互作用,如国家权力运行的风格和取向,就会与权力结构模式密切互动,对法律各方面状况产生深刻影响。

二、国家权力结构对法的影响方式

以集权和分权的类型化模式为例。不同的国家权力结构对"法"及其运行产生作用,主要通过社会资源的不同分配方式及引导不同的国家行为理念。前者是经济范畴,后者主要是意识形态范畴。

在资源分配方面,在集权体制下,国家运用强大的政治权力集中调配各种资源,用以承担在法的运行各环节由国家主导而产生的巨大责任和负担;相对而言,分权体制下的公权力倾向于更多依靠和利用社会资源共同分担经济成本。如何在社会治理的过程中进行资源分配、用于维护秩序和解决纠纷,这是任何社会的共同问题。为实现法的社会功能,本质上必须解决政府和社会其他成员及组织之间如何分配有限资源、这些资源又通过怎样的机制运行和使用的问题。对于国家主导的资源份额及其侧重投入的领域和方式,不同的政治权力结构下会有不同的安排,并因此对法律及其实践产生重要影响。在司法的基础性资源方面,国家投入是其基本保障。在同等的社会经济发展水平下,有的国家选任法官及其辅助人员的数量明显较少,重要原因之一可能是其集权程度相对较低、国家投入的动力和能力不足。在司法过程中,审判和公诉等国家机关在何种程度上愿意承担诉讼成本,往往与国家权力结构密切相关。基于国家立场的职权主义诉讼模式通常具有更强的集权体制背景,国家更积极主动地承担诉讼过程中的责任和成本,当事人及其律师仅发挥补充性作用,因此律师的地位相对也不高。

相反,基于当事人主义的对抗制诉讼模式往往产生于分权体制的传统中,因为国家更倾向于由当事人自行承担诉讼成本,特别是对以事实调查和确认为核心的诉讼事项采取社会化的态度,鼓励当事人及其律师自行进行调查取证,并通过证据开示、集团诉讼、胜诉酬金等机制平衡双方力量,律师群体因而具有较强的话语权和影响力。在通过法律手段实现社会治理时,分权体制下倾向于依靠社会力量,例如在环境侵权案件中由非政府组织等公益机构提起公益诉讼,而不是由检察机关代表国家启动相关程序。通过这些方式,当事人及其律师在功能上实现了在集权体制中由警方、检察官和法官发挥的作用,官方在参与度和经济投入度较小的情况下也能作出合理的法律判断、解决社会纠纷,实现有效的社会治理。

同时,在国家行为理念方面,集权体制更多与能动型国家的观念和机制密切关联,分权体制则往往与被动型国家观念相伴而生;二者均对法律及其实践产生深刻影响。能动型的强势国家往往以政治集权为基础,如果政治权力分配上多派林立、动辄掣肘,则不易组合和形成强势力量。反过来,集权政治通常也更易于催生对内治理意义上的能动型国家,因为公权力掌握更多资源,既会被更多赋予相应责任,也倾向于、并有能力采取更多积极主动的举措。在能动国家的行为理念引导下,集权体制具有更强的立法主义倾向,相对系统的成文法典化往往是其法律渊源的主要形式。同时,集权体制更强调法律能动主义的积极立场,产生更深度介入社会的动力。在司法过程中,并不完全依赖于当事人提起诉讼,而可以由官方主导启动程序;程序法的重要性和严格性相对较弱,法官代表国家主导诉讼进程,具有更强的灵活性;对于纠纷解决,司法机构会更主动地提供解决方案、推动调解的达成,从而推行政策实施型的司法导向,即不仅注重当下案件的解决,还关注后续更长远深刻的社会效果;出于实现实质正义的需要,判决的稳定性也常常容易受到质疑。

与集权体制下的强势国家形成鲜明对比,在分权模式下,国家权力相对放任被动,更倾向于相对被动谦抑的判例主义立场,对于系统性建章立制既显得资源不足,也相对缺乏积极意愿。在司法过程中,更充分地尊重当事人意愿,法官不积极介入事实的调查与和解的达成,开启和推进各种程序也更多基于当事人主动性;证据排除等程序法规则严格适用,程序瑕疵更可能导致判决被推翻,因为严格的程序公平是其裁决合法性的根本保障;案件审理具有纠纷解决型的导向,更看重就事论事地解决当下问题;判决结果具有更强的稳定性,一事不再理的原则往往得到更严格的恪守。

【名家专论】

一、卡内冈：法律与政治

……强权政治和经济压力也在法律表面留下了印痕：法律史既是思想史也是权力史，引用鲁道夫·冯·耶林的一本名著的标题，为权利而斗争，亦远非一个可以在学术研讨会上讨论的学术问题。有人理所当然地认为"法律是另一个幌子下的政治"和在20世纪70年代和80年代很有影响的"批判法律研究运动"或者"现实主义学派"，值得因为把注意力放在法律史之硬币的另一面而受到称赞。用凯利的话说，美国现实主义法学的代表人物"不接受可以把法律和司法判决同政治和政治决定区分开来的任何特征"。……他们认为"然而，法律是另一个幌子下的政治，它存在的客观性，超越政治的许诺都是一种欺骗。"

（节选自R. C. 范·卡内冈：《欧洲法：过去与未来——两千年来的统一性与多样性》，史大晓译，北京：清华大学出版社，2005年，第110页。）

二、达玛什卡：司法与国家权力形态的类型分析

许多关于政治与司法之间关系的讨论都围绕着两个主题而展开。……第一个主题涉及政府的结构——更具体地说，是涉及程序性权力的性质；第二个主题涉及政府的合法职能——更具体地说，是涉及关于司法所为之服务的目的的各种观点。……

政府的组织结构　　程序性权力的组织方式对法律程序有着某种影响。……比如，学者们已经令人信服地论证了把审判机构分成法官和陪审团两个部分的做法对英美程序法风格的影响。虽然它的其他一些特征并不一定都是这么显著，但不可否认的是，即使是像诉讼程序中的个人角色或者对待官方文件和期限的不同态度这样难以捉摸的东西，也可能受到权力结构的某种特性（比如官员职业化的程度）的影响。……我将提出一个研究框架，在其中，国家权力结构与法律程序之间的相互关系将得到更为系统的分析。为了便利这种研究，我将把那些与司法形式相关的程序性职业化管理方式的特征纳入自己的分析模型或"理想型"之中。为了使研究所涉及的问题保持在一个可控的限度之内，我将只建构两个职业化管理方式的理想类型。建构这两个理想类型的材料就是那些使欧洲

大陆的司法制度和英美司法制度区分开来的那些主要因素。但是,由于这两个理想类型将会夸大某些倾向(如欧陆各国法院系统的严格等级排序,以及英美法院系统不太严格的等级区分),我并不会局限于用它们来考察民法法系制度和普通法制度之间的区分。……

　　这两个理想类型的涵义主要涉及程序设计中的重要特征,比如不同的审判结构、审判结构与整个法律程序之间的关系、对不同取证技术的偏好等。除此以外,它还将关注那些使现存的各种程序制度看起来不同的一般性特征,比如某一社会如何来组织司法活动,这种组织方式对人们看待案件争议点的视角有何影响,对自由裁量的偏好与对规则的偏好之间到底存在什么样的区别等。

　　……我们将会看到两种独特的司法制度模式,它们能够体现出普通法制度和民法法系制度之间的许多可以观察到的差异,但却不同于竞争式/官方调查式或者抗辩制/纠问制这一对传统分类。更确切地说,这两种模型中包含了上述传统概念中所体现出来的某些因素,但是,在传统的概念中,这些因素只是被松散地组织在一起,而在这里,它们被组织成了一个逻辑关系紧密的整体。

　　非常重要的是,读者们千万不要把这两种模型之间的关系等同于大陆法系制度与英美法系制度之分。……建构这两种模型的背景是权力结构的组织模式,这种模式夸大或典型化了欧陆国家和英美法系国家的司法组织之间的差异(比如双方对待科层化或外行参与决策的不同态度)。因此,我们所建构的司法制度模型也会强化或夸大现实程序制度中的某些趋势和特征。我们可以把现实中的英美程序制度和欧陆程序制度归入某种模型,正像我们可以说某建筑于某种风格一样。

　　政府的职能　　我的第二个论题要求确定法律程序设计与关于政府在社会中的职能的主流观点之间的关系。……因为只有某些特定的司法形式才适合于某种特定的目的,所以,只有某些特定的司法形式才能在主流意识形态中获得正当性。

　　如果要采用这一研究路径,我们就得按照适合于这种研究的方式来吸收和安排关于国家在社会中的职能的大量观点。一种办法就是把这些观点归结到两种各自独立、互相无法取代对方的倾向:一种倾向是让政府来管理人民的生活并主导社会的发展方向;另一种倾向则是让政府来维持社会的平衡,并且仅仅提供一个社会自我管理、个人自我定位的一般性规则框架。如果把政府视为一个社会的总管,那么司法活动就必须致力于贯彻国家的纲领、执行国家的政策。相反,如果政府仅仅负责维持社会的平衡,司法的目的就必然同解决冲突和纠纷联系在一起。在本书的第四章和第五章中,我将利用这两种不同的司法目的观——或者说,是它们折射在支撑它们的意识形态信条中的影像——来描绘两种法律程序的原型:一种致力于解决纠纷,另一种致力于执行政策。……政策实施模式更加偏爱官方调查的方法,而纠纷解决模式则对竞争式的方法情有独钟。也就是说,读者们会逐渐发现我所提出的这两种模型与传统的抗辩制/纠问制之分的某种亲缘关系。……

通过对我所提出的分析模型的简单介绍,可以看到它们包含了纯粹形式或理想形式的法律安排。但是,我们同时也可以看到,这些术语所指代的并不是一种完美的或令人向往的程序设计,而是为了分析和研究的目的而从历史的可能性中剥离出来的一种设计。这些模型同现实程序之间的关系类似于它们以之为前提的政府职能同现存的或历史上的政府职能之间的关系。正如政府的职能不仅包括维持社会的平衡还包括推行社会变迁的纲领,而不仅仅是其中之一,现实的法律程序也同时体现着纠纷解决和政策实施两种形式,它们之间的组合通常是非常复杂和难以琢磨的。……简言之,这两种理想类型不能被理解成容纳现实的英美程序制度和欧陆程序制度的各种特征的仓库。它们的作用是帮助我们理解各种制度中所包含的各种复杂的混合成分,正像我们可用某些化学概念来分析某一现实物质中的复杂成分那样。

建立一种统一的研范式的提议　在前文中,我已经提出了考察现代国家中的司法制度的两种视角——一种视角主要关注于司法与国家权力结构之间的关系,而另一种视角则把研究重点放在司法与政府职能的关系上。现在,我将试图把这两种研究视角结合起来,以便透过一个双焦镜头来观察司法制度的全景。不过,人们可能会怀疑贯彻政策的程序和解决纠纷的程序能否与适应于不同权力结构的制度安排自由搭配。国家的某些职能与政府的某种特定结构之间难道不存在固定的搭配吗?比如说,难道一个致力于深入改造社会的国家不需要一个中央集权的、专业化的政府,以便使它们的政策和纲领能够在全国范围内得到贯彻和实施吗?难道我们不能由此推出政策实施型的司法模式只能同中央集权性的官僚化政府体制相配套吗?

不可否认的是,在缺乏基本的统治机制的情况下,政府的某些计划根本无法得到认真执行,或者只能是白日梦。但是,除了这种极端情况之外,一定要使某一特定的政府使命概念与某种特定的实施结构相配套是完全没有必要的。一个管理严密的国家可能由一些非集权性的非专业人上来治理——如什叶派神职人员统治下的伊朗。一个倾向于自由放任的国家也可能有一个中央集权的、官僚化的政府——比如十九世纪的欧洲大陆各国。当然,有人也许会说:某些特定的权力组织更有助于实现国家的某些特定目标,或者反之,某些类型的政府组织阻碍了某些目标的顺利实现。一个有着许多独立的权力中心和改造社会的强烈愿望的国家就好比一个有着强烈食欲但缺乏能力获得食物的个人。但是,这一论式并未否定这种结合的现实性;它只表明:有些结合是和谐的,而另一些结合则会导致不和谐、压力和紧张。同样,政策实施型的司法和纠纷解决型的司法也可以使不同权力结构的制度形式相结合,虽然某些组合可以被认为是完全不相匹配的,而另外一些组合则被评价为成功地实现了与程序职能和程序权力的吻合。

本书的其余部分将致力于把两套分析模型编织成一个统一的方案,并以此为基础提出一些方法,通过这些方法,上述统一的方案能够被用来分析多种多样的制度安排,这些制度安排构成了某些显著的现代程序制度的重要特点。这种经过改良和增强的研究方法将使我们能够明确界定出某些此前很难分辨清楚的程度上的差异——比如普通法国家和民法法系国家中对司法职务的不同认识,并且使我们能够理清关于民事程序与刑事程序之间关系的不同观点。……

当两种程序类型与两种权力组织类型结合起来的时候,所导致的组合必定落入下面这个"二对二"表格中的某一网格之内:

	政策实施	纠纷解决
科层型权力组织		
协作型权力组织		

……

我们可以很容易地预见:同一程序安排有时可能既关联于某种权力组织的理想类型,又关联于某一特定的司法目标概念。比如……当事人在取证过程中的主导角色乃是适应于双方当事人在纠纷解决过程中的地位。但是……这种主导角色乃是协作型官员将审判准备工作委派给相关外部人士的倾向所自然导致的一个结果。……

不过,我们必须预见到:当这两套模型被结合到一起的时候,可能会导致一种蕴含着潜在冲突和紧张的程序安排。例如,协作型结构中常见的允许官员们相互阻碍彼此决策之实施的那些安排显然无法兼容于政策实施型程序所支持的避免僵局的那些形式。在面对这种不同安排之间的混合体时,只要这种双重视角能够揭示出具备某一特定结构的司法机制被用于某一特定目的时所引发的紧张就可以了。但是,这种内在紧张的存在不一定非得看成是不可欲的;例如,集权式官僚体制的反对者们可能会指出:尽管某一司法机构的协作型特质可能会妨碍政策实施的有效性,但它同样也可以阻止一个急功近利的政府轻易取得胜利。……

科层型权力组织的政策实施程序　……政策实施程序的关键是一项官方控制的调查。这种程序模式如何适应于科层型权力组织的结构和工作习惯呢?这种权力组织形式对这种程序形式的最显著影响就是"积极主动"的(侦讯)调查工作按照负责官员的不同级别被分成不同的阶段,而在同一级别官员按照专业分工各司其职的场合,程序也对应于专业化的子任务而细分为不同的步骤。

我们看到,在这种类型的程序中,不存在作为程序事件之高潮的"开庭日"审判——至少没有这种意义上的"开庭日"审判:供决策之用的材料作为一个整体一次性地充分展示给审判人员,这项活动在一个连续的时间段中以一种不以先前官方行动为中介的形式完成。相反,初审判决是在官方逐渐搜集到的材料之基础上作出,随后接受上级机构的常规审查,因此初审判决不具备可以被推定为最终决策的那种判决的重要性。适应于政策实施程序的需要,即使是最高司法机构所作出的决策也可以根据后来获得的知识而改变;但是,官僚科层系统追求秩序井然和确定性的压力使得重新开启最高司法机构作出决策的案件变得十分不易。每一个分散的程序步骤和插曲都会被案卷中的记录整合到一个有意义的整体中。因此,案卷充当着逐渐汇集的信息和沿路作出的决策的储存库;它是整个程序的中枢神经。

当政策实施型程序与科层型权力组织联系起来的时候,我们可以区分出几种不同的变化形态。最简单的形态未实现基层权力组织中的专业分工;官员们混杂地履行着在分析意义上可以区分开来的职能——他们既进行调查也作出决策。但是，与协作型机构中的全能型官员不同，他们并非享有广泛自由裁量权的"独裁者"：锁定在上下级关系的链条中，他们只能行使受到明确委派的职权。在理想状态下，他们的行动受到绝对标准的严格限定，而他们的决策则需接受上级的常规检查。

这一简单形态的一个历史性例证就是，欧陆旧制度（ancien régime）时期适用于轻微刑事案件的由"预审法官"（investigating judge）所主持的程序。虽然这种法官兼侦讯官员被授权从事搜集证据和作出初审判决两项工作，但他甚至在评估证据时也要接受相关规则的指导，而且还有义务为上级司法官员的审查提供方便；阻止被告提出上诉在某些情况下构成严重犯罪。上诉并不是制约这些多面手型初审官员的唯一方式。一项进一步的制约来自于官僚组织自身的倾向：官僚组织，特别是那些组成高耸权力金字塔的官僚组织，倾向于组建一些官僚单位——基层官员的办公小组——以促成贯彻中央政策时的相互监督。"单个法官永远不可单独作出判决"（Juge unique juge inique）这句古老的法国谚语便是对这种观念的简洁表述，这种观念对于协作型结构来说是非常古怪的。某些欧陆国家的宪法迄今仍然致力于"保障"初审层次上的集体决策，这一现象恐怕会令许多普通法法律人感到惊讶。……讯问法官身上所体现的职能混合习惯上被看作是"纯粹"纠问式程序的一项显著特征。不过，在我们目前的分析框架中，这种职能混合远不是一种理想的或者羽翼丰满的科层型政策实施形式。基层官员之间的劳动分工才更接近于理想。劳动分工的一种可能性就是让一位（或一组）官员来负责搜集信息，而让另一位（或一组）官员来负责做出判决。旧制度下的欧陆刑事程序再次为我们提供了一个良好的例证：在严重的刑事案件中，预审法官的职责仅限于开展有记录的调查。一旦调查完成，包含所有文件的卷宗就会被移送给初级决策者。

另外一种我们已经提到过的可能性就是，在程序中引入一位专门负责把案件提交到决策者面前并推动案件走完法律程序的各个步骤的官员。……让我们来考虑一下作为科层式组织之一员的国家检察官的例子。当他被整合到一个国家权力金字塔中去的时候，被告所穿鞋子的尺码显然不能适合于他：即使是最基层的检察官也同国家权力的中心紧密相连。把他作为一方当事人放到与刑事被告对等的诉讼地位上会违背科层体系对于恰当秩序的理解。同样显而易见的是，国家检察官与被告之间进行谈判和讨价还价这一想法在这里也是超乎想象的。如果一位靠近政府之中心的官员开始就国家利益与私人讨价还价,那么在科层型权力组织的视角中,这种做法无异于将国家主权拱手相让。实际上,正像"国家主权"这一概念的 16 世纪首倡者之一让·博丹所宣称的那样,主权政府的最基本特征之一就是没有任何主体可以同它进行平等谈判。正义不可折中(Justice n'est pas ployable)。即使国家检察官出于某种原因而被想象成一方当事人,审判人员的公允性在科层式的司法系统中也不见得靠得住;他作为当事人之间的中立纠纷排解人的正当性,被其作为一名职业公务员而同检控该案的另一公务员之间的关联所削弱:二对一的情况由此出现。于是,我们可以得出这样的结论:法院与专职的官方推动者之间的劳动分工,并没有在科层式的能动主义法律程序中注入任何纠纷解决形式。相反,由于其对专业分工的偏好,科层型权力组织把任务划分看成一种更为优越的政策实施安排,优于将程序控制权全部交给负责案件初审的法官的那种多面手式安排。

我们还可以想象另外一种劳动分工:正像罗马天主教教会中的教会法程序里信仰倡导者和魔鬼辩护人的角色那样,两位官员可能获得任命来向决策者提出相反的论点。不过……官方人员之间的争辩只是一种表面化的仪式。这种仪式与一种理想安排之间的差距在科层式的程序性权力组织中表现得非常明显。在这里,机构之间的争论被认为是破坏性的,而客观的、不偏不倚的态度被认为是值得提倡的。正像欧陆检察官在其认为的,为了获得正确结果就不得不如此的情况下必须提出有利于被告的请求那样,对立官方角色的扮演者们很容易放弃表面上的仪式而合作寻求最佳的解决方案。

科层型权力组织与政策实施型司法的交织导致了非常不情愿将自主的程序行动委托给私人的倾向。在官僚机构倾向于垄断程序制的同时,激进的能动型政府不愿意听到与政府观点相竞争的声音。……

科层式组织与政策实施型司法的结合在许多其他方面都是相当成功的。当能动型国家致力于实现功利主义目标的时候,这种情况是不足为奇的:科层式的决断和官僚制的效率为国家计划的实现提供了可靠的工具。一旦高层权威确立了一项政策,对该政策的坚决执行相对而言是比较肯定的;政策执行中的死角能够比较迅速和利落地得到妥善处理。但是,正像没有任何婚姻是真正在天堂中缔结的一样,这一结合也不能免于冲突。作为具体制度研究的前奏,有两方面的潜在矛盾和紧张值得特别加以注意。

我们应当记住：一个科层组织可能会采纳两种不同的决策标准，一种可能性是事先设定的目标，官员们借此来评估不同决策的后果；另一种是为官员提供指导的规范性标准。由于第二种情况的历史重要性，我在这里将重点讨论法条主义的科层制。不过，现在先让我们来看看：在一个开始发挥其能动主义潜质的国家中，这种法条主义取向会发生什么样的变化。能动型政府对工具主义决策方式的偏好，与司法组织对绝对标准的坚持之同的紧张程度将会增加。的确，这两种倾向可以得到平衡，并且在一定程度上可以相互兼容，只要国家的推进型计划可以稍微调缓步伐，而不急于强行实施。但是，随着真正管理型政府的极端情形逐渐迫近，科层型权力组织从其法条主义形态向其技术官僚形态的逐渐转变也就指日可待了。一个有志于把社会变成一个大公司——同时承担改善社会福利、丰富社会文化、保护环境和其他多重使命——的政府必定更加器重高效的管理人员，而不是规范系统的操纵者。

另外一种摩擦，产生于对待法律程序中的公民参与的不同态度。我们已经看到：一个明显的能动型国家不喜欢自治的社团组织和自生自发的社会行动，但却试图将公民纳入其计划之中，并且使他们效力于它的政策。其结果是，能动主义的法律程序支持公民参与各种辅助性仪式——主要是作为一个效忠并增援政府政策的合唱团。但是，科层式组织中的官僚对待这种公民参与的态度又如何呢？他们可能甚至对这种仪式性的和无伤大雅的角色也侧目而视，认为这是业余水平的瞎搅和，也是对有序和有效率的技术任务之履行的干扰。简言之，虽然能动主义的取向会将公众吸引进来，但科层式结构又会把他们排除在外。由此导致的紧张，即使在无关痛痒的问题上也可能浮现出来。

（节选自米尔伊安·R.达玛什卡：《司法和国家权力的多种面孔》，郑戈译，北京：中国政法大学出版社，2015年，第12—18、235—241页。）

三、王志强：中西传统法与国家权力结构

探讨中华法的特质，本文试图通古今之变、究政法之际、辨中外之异。……辨中外之异，注重比较的方法。制度特质的探讨需要借助外在参照系，并可藉以对假设的因果关系进行验证。鉴于中西比较的重要意义，也基于同时代的罗马与秦汉的疆域、人口和经济发达程度相当，适合作为制度比较的对象。同时，古罗马不同历史时代的政治权力结构具有不同特点，可用以验证政治权力结构变

化对法的影响。比较的基本路径是以秦汉的集权体制与法的关系为中心,通过探讨自变量——秦汉(集权)、罗马共和(分权,从公元前八世纪罗马建城至公元前27年屋大维建立元首制)、元首制(分权—集权中间期,从屋大维统治期至三世纪末戴克里先时代)、君主制(准集权,从戴克里先建立四帝共治体制至东罗马帝国优士丁尼时代)——与因变量"法"的各要素变化,尝试建构和说明其间可能存在的因果关系,揭示法的制约因素及其作用机制。……

不同的政治权力结构影响"法"的表现形式。汉语概念的"法",在渊源上以国家统一制定法为中心,并在实践中成为司法的基本准据,这种特征在秦汉时代已基本定型,与罗马法具有的多元状态形成鲜明对比。……集权和分权结构下的不同立法体制,直接导致"法"渊源的不同形态。中西方的这种差别在秦汉—罗马帝国时代之前就已形成。从先秦时代,商王自称"余一人",西周君主是奉承天意、统率群宗的天子,这种具有神性的个人集权格局,在罗马的王政时代结束后、直至帝制晚期君权神化之前都未曾出现。……秦汉的集权体制进一步强化了这一理念。同时,集权体制将最优质的立法资源集结到中央政府,如萧何从被焚前的秦宫中收集的前朝立法,叔孙通、张汤、赵禹等一大批为宫廷效力的律学名家在此基础上进行高水平的统一立法活动。……不同历史时期罗马法的形式渊源印证了政治权力结构对其发展和变化的重要作用。在共和时期的分权体制下,权力和资源分散,法律形态也多元纷呈。到元首制时期,集权逐步加强,皇帝的各种命令逐步获得法律的地位,但法学家理论仍居于法律发展的主导地位。当时的皇帝高度仰赖法学家,所有的敕答被认为均出于这些专业人士之手。同时,公元二、三世纪塞维鲁时代的这些古典法学家们具有相当独立的职业理想、地位和影响力,即使供职于宫廷,也并没有听命于政府的压力。到君主制时期,随着集权体制的巩固和立法资源的集中,在法自君出、国家主导的背景下,法律发展由中央权力垄断,法律逐步法典化,司法受到严格管控。法学家们的作品已无足轻重,以皇权为基础的法典编纂等立法活动成为法律发展的动力,法典、敕令和敕答等成为法学发展的代表性成果,规范逐步定于一尊,也终结了学说纷呈的局面。……

在不同政治权力结构下,"法"的执行方式有明显差别。中国传统法的施行由国家公权力主导,以刑罚为重要手段;古罗马则明显倾向于当事人自治和对抗制模式。……诉讼方式的设置与政治权力结构存在密切关联。集权体制往往伴生能动型强势政府,依靠庞大的官僚体系,通过集中社会资源的方式,深度进行社会管控,倾向于建构官府主导的司法程序及诉讼文化。相对于同时期的罗马社会,秦汉官府在司法中采取更具主导性的姿态,这并非由于公权的绝对力量比同时代的罗马更为强大——汉初政局纷乱、经济凋敝,皇帝卿相自顾不暇,因而不得不奉行克制谦抑的黄老思想——而是由于在根本制度上立基于集权政治和强势政府,具有调配社会资源的更强大能力。例如,当时大量案件都要羁押当事人。与《史记·龟策列传》相印证,当时各种占卜手册《日书》中有不少卜问因狱讼被囚系者命运的内容,可见遭官府羁押状况的普遍性及引起社会关注的广泛程度。与前述刑徒制度类似,在冷兵器时代,羁押人员要耗费大量社会资源,需要通过集权体制下国家调配和集中资源的能力来实现。与此相对,在罗马共和时期分权体制下,政府调配资源的能力和动力都有限,司法更多仰赖当事人的主动性。直到元首制时期,埃及行省的政府连传唤当事人到庭和有效执行判决也没有充分的资源配置。不过,随着向集权体制的过渡,罗马的司法风格也逐步出现嬗变。元首制时期埃及纸草文书记载的民事案例中显示出混合式的治理风格:一方面具有罗马传统援法而治、当事人依法主张权利的特色,另一方面又体现出富含父爱主义色彩、以法官为施惠者或救护者的申冤模式;而后者普遍存在于罗马帝国东部和埃及地区,政府作为庇主管护地方的政治意识和社会文化广泛出现。埃及出现的这种状况,既与帝国东部的固有传统相关,也是帝制时代集权体制强化而推动国家在诉讼中主导性不断加强的一个缩影。……

不同的政治权力结构塑造了法在施行过程中有所不同的侧重领域。秦汉因此在刑事法方面获得长足发展,古罗马则明显更偏重民事法领域。……首先,秦汉集权制下的强势国家理念对政府责任有更高的期待,国家的主动管理职责相对更高,由国家主导的刑事法覆盖范围更大。相对而言,古罗马的社会自治性强,刑事法覆盖面有限,更多争议通过民事方式解决。……其次,由于程序对实体的关键性影响,秦汉法的施行模式决定了其侧重刑事法的特色,古罗马则因其不同时代的司法模式而呈现出相应的风格。……复次,秦汉法的国家主导模式影响了法的整体覆盖范围,进而限制了其对部分民事纠纷的干预力度;古罗马则通过社会分担成本,一度得以实现更广泛的法律治理。……再次,秦汉审判的程序风格抑制了经济要素及私权诉求发挥作用的空间,限制了对民事法的重视。……最后,中国传统民事法相对不受重视,也与集权体制下法的渊源为中央立法一元主义相关。……

秦汉奠定的帝制中国集权体制下,司法的科层控制严格,容错度低,法官承担相当大的司法责任;相比而言,古罗马执法标准的灵活度相对较高,科层性控制力度弱、司法责任较小。……秦汉的严格司法责任与集权体制及其伴生的国家主导模式密切相关。……判罚恰当与否,主要通过官僚系统内部基于统一标准的书面请示和复核等科层性管控机制加以判断。在秦汉体制下,"明主治吏不治民",律令等成文法细密周详地列出各种罪类及逐一对应的刑罚,主要不是为普通民众提供规则指引和权利保护,而是给官僚的执法规则,以限制其裁量权。同时,秦汉集权体制下的审级制度和文牍主义,使司法严格责任成为可能。基于审级制度,当时的审判根据"下僚起案、上官决裁"的运行原则,事务性工作由狱吏承担,然后由长官进行总结和裁判。县、郡、中央构成严格的审级,根据律令规定对相关案件进行初审、复核和上报。对法律适用的问题存在疑问的,可请示上级、包括中央给予指导。……各级官府在司法过程中均执行严格的文牍主义。……在当时的经济和技术条件下,这种文牍主义从一个侧面体现了秦汉集权体制对司法的资源调集和投入程度。这些文书构成逐级审理的基础,也使追责有据可查。古罗马采取明显宽松的司法责任制度,可从反面说明其与政治权力结构及其诉讼模式的相关性。在罗马共和及元首制前期,分权体制及法律多元状态使法的施行标准灵活多元,法官具有相当大的自由裁量权。共和时期,裁判官有权通过告示形式创设规则;三人行刑官可以自行决定对低层阶级群体犯罪的刑罚。当时的程式诉讼中,仅因事实或法律判断的错误,当事人不能质疑裁判、追责法官,主要是因为行使审判权的裁判者由当事人合意确定,因此不能再质疑其审判能力。到元首制初期,非常设刑事法庭的判罚由法官裁量,即使对制定法明定刑罚的犯罪,作为法官的城市执法官或行省总督都可重新裁量。在民事法领域,行省的罗马执法官也不必严格拘泥既有规则。不过,此后司法官的自由裁量权逐步缩小,司法责任趋于严格,故意违背敕令或法律将成为被追责的理由。因为集权体制加强,一方面,执法官主持的非常审判渐成主流,需要给予更多监督;另一方面,到君主制时期,科层制日益强化,通过依审级上诉等方式管控法官更加严格。……虽然对前述有些司法责任新规则的理解及执行状况存在不少争议,但法官承担责任的事由和主体范围都有扩大之势,这与帝制时代集权趋势下君主权力扩张、法官具有更集中和主导性权力、司法标准趋向稳定统一密切相关。……

（节选自王志强：《中华法的政治机理——基于秦汉与古罗马时期的比较视角》，《中国社会科学》2021年第10期，第167—187页。）

【问题思考】

1. 试举例论证法律制度或规则受到特定政治因素影响的状况。

2. 试运用理想类型方法，分析不同政治结构与其他政治要素结合后对法律的影响。

【延伸阅读】

1. [美]米尔伊安·R.达玛什卡：《司法和国家权力的多种面孔》，郑戈译，北京：中国政法大学出版社，2015年。

2. Robert A. Kagan, *Adversarial Legalism: The American Way of Law*, Cambridge, MA: Harvard University Press, 2001, pp. 1-58.

3. Max Weber, *On Law in Economy and Society*, Max Rheinstein ed., Edward Shils and Max Rheinstein trans., Cambridge, MA: Harvard University Press, 1954, pp. 61-64、224-283.

专题十三　比较法的经济分析

【专题导论】

一、什么是法律的经济分析？

法律经济学(law and economics，又称法与经济学、法律的经济分析)学术运动兴盛于20世纪60年代以降。其在经济学一侧的代表人物为科斯(Ronald H. Coase)、诺思(Douglass C. North)等新制度经济学者，在法学一侧的代表人物则为波斯纳(Richard A. Posner)、考特(Robert Cooter)、尤伦(Thomas Ulen)、埃里克森(Robert C. Ellickson)等学者。该学派至今仍在相当程度上主导了美国法学界的研究风气，并对大陆法系法学界乃至中国法学界产生了重要影响。

法律经济学的主要关怀为，通过运用侧重于微观领域的新制度经济学中成本-收益分析、交易成本和效率等概念，来分析特定法律制度下行为者的理性选择，以及由此造成的经济结果。在规范研究层面，法律经济学主要追求能够达到最高效率或最大化社会福利的法律制度。

下面以科斯《社会成文问题》(1960)一文的主要内容为例，来展现法律经济学的基本分析逻辑。[①]

在对法律制度——尤其财产权制度——进行经济学上的成本-受益分析时，科斯之前的学者经常忽视市场中一个至关重要的成本因素，即交易成本。所谓

[①] 参见[美]罗纳德·哈里·科斯：《社会成本问题》，载[美]罗纳德·哈里·科斯：《企业、市场与法律》，盛洪、陈郁译校，上海：上海三联书店，1990年。

交易成本,是指通过在公开的市场上进行交易、开展业务的成本。具体而言,为了进行市场交易,有必要发现谁希望进行交易,有必要告诉人们交易的愿望和方式,以及通过讨价还价的谈判缔结契约,督促契约条款的严格履行。这些行为都费时费力费钱,因而构成交易者的成本,而且这类成本理论上可以通过精确的货币数量衡量出来。

古典经济学设想的市场,是一个交易成本为零、完全竞争条件下的市场。在这种情况下,无论怎么界定初始财产权(只要该界定是清晰的),无论怎么确定损害赔偿原则,在信息公开、完全竞争且人人理性的环境下,市场的交易机制总是能使财产权被流转到最需要、最能有效利用该权利之人手中,从而也就实现了最高的经济效率。这一论述又被称为"科斯定理"。

科斯结合具体的判例分析了上述定理。在"斯特奇斯诉布里奇曼案"(*Sturges v. Bridgman*, 1879)中,位于威格莫尔街的某糖果制造商长期使用两个研钵和杵,后来某医生迁居至威格莫尔街邻近该制造商的地方,并在此开了一间诊所。医生发现糖果制造商的机器发出的噪声和震动使他难以安心诊断病人,尤其是噪声妨碍他使用听诊器检查病人肺部,也使他无法思考和集中精力工作。医生起诉糖果制造商,要求后者停止使用机器。法院爽快地发出了医生所要求的禁令。

我们可以用一些简单的数字来解释上述案例的经济后果。法院判决医生享有不让糖果制造商在原地使用机器的权利。但这一权利被法院确立后,实际上是可交易的,也就是说糖果制造商可以向医生付一笔钱,从而让后者放弃在该地点不受机器干扰的权利。这时要考虑的就是医生放弃该权利的成本或者说损失有多大。假设医生将诊所迁往他处的搬家费、租金上涨带来的新成本,以及可能的在他处问诊导致的业务和收入损失之和为 600 镑,又假设医生如果留在此地因受困于噪声和震动干扰导致业务和收入的损失亦为 600 镑,又假设医生修一堵墙以隔离污染的成本亦为 600 镑。所以医生无论以何种方式放弃其要求制造商停止机器生产的权利,其损失均为 600 镑。假设糖果制造商在本地放弃使用高噪声、强震动的机器,而以其他方式维持生产所导致的损失是 1 000 镑,又假设他直接停止生产的损失也是 1 000 镑,还假设他搬迁他处导致的搬迁费、租金上涨成本等等成本之和也是 1 000 镑。这就意味着糖果制造商如果不花钱去购买医生的拥有的那个禁止制造商使用机器之权利,制造商的损失将高达 1 000 镑。在做完上述假定后,我们会发现,此时无论对制造商还是对医生来说,最合适的安排都是将法院刚刚判决给医生的那个权利卖给制造商。只要该权利的价格大于或等于 600 镑,那么交易就对医生是有利的,至少是无害的。只要该权利的价格小于或等于 1 000 镑,那么交易就对制造商是有利或无害的。

科斯随后转而假设法院判决制造商胜诉,并以此为基础展开进一步的后续交易分析。在新的判决下,糖果制造商获得了如下"财产权":享有在该地继续使用机器的权利,而且不必向医生支付任何赔偿。于是,交易就可能要倒过来:医生不得不付钱给制造商以求他停止使用机器。假设糖果制造商放弃自己权利的损失(也就是或改用其他生产方式,或停止生产,或迁往他处的损失)仍是 1 000 镑。又假设医生如果不花钱去购买制造商的权利,其所要承受的损失(即迁往他处、留在受污染的本地或修隔离墙的损失)仍为 600 镑。在这种局面下,我们会发现,权利的交易是不可能达成的。因为要让制造商放弃权利,医生必须付出大于或等于 1 000 镑的费用,但实际上医生只可能付出小于或等于 600 镑的费用。结果,该判决最终的结局是,权利交易不会发生,制造商仍会在原地继续以机器生产,而医生将承受该权利带来的损失。

上述分析的前提在于,交易成本被假设为零。正是由于交易成本为零,不论法院如何划分财产权,糖果制造商和医生都可以清晰、理性地对交易的成本和收益予以分析,并且在需要交易时就以零交易成本方式达成交易,使权利和资源流向最大效用之处。而且,正如对两种判决的最终现实结果的分析所表明的,只要交易成本为零,且判决中确定的财产权足够清晰,那么法院的判决对资源的配置实际上毫无影响。

一旦将交易成本纳入法律经济学的分析,权利的初始配置,就很可能会影响后续交易成功与否,从而对资源配置和市场效率构成显著影响。

让我们继续以上述"斯特奇斯诉布里奇曼案"为例来讨论如果交易成本为正时,法院的初始判决会对后续安排造成何种影响。假设糖果制造商本人业务繁忙,平时很少有时间去与医生交涉,因此必须聘请律师,而这名律师会收取 300 镑的服务费。又假设医生本人脾气暴躁,因此会导致沟通不畅,相关交易需要数次谈判才能最终达成,这又会给制造商带来时间、精力等方面的损失,我们假设制造商这方面的损失为 200 镑。也就是说,在制造商和医生之间要达成权利转让的交易,制造商需要多付出 500 镑的交易成本。当法院判决制造商有权继续在本地使用机器时,谢天谢地,此时无需发生权利的交易,也就无需产生可怕的交易成本,因为即使不考虑交易成本,医生愿意掏的钱(小于或等于 600 镑)也远低于制造商愿意接受的额度(大于或等于 1 000 镑)。然而,当法院判决医生拥有禁止制造商在本地使用机器的权利时,原本可能发生的权利交易,却因为过高的交易成本而无法进行。如上文所述,在零交易成本的情形下,制造商原本愿意付钱购买医生的权利,而医生也可能愿意接受该交易。但一旦考虑到交易成本,此时制造商需要支付的总费用就会大于或等于 1 100(600+300+200)镑,这显然超过了他能够支付的上限 1 000 镑。此时交易将不会发生。

上述案例分析表明,一旦考虑进交易成本因素,法院的不同判决,将会对资源配置产生实质性的影响,从而导致了不同的经济效率。当法院判决制造商胜诉时,由于制造商在本地以机器生产对社会创造的收益本就高于医生在本地的诊疗活动,所以即使没有后续交易发生,判决所确立的权利和资源配置也是有效率的。但当法院判决医生胜诉时,由于交易成本过高,制造商无法以交易方式获得在本地继续以机器生产的权利,权利和资源被配置给了收益更低的医生,其结果是不具有效率的。

二、比较法与经济分析

比较法和法律经济学之间有着广阔的合作空间。法律经济学的本意就在于分析不同法律制度在经济效率上的高低,并以此为立法者和司法者提供最合适的制度方案。而比较法学能为法律经济学的这种分析提供丰富的制度素材,使法律经济学将普通法、大陆法和其他法系的一系列法律制度都纳入考察范围,为不同国家法律体系的完善提供相应的建议。

即使是从纯学术角度而言,比较法学(包括比较法律史学)与法律经济学的结合,也能为学界带来一些饶有兴致的议题,并激发学术讨论。这其中最让人感兴趣的话题,莫过于最早由社会学家韦伯提出、而后由诸多各领域学者予以回应的"究竟是普通法还是大陆法更有利于资本主义发展"这一问题。在韦伯看来,高度精密的、强调利润可计算性的资本主义经济的发展,需要有形式合理性的法律保障——法律具有规则性、可预见性、可计算性,或者说"同案同判"——这一条件,否则在公权力的任意干扰下,资本积累是不可能顺利完成的。然而,韦伯对英国法的认识却是,这一法律体系并不具备他所期待的那些合理性要素。英国法并不遵循形式逻辑和体系性思维,而是经验主义和个案取向的;陪审团和治安法官这种"素人裁判"因素,又让英国的司法审判具有了"卡迪司法"的非理性外观。但令韦伯颇为不解的是,繁荣的资本主义实践正是诞生于这种法律环境之中。而且,尽管在韦伯心目中欧陆法——尤其是德国法——的合理性程度要明显高于英国法,但凡是在两种法律体系竞争之处,英国法却常常更符合经济界的口味。[①]"英国法问题"由此成为法律经济学、法律社会学和比较法学长期关注的议题之一。学者们从一系列维度——法治对产权的保护、法律职业阶层的阶级利益、遵循先例制度的可预见性等等——尝试对此做出解答。相信这一议题在今后仍能激发出富有创造力的学术成果。

但比较法的经济分析也有其局限。法律经济学主要关注法律对经济的影响,而对经济对法律的影响以及法律与社会其他诸领域间的复杂双向互动这些面向缺少关注。例如,作为产权学派或新制度经济学的奠基人物,科斯的核心关注,是法律制度,尤其是其中的产权安排,会对经济或市场造成何种影响。在他看来,法律制度似乎可以由法律人以相对独立的意志自由创设,从而主动对经济产生种种影响。与更强调法律与社会、经济等因素复杂互动的社会理论或法社会学相比,科斯的这一视野显然更为狭小。而比较法学长期以来就教导我们,一个国家各种具体法律制度的形成,是历史、政治、文化和经济诸种因素共同造就的结果,现实中的法创制者不可能仅仅依赖效率作为其工作的唯一指导。

比较法的经济分析还会遇到大陆法体系如何与诞生于普通法语境的法律经济学兼容的问题。法律经济学源于美国法学界,其最初的分析对象完全局限于普通法。当这套分析工具被移植到大陆法系学界时,无疑会遭遇体系兼容的困境。人们普遍认为并认可普通法的法官更具创造性,所以这些法官就能够主动运用效率思维,去创造符合法律经济学期待的判决结果。但大陆法系的法官却被要求以严格的法解释学,将法条适用于个案中,结果经济分析思维明显更难以渗透到大陆法的司法实践之中。普通法的财产法制度和大陆法的财产法制度迥然不同(甚至两大法系的"财产法"指的可能都是不同的东西)。如何以法律经济学进路去分析大陆法系的所有权概念、物权法定原则以及对物权的特殊保护,始终对学者构成考验,因为来自英语世界的法律经济学显然是建立在为一种更为灵活的财产权思维上的。

[①] 参见[德]马克斯·韦伯:《法律社会学》,康乐、简惠美译,桂林:广西师范大学出版社,2005年,第321—336页。

最后要指出的是，(比较)法律经济学以效率原则统摄对全部法律制度的分析，并对法律本可或本应追求的其他价值有所忽视。正如上文中案例分析所显示的，法律的经济分析关注的是如何以法律方式实现当事人和社会的整体收益或效率，但对于当事人之间具体的利益分配格局是否正义的问题并不关心。对此，法律经济学的一个常见辩解是，相比于清晰简洁甚至可以量化的效率标准，"正义"标准实在过于飘忽不定。但是，法院真的能够以效率之名义，直接判决收入更高的糖果制造商拥有继续在本地排放污染的权利，而全然不顾医生和其他邻居的生活质量和生命安全吗？效率与公平之争，将始终对法律人的一切思考构成挑战。

【名家专论】

一、韦伯：英国法问题

对财货市场的利害关系者而言，法的理性化与体系化，一般而言，并且在保留后述诸限定的条件下，意味着审判机能的计算可能性的扩大，而此种可计算性对于经济的永续经营、尤其是资本主义的永续经营而言，是最重要的前提条件之一，确实，若没有法的"交易安全"，永续经营即无以为之。诸如票券和票券诉讼之类的特殊交易形式与特别诉讼程序，即用以应付这种要求法律保障具有纯粹形式的明确性之需求。

……

[近代欧陆法官的]工作被限定在单只是对条文和契约做解释，就像是个法的自动贩卖机，人们从上头丢入事实(加上费用)，他自下头吐出判决(及其理由)，这在近代的法实务家看来显得低级而有失身份，尤其是当法典化的形式的制定法愈来愈普遍化时，这种感觉定然愈益不堪。

……

欧陆法与盎格鲁-撒克逊法之间出现这种差别的原因①，主要当然是在于两者间在一般的支配结构及由此结构所造成的社会名誉的分配方式上有所不同的

---

① 指英国法官的社会地位高于欧陆同行。——编者注

相关情形所致。

关于这点,部分我们已有所讨论,部分则留待其他相关问题时再作探讨。总之,只要经济性的决定因素也发挥协同作用的情况下,此种经济因素便会借着法律家阶层的境遇与生活条件而强烈地从内在层面发挥决定作用,再加上政治发展的差异所提供的理由,都造成此种结果。不过,尽管因历史情境之不同而造成此种结果,然而摆在我们面前的事实却是——这也是我们此处的重点所在:近代资本主义无论在英国或在欧陆都同样地繁荣兴盛,经济方面也显示出本质上相同的特征,而且是在——从法的观点看来——拥有极为异质的规范与法制度的法律秩序之下发展出来——即使如"所有权"这样一个极为根本的概念,其在欧陆的法制度里的形态,在盎格鲁-撒克逊法里至今仍付之阙如。不只如此,那种繁荣兴盛与经济特质本质的雷同,同样也是在即使是就其终极的形式结构原则而言都显示出所能想象的最大不同的法秩序之下发展出来的。

即使在对于学术训练的要求越来越严格、因而造成重大影响的情况下,(1) 英国的法思考至今在极大程度上仍是一种"经验性的"技艺。"判例"依然完全保有其旧有的重要性,只不过,援引太古老的、譬如百年以上的判例,会被认为是"不当的"(unfair)。同时,(2) 法发现的真正"卡理斯玛"性格显然仍维持不坠,特别是(虽然不光是)在新建立的国家里,尤其是美国。判例在实务上的分量有着天差地别的不同,如各处所见的,绝不只依做出判例的法院之审级地位的高低而定,同时也依个别法官纯个人的权威而定。这在整个盎格鲁撒克逊法的领域里莫不如此,即使是在法手段的重要新创制——例如曼斯菲特爵士(Lord Mansfield)的创制——的场合上也不例外。但是,在美国的观点看来,判决本来就是法官个人的创造,而与欧陆官僚制的官方用语"国王的区域法庭"这种非人格的称呼相对反的,人们惯常指称其名。英国的法官也要求这样的地位。与此相关联的,(3) 和欧陆的法律比起来,不只法的合理性程度显着拙劣,法的合理性形态亦是另一回事。直到最近,甚至直到奥斯汀(John Austin)为止,称得上"学术"的英国法学,以欧陆概念为基准来判断的话,几乎是付之阙如。光就这一点,边沁所要求的那种法典编纂便没有可能。然而,这个特色正是产生出英国法的"实际的"适应能力——从利害关系者的立场看来"实用的"性格——的主要原因。

"素人"的法思考,一方面,是拘泥于语言的。当他相信自己是在"法律地"做言辞辩论时,尤其容易沦为诡辩的讼棍。除此之外,他还有一种从一个个案推论到另一个案的自然倾向:"专家"的法学抽象毋宁是与他没什么缘分的。然而,在这两方面,经验性法学的技艺对他而言较具亲近感。他或许并不喜欢这种技艺——世界上没有任何一个国家像英国那样对律师的法经营有如此尖酸刻薄的抱怨与讽刺——而且可能也无法理解预防法学者所建构的各种形式;同样的,这又以英国最为突出。虽然如此,素人倒是能够理解经验法学技艺的根本特质;他能够"事后体认"此种技艺,也能够像英国的任何一个实业家那样,干脆长久雇用且支付一个法律上的告解神父来处理一切生活关系上的事务,从而与此种法学技艺相安无事。因此,他对于法根本没有什么可能会被法逻辑的结构所挫败的要求与期待。

同样,这对法形式主义也提供了安全瓣。确实,在私法的领域里,包括习惯法与衡平法也都由于判例拘束主义的结果,而在其实际的处理上相当程度地表现为"形式主义的"。其实在律师的经营受到传统约束的这件事上业已体现了此种倾向。然而,民事陪审制度已为合理性定下界限,此一界限不止被承认是不可避免的,而且更因判例对法官的拘束性而受到正面的评价;之所以如此,是由于忧虑判例有可能在人们希望为具体的价值考量保留空间的领域里,产生出具有形式拘束力的规则("恶法",bad law)来。判例的拘束性与具体的价值考量,这两个领域的这种区别实际上是以何种方式来运作的,此处不便详述。总之,这意味着司法裁判的合理性的削弱。

除此之外,我们还可发现英国的治安长官在个别审理一切日常细微事件里的那种相当概略的、至今仍强烈家父长式的、而且极为非理性的处理方式。从门德尔松(Mendelssohn)的叙述里我们很容易就可以理解,此种处理方式是以一种我国所不知的办法来保持"卡地"裁判的性格。

总而言之,我们所要呈现的是这样一种审判图像:无论是在实体法或诉讼程序的最根本的形式性质上——只要还可能作为一种自神权政治和家产制权力中解放出来的、世俗的裁判营运的话——都与欧陆法的结构大为不同。因为,就重点而言,英国的法发现无论如何都不是像欧陆的那样一种"法命题"的"适用":在欧陆,"法命题"是借着制定法的各种规定的内容而来的逻辑之助而被加以纯化的。

此种乖隔,也在经济上和社会上产生相当明显的结果,只不过全都是些与个别问题相关的事情,而不是会影响到经济整体结构的紧要现象。对资本主义的发展而言,其中的两个方面是相关的,并且发挥了促进的作用。其一,法的形成主要是掌握在律师的手中,而法官就从他们当中来递补;换言之,法的形成是掌握在一个阶层手中,这个阶层不止积极地为富裕的、特别是资本主义的私人利害关系者效劳,并且在物质上直接靠他们过活。进一步,其二,与此相关联的,审判被集中在伦敦的中央法庭,而且诉讼的费用极高,事实上,这毋宁近乎意味着对无产者的裁判拒绝。不过,本质上相同的资本主义发展无论如何也消解不了法的特质上的这种异常强烈的对立。况且,这里也根本没有将法与裁判的结构,就着资本主义的要求,而扭转到欧陆型的方向上的明显倾向。相反的,这两种裁判与法形成的类型在有机会相互竞争之处,例如加拿大,盎格鲁撒克逊型显然占优势,而我们所习惯的那一型则被迅速驱逐。因此,在资本主义本身当中,根本就不存在决定性的动因,足以促进法的合理化——自中世纪的罗马法大学教育以来即为欧陆之特征的那种形态的合理化。

(节选自[德]马克斯·韦伯:《法律社会学》,康乐、简惠美译,桂林:广西师范大学出版社,2005年,第321—336页。)

二、奥格斯:比较法的经济学进路——法律体系间的竞争

(一)导论:经济学与法律

本章的论证起点非常明确,法律框架对国内经济和国际经济都有巨大的影响。经济史学家已经证明,法律体系中一些关键属性有助于促进和保持经济增长。就这点而言,有一个非常有趣的可能性,即法律和经济之间的因果关系可能朝着相反的方向而动:如果一些类型的法律有助于经济增长,那么,对经济增长的追求有可能解释法律的发展。如果可以令人信服地确定这种因果联系,那么理解法律的经济功能将给比较法带来很大的贡献,比如,解释为什么(在一些地区)法律体系会趋同。

经济学家使用"有效的"(efficient)这个词汇来指称最大化经济福利的安排和过程。当我们探寻对于有效产出的关注是否推动了或者至少影响了不同法域的法律时,我们应当区分法律发展中两种主要的手段:立法和判例法。而且,我们也应当认识到在以上两种法律创制方式中,经济目标和其他目标是相互竞争的,例如,力图矫正或者控制那些被视为不公平或者不正当行为的结果——这些目标有时被统称为"分配正义"。当然,现在相对于"分配正义"而言,"效率"的重

要性不仅在立法机关和法官之间不同,在不同法域之间也不同。这也就意味着,从政治和意识形态来看,在一些法域中,人们认为牺牲经济增长来获得更大的社会公平是可取的。举例来说,民法法系的历史表明,它比普通法法系在保护消费者对抗商人方面更加有力。

然而,我们并不容易区分法创制的过程究竟在多大程度上采用或者反映一些特别的目标。首先,法创制者(政治家和法官)并不总是清楚他们的目的和目标。其次,即使清楚,他们对于目标的陈述可能会掩盖他们的真实意图。实际上,一个重要的经济理论(被称作"公共选择")表明,许多立法和诸如效率和分配正义这样的普遍目标没有关系;相反,立法服务于增进那些在针对政治家进行游说的集团利益。在这种情况下,我们缺乏足够的透明度来探寻私利的动机。

我们也应当注意到,即使法创制者并非有意识地如此作为,法律会自发地朝向效率演化的可能性。政治经济学家哈耶克在其著名的论断中指出,习惯法,尤其是普通法法域发展过程中形成的习惯法,具有这种自发性的效果,因为法官普遍在寻求使法律适应公民的期望。类似地,主张进化论的其他理论家认为,诉讼导致了相同的结果,因为在一般意义上诉讼将导致对无效率规则的上诉,而不是对高效规则的上诉;这样,随着时间的推移,高效的规则将会比无效率的规则更好地生存下来,这也就是所谓的"普通法的效率理论"。

(二)法律与经济增长

早期一些政治经济学者看到了法律对于经济福利的重要性。举例来说,霍布斯认识到,如果企业家对国家实施合同的强制执行力缺乏信心,他们就不会进行交易;而亚当·斯密认识到,"一个开明而宽容的司法系统"是一个国家达到"最大富足"的重要条件。马克斯·韦伯更多地从历史学和社会学的角度发现经济发展是形式和"理性"法律体系的结果。

在现代,更多研究关注的是"法治"(rule of law)的程度如何促进经济发展。尽管"法治"被赋予了多种含义,但它和"以法而治"(rule by law)有着明显区别,因为"以法而治"主要表明的是法律作为一种实现政府权力工具,或许也是实现纠纷解决的工具。由于和"法律与秩序"这个概念相联系,这种以此为特点的制度可能屈从于暴政和专断政府,而且可能并不利于贸易和商业。这种能够推动经济增长的"法治"具有以下因素:

- 公布并可以提前知晓的规则
- 保证规则可以无差别适用的机制
- 独立的司法机构作出的有拘束力的判决
- （最小限度的）对基本人权的认可
- 政府及其官员对相关规则的遵守

那么私法呢？它的哪些因素对经济有特别强烈的影响？通过对欧洲不同国家间经济发展的比较，经济史学家已经发现了这样一种解释，即私法框架能够给创造性和生产性活动提供有效激励。这尤其意味着：在何种程度上合同法可以保障商业交易之间的互信，在何种程度上财产权可以保证投资的充足回报。

由于所有法律体系，无论多么初级，都有某种合同和财产的权利安排，所以，关键的问题是这些法律制度适应变化的能力如何。这不仅体现在一个体系是否具有扩展其范围的能力，例如知识产权；而且也在于一个体系是否可以低成本做到这一点。简而言之，从法律手段中获得的收益必须要超过使用它们的成本。

首先，我们以技术和其他变化对法律发展的收益为例。当农业土地被主要用来支持本地社区发展的时候，共同所有制（common ownership）是没有问题的。但是，随着市场的增长和专业化要求的增加，只有进行圈地（enclosure）并将小块土地进行合并才能保证获得好处。因此，禁止圈地或者为继承目的而坚持土地物理分割的财产法，将阻止经济的发展。那么，随着技术的发展，工业将更加依赖于大规模的资本投资和组织。毫无疑问，既定的财产和合同权利体系将不再适合，但是，成功的关键在于制度设计可以降低适用适当法律工具的成本。法律体系不仅需要一些机制可以低成本地进行交易融资（比如可转让票据）、分散风险（保险），而且更重要的是，法律体系还需要一些安排来加固法律组织，而这些安排在给企业家产生充足回报的同时，也将保证有效监督企业作为利润制造者的投入（有限责任制度）。

在一个特定的法域中，发展的快慢程度取决于这些和法律文化和法创制过程相关的一系列因素。对于比较法学者而言，激发他们思考的问题是，在这一点上普通法系是否比罗马-德意志法系（Romano-Germanic system）更加成功，而法律文化中的哪些特征对于经济增长具有重要影响。

长期以来，人们认为，英格兰普通法由于其在银行和保险业、股份公司制度和专利法这些方面的发展推动了经济发展，而这种发展被称为"工业革命"。研究也表明,最近以来那些吸收了普通法传统的国家经济发展速度明显超过那些吸收民法传统的国家。

如果我们认可这种推论,那么,普通法文化中的哪些特征能够解释这种推论呢？在非常一般性的层面上,我们应当注意到,与普通法国家相比,民法国家更加认同政府干预市场。当然,这种差异在很大程度上反映出了政治意识形态,但是,政治意识形态和法律文化中的决定性因素可能相差并不太大。以下这些是传统普通法法律文化中的标志性特点(hallmark)：

- 非职业法官
- 更多使用陪审团和非专业性法官
- 更多依赖习惯法和判例
- 更少依赖立法和法典编纂
- 口头程序而不是书面程序

这些特点大部分和这样一种理念是一致的：司法应当去中心化,而且应摆脱政府的强力控制,而这些强力控制通常会制约经济发展。

(三) 民族国家法律体系间的竞争

最近以来,经济学视角通过主张法律体系之间存在一定程度竞争的理念,对不同法域法律发展之间的关系提供了重要的洞见。这种竞争观点相对简单,它来自普通产品和服务市场运作的方式。如果(比如说)泰迪熊的供给者必须要和另外一个供给者进行竞争,消费者可以根据价格和质量来综合选择从而来满足自己的偏好。如果这些可获得选择的信息容易获得,这将导致消费者需要的产品以最低成本产出。在某种意义和一定程度上,民主政府是这样运作的：政党之间通过提供不同方案的竞争来匹配选民的欲求。

思考不同法律主体(个人和企业)在不同法律秩序之间进行选择似乎有些奇怪：任何一个法域之内的立法都被立法权力垄断。然而,当法域交叠时,不同法域的立法机构和法院之间以及不同的法院体系之间存在有限的竞争,比如说,19世纪普通法院和衡平法院之间著名的竞争。一旦交易涉及一个以上的法域,法律渊源之间的竞争就不再虚假,而且随着企业流动性和现代市场国际化,变得越来越重要。

首先,以大型公司选择企业住所地为例。由于公司可以自由选择,公司会根据其雇员和财产的安全、当地条件是否会增强企业盈利能力这些方面来把住所建立在最能满足其偏好的法域。很多因素会被考虑到,诸如法律体系的特点和当地法律带来的企业成本。在这些方面,政府也有兴趣吸引大型公司来到自己的法域,因为这有助于创造就业机会和增加税赋。

其次,在一定程度上,即使法域的联系并不很强,公司和个人可以通过国际私法选择支配他们交易和商业的法律。尽管受制于公共政策约束,国际合同中当事人自由选择合同准据法构成了经典的例子。实际上,外国人即使和英国没有特别的联系也会在合同中选择英国法和英国法院管辖,这有着悠久的传统。因此同样,如果仅仅在一个更松散的程度上,公司可能会"注册"在一个法域,从而适用于这个法域的法律,即使公司没有任何主要的实体存在于这个法域:美国特拉华州就非常好地吸引了大量公司到自己的公司法律体制中。

很显然,对于当地法律专业人士而言,本地法律被这样采用是非常有利的。这将很自然地产生更多的工作和相应收入。另外,由于他们的法律专业技术,相关的很多专业人士可能会影响当地的法创制者来满足这种需求,从而为他们创造更多的商机。

我们来观察一下实践中这种竞争过程,*Trendex Trading Corporation v. Central Bank of Nigeria* 一案是一个很好的例子。此案中,一家尼日利亚银行因信用证拒付遭到起诉。由于其与尼日利亚政府的紧密联系,这个案件涉及了主权豁免的问题。上诉法院的多数法官判定,即使这家银行是政府的下属机构,它在一个纯粹的商业交易中也不能享受主权豁免。这个判决并未使用长期以来的英格兰依据引证,而是遵循了比利时、德国、荷兰和美国相关司法的新发展。丹宁勋爵(Lord Denning, MR)认可了这一判决在英国合同法领域发展中的意义,他评述道:

> 当一项改变出现时,某人在某时必须迈出第一步。一个国家可能单独开始这个过程。其他国家可能追随。首先是一滴涓滴,然后是一股溪流,最后是滚滚洪流。英国不应当停留在岸边……"当这有用时,我们应当驾驭这个趋势,否则我们就会丧失我们的创业事业"。

我们也注意到,即使没有可能进行物理移动或者适用法律选择条款,通过本国法和外国相应法律的比较,可以让我们了解当地产业是不是在法律上和国际竞争者相比处于劣势。举例而言,如果产业遵循致力于产品和服务方面苛刻的管制,产业的成本可能会更高,也就将是产业的代价。产业代表就会给法域内的政治家施加影响从而降低企业负担。

总而言之,当法律主体——公司和个人——可以有效选择适用的法律时,国家间法律体系上的竞争在一定程度上就显现出来了。就这点而言,可以考虑进一步的判断:法律主体越是参与跨界活动,他们就越有可能有效选择法律体制。在一个法域内的当事人之间的货物销售,在理论上也有可能选择另外一个法域的法律适用于他们的交易,但是,他们很有可能不会这么做,因为他们会由于指定外国法而承担更高的成本。假设在国际货物销售中,没有某一个单独的法域可以以这样的方式将双方连接起来。那么,同样,一些法律领域就不大可能会处理到跨界活动——比如,土地法——因此,与此有关的法律就较少存在法域间的竞争。

(四)竞争的结果:趋异与趋同

法律体系间的竞争会导致什么样的后果?会出现(像丹宁勋爵的观察所表明的那样)法律原则在模仿和移植中出现趋同吗?或者差异存在而且可能甚至会增大?为了回答这个问题,我们需要考虑两个关键性因素:相关的法律领域以及移植和趋同上可能出现的障碍。

假如法创制存在一个民主基础或者激励机制,这个法域内的法律发展就有可能会反映出其偏好、价值和一般观念。在一些法律领域,即使法域之间在地理和经济发展上非常接近,但是它们的偏好、价值和观念也会存在强烈的差异。举个例子,比如一个南欧的法域,由于受到天主教会的影响,它很难和北欧国家持有相同的家庭关系价值观,因为在一个像北欧国家的家庭法中,法律政策的制定受到宗教的影响就较小。我们无须离英国太远去找一个法域,也就是在法国,我们就会发现法国法律对交通事故受害者更加慷慨;这种差异一定反映了社会价值的趋异。

现在,竞争甚至在这些领域给民族国家法创制者也施加了压力。同性情侣可能会被吸引到同性关系在一定程度上被承认的国家去居住和工作;甚至存在这样一种论断,当法律有利于不常见的生活方式时,旅游事业都有可能得以促进。相比于英格兰,法国更加慷慨的道路事故赔偿条款会给交通带来更高的成本,可能会由此引发竞争性压力。然而,如果这些竞争的力量确实存在的话,它们就不太会和支撑法律差异观念的强度有重要的关系。用另一种方式来说,也就是按照经济学的语言,这些领域法律的需求是"异质的"。我们也注意到,这些领域的法律往往是干涉主义的法律,也就是说,由于采用的公共政策不同而导致法律施加的结果不同。总而言之,干涉主义法律供给者之间的竞争反映了异质的需求,不太可能会导致法律原则的趋同。

相反,法律也可以是促进性的,而不是在政策上施加决定性的结果,它会接受——实际上是加强——个人和公司想要的东西,并且通过分散所期望的法律上可实施的结果来保护预期。促进性法律的经典例子是合同法,但是,公司法和财产法的一些部分也符合这种分类。对于促进性法律的需求总体上是同质的而不是异质的:就是说,人们对于借助法律的偏好在不同法域差别可能不大。在希腊或者葡萄牙缔结合同的人和在英国或者瑞典缔结合同的人基本上有着相同的愿望,也就是说,双方意愿达成的结果应当是成本最小的。"最小成本"这个条件非常重要,因为如果一旦一个法律体系提供的达到良好结果的法律手段的成本显著高于另一个法律体系,并且当事人可以自由选择合同适用的法律,那么,他们就会有动力去这样做。如果合同的其他缔结方同样领悟到了,并且做出了同样的行为,那么,高成本法域将会丧失法律业务,而且法律制定者将会受到法律职业者要求改革法律的压力。

举个例子,位于 A 法域的销售者和位于 B 法域的购买者达成了合同。一旦出现了严重的违约,双方都希望没有违约一方可以不通过正式判决就能终止合同。假设 A 法域允许这种单边的终止,但是 B 法域通常需要正式的司法判决。出于其他考虑,在其法律选择条款中选择 A 法域对当事方是有利的。对于高成本的 B 法域内的规则,如果对它的需求减少了,那么两个法律体系之间的竞争就会产生压力,让在 B 法域内的形式主义进路被放弃,这样,两个法律体系将会趋近。

上述 *Trendex Trading* 案就是一个例子,英国法院在竞争压力下就改变了采用外国法的路径偏好。法律趋同方面另一个有趣的领域是信托法的趋同。和民法法系相比,英美法中的信托概念对于一定类型的金融交易是一个非常符合成本收益的工具,而民法法系由于处在竞争压力之下,至少会在国际私法和一些案例中承认这个概念并吸收这个工具。正如一位意大利法学家所观察的那样:"在法律学说的市场中,信托获得了一个轻易而且应得的胜利。"

总而言之:法律体系之间的竞争可能会影响法律的发展,但是,并不必然导致法律趋同。在"干涉主义"占主导的法律领域,规则通过公共政策施加结果,这样,由于不同法域公共政策价值的差异,这样,法律规则的差异会一直存在。另外,法律是"促进性"占主导的,公司和个人可以决定他们自己所偏好的结果,这样,一定程度上的趋同就可能顺理成章了——我们假设压力会施加到法律规则中去,从而使得以最低的法律成本达到偏好的结果。

(五)移植与趋同障碍

趋同,无论是否来自竞争,通常会通过一个法域模仿另一个法域的规则或概念而发生——通常被称作"法律移植"。在主流的比较法文献中,有很多讨论关于不同文化之间移植的困难。在这个部分,我希望探索,为什么这种困难有经济上的原因,以及一个法域内的法律执业者是否有动力去支持或者反对法律移植。这个问题是非常重要的,因为法律职业在影响立法者关于法律改革是否可欲的问题方面扮演着重要的角色。

我们首先要承认,当一个法律体系的法律需求增加时法律主体移民到这个法域或者通过法律选择原则选择这个法律体系的法律这对于执业律师是有利的。这可能意味着一种策略,这种策略促进了法律体系之间的竞争,也支持了降低法律成本的改革(例如 *Trendex Trading* 案)来吸引更多的法律业务。在另一方面,执业律师会希望保持住自己法域内的法律主体的相关业务。如果法律体系之间的竞争意味着失去这些业务的损失超过了"移入"法律业务的潜在收获,那么法律从业者就会反对促进竞争的措施。我们举例说明如何采用欧洲大陆进路选择公司实体和内部事务。传统上,采用的是"真实本座"原则(the "real seat" doctrine),也就是说,准据法是公司管理机构物理存在的那个法域的法律。这种原则限制了法律选择的自由,如同我们所看到的,这个原则对于美国有如此的影响,以至于很多公司法律上建在了特拉华州。有一些证据发现,欧洲进路遭到了法国当局的抵抗,法国认为,如果在其他地方公司被授予了更大的自由而且公司可以合并,那么法国的货运代理(chartering business)将会输给与其竞争的法域。

来自某些特定法域内执业律师对于法律国际融合的抵抗,实际上表明了在"法律市场"上,大量的法律主体(主要是律师事务所)需要一个行为的法律框架,以支持他们关于以下偏好的活动,即偏好于从这一法域所产生的一套独特的规则。1981年,英格兰和威尔士法学会(the Law Society of England and Wales)反对《联合国国际货物销售合同公约》也是同样的理由,也即这个条约将导致英国法在国际贸易领域地位的降低。

然而,也存在一种可能性,律师们的利润动机来源于对于特定法域法律工作的需求,这导致了他们为了抵抗其他法域法律执业的竞争而倾向于夸大这个法域内法律的特殊性,经济学家使用"人工的产品差异"(artificial product differentiation)来描述这样一种情景,为了保住市场垄断地位和维持利润,供给者会将注意力转移到所供给产品和市场上其他产品之间不存在或者无关的差别上去。任何地方的律师们都喜欢使用专业术语和程序,从而来区别他们专业性活动(比如会计),这样使得法律内容的晦涩程度超过了需要,结果导致了对法律服务需求的膨胀。依此类推,律师们有可能倾向于强调他们自己法律体系的特色,而自己的法律体系又是不同于其他法域的,这样可以给那些律师的竞争制造障碍。当然,这导致他们反对一切可能会剥夺他们优势的法律融合建议。比较法学家偏好构成法律融合的主要障碍的特定法律文化的不兼容性,这些现象可能是存在的,不仅被人类设计所强化了,而且还有一个经济学的解释。

(六) 法律文化:像铁路一样的网络?

19世纪当铁路在欧洲发展起来时,起初并没有一个单一的网络,而是有多个地理上分散的不同网络,每一个网络有自己的技术规范标准,最显著的就是铁轨之间的距离。这种多样性导致了一定程度的竞争,尤其是"窄轨"(narrow-gauge)和"宽轨"(broad-gauge)之间的竞争。随着出行的增加和不同体系间交流成本的降低,究竟谁将成为支配性系统的斗争出现了——先在国家边界内,后在国际。最终,一个单一的规范标准被大部分欧洲国家采用了,这样,举个例子,从巴黎到伊斯坦布尔的路途上使用的是同样的列车机车。

铁路就是经济学家所称作的"网络"。这是给用户提供连接的技术系统,使用这个系统的人越多,这个系统的价值就越大(另外一个例子就是传真系统。如果我需要联系的很多人没有用传真机进行交流,那么我自己购买传真机就是非常愚蠢的;而且,越多人使用,越多人受益)。随着系统越来越流行,需求也会越来越受欢迎,这样就使得其他系统的竞争越来越没有效果。最终,变成支配地位的体系获得了市场垄断力量——至少在一定时间内,直到技术进步产生了其他可能性(想一下 DVD 最终挑战了录像机的例子)。

我们可以类似地想一下法律文化。考虑一下法律"体系"是如何出现的。在任何社会内部,都会有些个人或者制度负责解决纠纷,另一些负责制定解决纠纷的规则。一组特殊的语言上的、概念上的和程序上的工具为此目的变成了惯例性的,习惯性地使用降低了达成个案判决的成本。尽管在一个社会里可能有不同的语言、概念和程序上的网络,如同铁路,某一组的吸引力会使它获得支配优势。越多的交易和纠纷采用某组系统,就会有越多的预期在未来的其他交易和纠纷中采用它。一些竞争可能会持续一段时间(考虑一下历史上英国普通法和衡平法之间的竞争),但是,至少规则会向彼此协调的方向发展。

在一个法域内,法律执业者为了上述的利润动机(在上述第四部分)有可能增强支配性法律文化的垄断性力量,从而强化与其他法律体系间的差异。但是,对于这些超越法域界线的交易和法律关系又会怎么样呢?我们已经看到了(在上述第三部分),如果当事方有自由选择适用的法律,他们可能会如何选择法律体系来使成本最小化。这种现象可能会颠覆相关法律文化中那些可以(给本国的执业律师)带来盈利的特殊性,因为这些特殊性可能会提高采用其他法域法律的成本。

从这里我们可以得出结论,通常会适用到跨法域的交易和关系的那些领域的法律(例如,货物销售),与那些只是很少涉及这种交易和关系的法律领域相比(比如,土地法),很可能较少为独特的法律文化所界定。而铁路的类比也是中肯的。欧洲大陆普通的铁路系统通常会超越国界,国际技术标准也就超越了国家的标准。但是,城市地铁系统在很大程度上就保留了自己的技术规范。

(七)杂合法律体系

在最后一个部分,我们将考虑一下存在一个单一性的支配性法律文化的那些法域。最后,我们来讨论非单一性的情况,比较法法律人称之为"杂合的"(hybrid)、"混合的"(mixed)或者"多元性的"(pluralistic)法域,因为这种法律体系吸收了两个或者更多的法律文化。这些包括了这样的法域(比如在非洲),殖民势力强加了一种法律文化,但是,这种法律文化需要和当地法律文化"竞争"。同样,一些法域中的法律体系体现了持续占领的不同法律文化,比如,魁北克(法国和英国)和南非(罗马-德意志和英国)。第三种是诸如日本和土耳其这样的法域,他们经历的工业化相对较晚,也需要进口法律文化来提供一个本土法不能提供的更加复杂的法律框架:实际上,在提供这种框架的问题上,例如法国法和德国法之间,就存在一定程度的竞争。

考虑一下杂合的法律体系在面对不同法律秩序的竞争中是如何进化的,这有可能得出适用于所有三个类别的一般结论。因此,举例说明,相对于单一性法律体系而言,杂合体系从其他法律体系进口的法律移植,可以被认为更加容易,因为既定的体系已经具有充分的弹性来吸纳不同的法律文化。我们也可能同样预期到,在杂合的法域中,法律执业者将相对较少有能力如前述第四部分那样来利用文化特色,因为法律文化之间在一定程度上的内部竞争,将会降低专业化过度的行话和复杂性所带来的垄断性力量。但是,如果是这样的话,法律文化之间的竞争就是真实的,而不是假设的。日本和土耳其就是这样的例子。国内法律制定者可以选择外国模式并不必然意味着这种选择将会按照最低成本标准来进行。例如,选择过程可能极大受到专业性团体的影响,而这些团体和外国某个法律文化有金融利益——也许是因为他们受到了外国法律传统的训练。然而,商业利益由于对法域内的投资是非常敏感的,可能会施加压力并战胜执业律师寻求利益的努力。

(八) 结论

本章的分析可以得出下列结论:

- 法律对经济增长非常重要,经济增长的目标可以帮助解释法律发展,因此,也可以帮助解释不同法律体系发展之间的关系;
- 普通法的法律体系可能具有一些特别有助于经济增长的特征;
- 法律体系间的竞争尤其会发生在可以自由选择合适法律制度的地方;
- 法律体系间的竞争会影响促进性法律领域法律原则的趋同;
- 预计执业律师可能会反对一些改革,包括法律体系的趋同计划,这些改革会减少对他们法律服务的需求;
- "法律文化"的经济解释表明,这是会降低使用这种法律体系的人们之间沟通成本的一种"网络",这种特色也可能会被执业律师利用来抵制竞争;
- "杂合"法律体系会从一个法域内固有法律文化之间的竞争中获益。

(节选自[英]安东尼·奥格斯:《经济学进路:经济体系间的竞争》,吴云译,载[英]奥赫绪、[意]奈尔肯编:《比较法新论》,马剑银等译,北京:清华大学出版社,2012年,第177—190页。)

【问题思考】

1. 法律——哪怕仅仅是私法——的价值追求仅仅是（经济）效率吗？普通法和大陆法在这方面是否有区别？有哪些法律领域可能是无法使用经济分析的？

2. 以法律经济学手段来分析中国传统民事法律与习惯是可能的吗？

【延伸阅读】

1. [美]理查德·波斯纳：《法律的经济分析：第7版》（中文第二版），蒋兆康译，北京：法律出版社，2012年。

2. [美]罗纳德·哈里·科斯：《社会成本问题》，载[美]罗纳德·哈里·科斯：《企业、市场与法律》，盛洪、陈郁译校，上海：上海三联书店，1990年。

3. [美]乌戈·马太：《比较法律经济学》，沈宗灵译，北京：北京大学出版社，2005年。

4. [美]道格拉斯·诺斯、[美]罗伯斯·托马斯：《西方世界的兴起》，厉以平等译，北京：华夏出版社，2017年。

5. 张永健：《物权法之经济分析：所有权》，北京：北京大学出版社，2019年。

6. Paul G. Mahoney, "The Common Law and Economic Growth: Hayek Might Be Right", *The Journal of Legal Studies*, Vol. 30, No. 2(2001), pp. 503-525.

7. David M. Trubek, "Max Weber on Law and the Rise of Capitalism", *Wisconsin Law Review*, Vol. 1972, No. 3(1972), pp. 720-753.

图书在版编目(CIP)数据

比较法原理文献导读/赵立行,王志强,赖骏楠编著. —上海:复旦大学出版社,2024.8
(复旦法学. 研讨型教学系列教材)
ISBN 978-7-309-17273-7

Ⅰ.①比… Ⅱ.①赵… ②王… ③赖… Ⅲ.①比较法学-高等学校-教材 Ⅳ.①D908

中国国家版本馆 CIP 数据核字(2024)第 032540 号

比较法原理文献导读
BIJIAOFA YUANLI WENXIAN DAODU
赵立行 王志强 赖骏楠 编著
责任编辑/周姝欣

复旦大学出版社有限公司出版发行
上海市国权路 579 号 邮编:200433
网址:fupnet@fudanpress.com http://www.fudanpress.com
门市零售:86-21-65102580 团体订购:86-21-65104505
出版部电话:86-21-65642845
常熟市华顺印刷有限公司

开本 787 毫米×960 毫米 1/16 印张 16.5 字数 269 千字
2024 年 8 月第 1 版第 1 次印刷

ISBN 978-7-309-17273-7/D·1186
定价:52.00 元

如有印装质量问题,请向复旦大学出版社有限公司出版部调换。
版权所有 侵权必究